Holly Matthews ist ehemalige Schauspielerin aus Groß-britannien und arbeitet heute als NLP-Coachin. Unter der preisgekrönten Marke «The Happy Me Project» bietet sie u. a. Workshops und einen Podcast an.

Holly Matthews' Schicksal hat es nicht immer gut mit ihr gemeint. Nachdem ihr Mann überraschend an einem Hirntumor gestorben ist, steht sie mit zwei Kindern alleine da. Sie hat ihren Verlust vor allem mithilfe der Tipps, die sie in diesem Buch zusammenfasst, verarbeiten können und sich seitdem auf die Fahnen geschrieben, anderen in schwierigen Lebenssituationen Halt zu geben. Ob in Krisen oder bei ganz alltäglichen Problemen, Holly Matthews gibt authentische, hand-feste Tipps für jeden Tag.

ro
ro
ro

Holly Matthews

HINFALLEN IST AUCH EIN WEG NACH VORNE

In 60 Schritten
zu einem glücklicheren Leben

Aus dem Englischen von
Barbara Imgrund

Rowohlt Taschenbuch Verlag

Die englische Originalausgabe erschien 2022 unter dem Titel
«The Happy Me Project» bei Bloomsbury Publishing Plc, London.

Deutsche Erstausgabe
Veröffentlicht im Rowohlt Taschenbuch Verlag,
Hamburg, August 2023
Copyright © 2023 by Rowohlt Verlag GmbH, Hamburg
«The Happy Me Project» Copyright © 2022 by Holly Matthews
Covergestaltung zero-media.net, München
Coverabbildung FinePic®, München
Satz aus der Sonsbeek Eco
Gesamtherstellung CPI books GmbH, Leck
ISBN 978-3-499-01288-4

Für Brooke und Texas, meine unglaublichen Töchter, die mich jeden einzelnen Tag inspirieren und beeindrucken. Ich liebe euch, meine Mädchen, ihr seid der Wahnsinn – auf eine Art und Weise, die ihr euch nicht vorstellen könnt!

Dieses Buch ist Ross gewidmet: Ich vermisse dich, mein Freund.

INHALT

EINFÜHRUNG

Mit zwölf Jahren saß ich öfter in einem Wandschrank und habe meditiert, um einen eigenen Weg zu finden, mit meinen Problemen umzugehen. Ich hatte zu Hause in einer Schublade eine Kassette mit klassischer Musik gefunden und begonnen, sie regelmäßig zu hören. Heimlich legte ich die Kassette ein, schloss die Augen und atmete ruhig ein und aus. Ich wusste nicht, was ich da tat, zu diesem Zeitpunkt war es nicht mehr als Herumprobieren, aber diese frühen Meditationsversuche schienen doch zu helfen.

Es war 1998, und ich trug Adidas-Jogginghosen und Nike-Air-Max-Turnschuhe und dazu einen Pferdeschwanz, der hoch am Hinterkopf mit einem Haargummi zurückgebunden war und vor Haarspray klebte. Ich war vor nicht allzu langer Zeit für die preisgekrönte Kinderfernsehserie *Byker Grove* gecastet worden – eine Kultsendung, die zu ihrer Hochzeit durchschnittlich fünf Millionen Zuschauer pro Folge hatte. Ich hatte Mühe, ein Gleichgewicht zu finden zwischen dem Filmen, das die Hälfte meiner Zeit in Anspruch nahm, und dem «normalen» Schulbesuch im von der Arbeiterklasse geprägten Newcastle upon Tyne.

Selbsthilfe, geistige Gesundheit und Meditation waren definitiv keine Themen, über die meine Freunde sprachen, und so ganz ohne Zugriff auf das Internet musste ich meinen Weg mehr oder weniger selbst finden. Zum Glück hat sich die Welt inzwischen weitergedreht, ich habe den Wandschrank hinter mir gelassen und mich der Aufgabe verschrieben, handfeste Methoden zu suchen, mir und anderen dabei zu helfen, sich gut zu fühlen. Genauer gesagt, habe ich es als Life-Coachin, NLP-Practitioner und Hypnotherapeutin zu meiner Profession gemacht.

Die Selbsthilfecommunity kann zuweilen ein bisschen laut und missionarisch wirken – manche meiner eher spirituell eingestellten Gegenüber reden ständig über Gott, bejubeln ihn oder wettern gegen ihn. Natürlich ist daran gar nichts falsch, wenn ihnen das ein gutes Gefühl gibt, aber wenn man eher wie ich gestrickt ist, spricht einen diese etwas überkandidelte Art der Persönlichkeitsentwicklung nicht wirklich an. Und hier setzt dieses Buch an.

Ich erzähle hier von meiner eigenen Reise, davon, was ich unterwegs gelernt habe, und teile einige Tipps, Tricks, Tools und Überlegungen, damit du gut durch dein eigenes hektisches und herausforderndes Leben kommst und dabei auch noch Spaß hast. Einige dieser Herausforderungen sind gewaltige Lebensereignisse – so wie Tod und Krankheit –, andere wiederum sind die banalen Dinge, mit denen wir uns alle herumschlagen, zum Beispiel das nicht enden wollende Fließband voll schmutzigem Geschirr und schmutziger Wäsche, das Teil unseres Alltags ist. Oder vielleicht bist du jemand, der sich gern mit Fremden in den sozialen Medien vergleicht und deshalb unter Minderwertigkeitskomplexen leidet. All das kann beeinflussen, wie glücklich wir sind. Womit auch immer du zu kämpfen hast – dieses Buch kann dir helfen.

Ich werde die Dinge beim Namen nennen und manchmal auch brutal ehrlich mit dir sein, und ich lade dich ein, dich darauf einzulassen, denn manchmal brauchen wir einfach die Art von Zuwendung, die ein bisschen wehtut. Du sollst nur wissen, dass alles in bester Absicht und in dem aufrichtigen Wunsch geschieht, dir dabei zu helfen, ein Leben zu führen, das sich erfüllter anfühlt. Ich habe dieses Buch geschrieben, um dir Einsichten zu vermitteln und dich durch einige der Herausforderungen hindurchzuleiten, denen du dich vielleicht wirst stellen müssen.

Da viele von uns dank unserer exzessiven und oft ungesunden Abhängigkeit von den sozialen Medien und Smartphones die Aufmerksamkeitsspanne von Mücken besitzen (keine Sorge, ich bekenne mich ebenfalls schuldig), habe ich dieses Buch so benutzerfreundlich wie möglich gestaltet. Es umfasst 60 kurze und knackige Kapitel mit einer Aufzählung praxistauglicher Schritte am Ende jedes Kapitels. Ich erwarte nicht, dass du das Buch von vorn bis hinten durchliest. Es ist *dein* Buch, und du solltest es so lesen, wie es sich für dich richtig anfühlt. Nimm es zur Hand, leg es weg, blättere es durch, zücke den Leuchtstift und markiere deine Lieblingsstellen; lies es auf dem Klo, mach tausend Fotos davon und poste sie auf Instagram (und denk daran, mich mit @iamhollymatthews zu taggen, damit ich mich bedanken und deine Fortschritte beobachten kann). Tu damit, was immer du für richtig hältst.

Wenn du ein bisschen tiefer in die Materie und in die Studien eintauchen willst, die ich in diesem Buch erwähne, dann findest du alle Quellenverweise auf meiner Website aufgeführt: www.iamhollymatthews.com/references/. Ich wollte verhindern, dass aus diesem Buch ein schwerer akademischer Text wird, daher habe ich es so einfach wie möglich gehalten (aber wenn du mehr wissen willst, ist alles da).

Warum ich?

Ich behaupte nicht, ein Orakel zu sein, das über alles Bescheid weiß. Ich bin kein Guru, der sich selbst bierernst nimmt und das auch von jedem anderen erwartet. Ich werde dir von vornherein sagen, dass ich selbst ein Mängelexemplar durch und durch bin.

An manchen Tagen weine ich, an manchen Tagen zweifle ich an mir. An manchen Tagen frisst mich das schlechte Gewissen auf, weil ich Mutter zweier Töchter bin und Angst habe, sie so zu verkorksen, dass sie irgendwann in der Zukunft vielleicht mit einem Therapeuten darüber reden müssen.

Ich bin Lichtjahre von Vollkommenheit entfernt. Ich sage dir das, weil niemand von uns vollkommen ist, und ich will, dass wir uns hier auf Augenhöhe begegnen, von Mensch zu Mensch.

Was ich allerdings in die Waagschale werfen kann, sind mehr als 20 Jahre, die ich mit dem Versuch zugebracht habe zu verstehen, wer ich bin, und die nützliche Tatsache, dass ich mich mit einer Menge Selbstfindungszeugs befasst habe, das da draußen herumschwirrt. Wie ich schon erwähnte, bin ich von Berufs wegen Life-Coachin, NLP-Practitioner (klingt abgefahren, oder?) und Hypnotherapeutin – und jemand, der sich immer schon brennend dafür interessiert hat, wie unser Gehirn arbeitet.

Ich bin mit dem Wunsch groß geworden, Schauspielerin zu werden, wodurch ich extrem ehrgeizig war und mich oft ganz anders als meine Freunde und andere Gleichaltrige gesehen habe. Ich weiß, das mag egozentrisch klingen, aber ich fühlte mich oft, als würde ich ein Spiel spielen, in dem ich so tat, als verstünde ich ihre Welt, und meine Rolle entsprechend ausfüllte (viele Jahre später erhielt ich die Diagnose ADHS, und vielleicht hatte das einen Einfluss auf einige dieser Gefühle).

Ich wurde in zartem Alter Schauspielerin, und glaub mir, wenn ich sage, dass es mich zu einer wandelnden Zielscheibe gemacht hat, im Fernsehen zu sein, während ich auf eine normale Schule ging. Ich verbrachte die Hälfte meiner Zeit am Set und die andere Hälfte in der Schule und schlich mich nach dem Dreh oft nach Hause (ich sagte dem Chauffeur, ich hätte mein Sportzeug oder die Hausaufgaben vergessen), um nicht mitzubekommen, wie man über mich tuschelte oder auf mir herumhackte, weil ich das «Mädchen aus der Glotze» war.

Ich übertünchte meine Unsicherheit mit einem schlecht geschminkten Gesicht (für uns Kids der Neunziger gab's noch keine YouTube-Tutorials) und gespieltem Selbstbewusstsein. Ich war in der Schule «beliebt», aber ich fühlte mich absolut und total verloren.

Zu Hause hörte ich Alanis Morissettes Album *Jagged Little Pill* und Hypnose-CDs, die ich in der Stadtbücherei ausgeliehen hatte. Ich hing mit meinen Freunden draußen rum, wir betranken uns mit billigem Wein und hörten Musik.

Mit 18 Jahren, nach sieben Jahren im Kinderfernsehen, unterschrieb ich einen Plattenvertrag als Solosängerin bei einem großen Musiklabel und hatte das Gefühl, dass es für mich jetzt wirklich aufwärtsging. Ich fand mich plötzlich auf einer Tour durch Großbritannien wieder, trat bei Fernsehshows und Radiosendern auf und sah mich auf MTV. Ich war von Leuten umgeben, die mein Ego pamperten und mir das Blaue vom Himmel versprachen.

Ich pendelte zwischen London und Newcastle und erschien in Zeitschriften wie *Elle Girl*. Man schrieb Artikel wie «Eine Woche im Leben von …» über mich, machte gestellte Fotos von mir, wie ich Blumen für mein nichtexistentes Londoner Apartment kaufte, und ich tat ganz allgemein so, als wäre ich ein Promi.

Es ist schräg, auf diese Zeit zurückzublicken, denn tatsächlich war ich oft allein. Ich stieg allein im Hotel ab, vermisste meine Familie und hatte wirklich keine Ahnung, was ich mir vom Leben wünschte oder ob ich auch nur meine augenblickliche Realität genoss.

Dann, im Jahr 2004, begann sich die Musikindustrie von Grund auf zu verändern. Die Leute kauften keine CDs mehr, und meine Single ging den Bach runter. Eines Sonntagabends, während der wöchentlichen Singlecharts in der *Radio 1 Chartshow*, startete sie lahm auf Platz 32 in den Top 40. Am nächsten Morgen bekam ich einen Anruf von einem Manager meiner Plattenfirma: «Danke für die Zusammenarbeit, viel Glück und mach's gut.»

Eben war ich noch Gast auf Promipartys und in schicken Hotels und womöglich die künftige Busenfreundin von J. Lo gewesen (okay, niemand hatte mir versprochen, dass das passieren würde, aber ich hatte es irgendwie gehofft!), und jetzt fand ich mich in einem Coffeeshop wieder, wie ich still die Kunden bediente und über meine nächsten Schritte brütete.

Es war ein ohrenbetäubender Weckruf, und ich erkannte wahrscheinlich zum ersten Mal, dass die Dinge nicht immer nach Plan laufen. Diese Lektion sollte mir in den kommenden Jahren noch gute Dienste erweisen.

Während ich im Café arbeitete, legte ich mir einen Talentagenten zu und pendelte ständig zum Vorsprechen nach London. Ich begann, Rollen anzunehmen, und tauchte in vielen populären TV-Shows in Großbritannien auf – aber auf jede Rolle, die ich ergatterte, kamen zehn erfolglose Castings. Das wiederholte Vorsprechen und das wiederholte Scheitern gaben mir ein mieses Gefühl, und ich musste hart an mir arbeiten, um es zu überwinden – ein Prozess, der mich mit der Zeit extrem widerstandsfähig machte.

In dieser Zeit traf ich meinen späteren Ehemann Ross, einen exzentrischen Kerl, der eine eigene Firma besaß und immer sagte, was er dachte (oft zu seinem Schaden). Es war die Begegnung zweier einsamer Wölfe, denen es gelang, so weit anzudocken, dass sie miteinander leben wollten und heirateten. Als ich entdeckte, dass ich schwanger war, lächelte Ross nur und sagte «Gutes Alter», und mit 26 Jahren läuteten wir eine neue Phase in unserer Beziehung ein.

2011 wurde ich zum ersten Mal Mutter und brachte meine Tochter Brooke zur Welt. Das Äffchen kam infolge einer Präeklampsie sechs Wochen zu früh, und Ross und ich verbrachten die ersten Wochen mit unserem winzigen, zerbrechlichen Baby auf der Neugeborenenintensivstation. Brooke schaffte es nach Hause, doch im Alter von drei Monaten musste sie mit einer Hirnhautentzündung zurück ins Krankenhaus. Glücklicherweise durfte dieses tapfere Kind nach einer heftigen Woche in der Klinik wieder heimkehren.

2013 wurde ich zum zweiten Mal Mutter, meine Tochter Texas wurde geboren. Nach dem Spaß mit der Präeklampsie war dies eine Risikoschwangerschaft, und man diagnostizierte bei mir das Antiphospholipidsyndrom (offenbar habe ich «klebriges» Blut), daher musste man mir Blutverdünner in meinen dicken Bauch spritzen, was ein ganz schöner Horror war.

Doch mit all diesen Herausforderungen wurde ich dann fertig, wenn sie auftauchten, ohne mir selbst leidzutun oder ins Grübeln zu geraten. Das waren eben Dinge, die einfach passierten. Ich schätze, dass wir häufig erst im Rückblick die Monstrosität dessen erkennen, was wir durchgemacht haben.

Dann, 2014, wurde das Leben schnell ziemlich real.

Mein Mann Ross hatte einige düstere depressive Verstimmungen erlebt, die wir als «Nebenwirkungen» des schnellen Vaterwerdens verbuchten. Doch nach einigen gravierenden Kopfschmerzepisoden und vielem Hin und Her zwischen Ärzten und Krankenhaus erhielt Ross die Nachricht, vor der jedem graut.

Hirntumor.

Von der bösartigen Sorte.

Die Sorte, von der du weißt, dass es – egal, was passiert – hart wird und sich dein Leben für immer verändern wird.

Ich war vor Schock wie gelähmt.

Ich kann mich noch lebhaft daran erinnern, wie ich zum ersten Mal nach seiner Diagnose allein aus dem Krankenhaus nach Hause kam. Ich brach schluchzend auf dem Küchenboden zusammen. Ich weinte und weinte. Es war ein Weinen, bei dem du meinst, nie wieder aufhören zu können. Ein hässliches Weinen.

Und dann erinnere ich mich an den Moment, als meine Einstellung sich veränderte.

Denn in diesem Moment der Verzweiflung ging mir auf, dass es meine Sache war, mich und meine Familie durch diese Zeit in unserem Leben zu bringen. Niemand würde kommen, um mich zu retten, und das alles würde passieren, ob es uns gefiel oder nicht.

Und so beschloss ich, alles zu tun, was nötig war, um glücklich zu sein, ohne Rücksicht auf den beschissenen Krebs.

Im Juli 2017, nach dreieinhalb Jahren Krebs und all dem anderen, was damit einhergeht – der Chemo, den Bestrahlungen, den Hirn-OPs, einem Haufen Terminen, Anfällen und zahllosen Tabletten –, starb mein wunderbarer, schräger und lustiger Mann.

Allein, das niederzuschreiben, weckt in mir dasselbe Gefühl wieder, das ich so oft in den letzten Jahren hatte, dieselbe Ungläubigkeit: «Was zum Teufel? Wie kann es sein, dass er tot ist?»

Viele von uns können sich nicht vorstellen, dass Menschen sterben, bevor sie alt und bettlägerig sind, nicht wahr? Du weißt rational, dass es sich anders verhält, aber es ist immer nur ein abstraktes Wissen, bis es jemanden trifft, den *du* liebst.

Nach Ross' Tod hat sich mein Leben tatsächlich für immer verändert. Ich habe mich verändert.

Du liest diesen Satz jetzt vielleicht und denkst, dass ich ihn negativ meine, aber das ist nicht der Fall. Ich meine, dass mein Leben sich zum Guten wie zum Schlechten verändert hat – und auch ein bisschen dazwischen.

Die größte Veränderung war die Erkenntnis, dass ich nicht das Geringste von irgendetwas wusste. Wie kann ich die Welt überhaupt verstehen? Die Welt, die ich kannte, die, die einen Sinn ergab – in dieser Welt war mein Mann gewesen. Diese neue Welt ohne ihn bedeutete, dass ich alles noch einmal neu denken musste.

Diese letzten paar Jahre, die seither vergangen sind, waren

eine Reise zu einer viel tieferen Selbsterkenntnis. Ich ließ jedes Werturteil los, lebte verletzlicher und musste mich fragen, was mir wirklich wichtig ist. Ich wurde wagemutig und empfand mehr Empathie für andere, als ich für möglich gehalten hätte.

Diese Lebenserfahrungen, die ich gerade erwähnt habe, sind der Grund, warum dieses Buch das Licht der Welt erblickt hat. Ich habe eine Mission: kein Bullshit, kein Gefasel, ich will mit dir teilen, was ich für mich herausgefunden habe, und ich werde es ganz einfach halten. Denn um dieses ganze Chaos hinter mir zu lassen, ist es mein erklärter Wunsch, Menschen dabei zu helfen, ein Leben zu finden und zu führen, das sie lieben. Unsere Zeit ist so kurz, und ich will, dass du glücklich bist.

Lass dich mit einem offenen Geist auf dieses Buch ein, teile es mit zynischen Freunden und lache den Wahnsinn weg, der unser Alltag ist. Ich hoffe, das Buch lässt dich erkennen, dass du nicht allein bist und dass auch bei allen anderen wilde Gedanken und innere Kämpfe an der Tagesordnung sind.

Bitte vergiss nicht, in den sozialen Medien mit mir über deine Aha-Erlebnisse zu sprechen, denn ich würde so gern hören, wie du deine Herausforderungen gemeistert und was du ausprobiert hast (je schräger, desto besser). Ich möchte gern wissen, was aus diesem Buch dir geholfen hat. Du findest mich unter @iamhollymatthews auf Instagram und Facebook und unter @hollymatthews auf Twitter.

Du hast es in der Hand. Selbst wenn du keineswegs das Gefühl hast: Du hast es in der Hand. Nimm dieses Buch und gestalte dein Leben so, dass es dir nichts und niemand kaputtmachen kann und voller Freude ist.

Holly x

#1

WIE DAS GEHIRN ARBEITET

Ich liebe es, mich mit dem Gehirn zu befassen. Ich finde es faszinierend. Und je mehr ich darüber weiß, desto sicherer bin ich mir, dass unser Gehirn perfekt funktioniert – das heißt: Es reagiert auf das, was wir ihm zur Verfügung stellen, und arbeitet damit.

Da dies der Einstieg ins Buch ist (auch wenn einige von euch vielleicht in der Mitte angefangen haben), denke ich, dass es angebracht ist, einige wissenschaftliche Fakten darüber zu vermitteln, was in diesem deinem Kopf vor sich geht.

Wir haben ungefähr 60 000 Gedanken am Tag (und wenn du eine «Grüblerin» bist wie ich, dann kommst du auf diese Zahl allein schon beim Kaffeetrinken!). Unser Gehirn nimmt etwa 4 Milliarden Bits Daten pro Sekunde auf. Das ist ein ganzer Haufen Information.

Dennoch ist sich der neurotypische Mensch dieser Informationsmenge normalerweise nicht bewusst. Der Grund dafür ist eine Ansammlung von Nervenzellen im Hirnstamm, das aufsteigende retikuläre Aktivierungssystem oder kurz ARAS. Das ARAS ist wie der kleine Türsteher des Bewusstseins und entscheidet, was durchkommt und was nicht. Es ist im Wesentlichen das Filtersystem des Gehirns.

Aber was lässt es nun herein? Bestimmte Dinge kommen immer am ARAS vorbei (wieder gilt: wenn du neurotypisch bist), zum Beispiel, wenn du in Gefahr bist, wenn einer deiner Liebsten in Gefahr ist oder wenn jemand deinen Namen ruft. In diesen Fällen öffnet ARAS die Tür und schickt diese Information blitzschnell in dein Vorderhirn, damit du dich darauf konzentrieren kannst.

Ganz allgemein hat unser Gehirn eine starke Bestätigungstendenz, was einfach ausgedrückt heißt, dass wir Menschen gern recht haben (oh, und wir wissen das nur allzu gut!). Deshalb scannt dein Gehirn nun die eintreffenden Daten und filtert dabei alles heraus, was zu dem passt, wie wir die Welt sehen, wie wir uns selbst sehen und womit wir uns den Großteil unserer Zeit beschäftigen.

Das ist sicher eine fantastische Nachricht, wenn du eine total positiv eingestellte Person bist, die die Welt für einen wunderbaren Ort voll unendlicher Möglichkeiten hält und ihre Aufmerksamkeit auf Freude, Reichtum und Liebe lenkt. Es ist weniger lustig, wenn du alles durch den Nebel der Negativität betrachtest und immer mit dem Schlimmsten rechnest.

Auf mich bezogen bedeutet das also: Wenn ich eine negative Geisteshaltung habe und mir jeden Tag sage, dass ich dick und hässlich bin und mich sowieso niemand ausstehen kann, dann wird mein Gehirn alle hereinkommenden Daten durchforsten und nach Beweisen Ausschau halten, die diese Theorie stützen, sodass einmal mehr diese negativen Gedanken ins Zentrum meines Bewusstseins rücken.

Sagen wir, eine Freundin beantwortet meine Textnachricht nicht. Na, das wandert schnurstracks auf den «Niemand mag mich»-Haufen Information. Wenn mir heute jemand sagt, dass ich «irgendwie anders» aussehe, dann kann das auf den «Ich bin dick und hässlich»-Stapel. Beide Vorfälle könnten völlig harmlos sein, aber da mein ARAS steif und fest behauptet: «Die Welt ist ein negativer Ort, und niemand liebt mich», werde ich neue Informationen auch auf diese Art und Weise verarbeiten, und Negativität wird sich weiter wie ein roter Faden durch mein Leben ziehen. Man kann es sich fast wie die Algorithmen in den sozialen Medien vorstellen. Wenn ich Postings über «Putz-Hacks» mag, werde ich garantiert in den nächsten Wochen Mopps, Lappen und Fusselrollen in meiner Timeline angeboten bekommen. Unser ARAS ist der Algorithmus unserer Glaubenssätze.

Du hast vielleicht schon einmal den Satz gehört «Wir sehen, was wir glauben». Er legt Folgendes nahe: Je länger du dich auf das konzentrierst, was du nicht möchtest, desto eher wird dein Gehirn deine Aufmerksamkeit auf genau das richten. Wie doof ist das denn?!

Aber umgekehrt gilt auch: Sobald du dich auf das zu konzentrieren beginnst, was du dir wünschst und was du liebst, geht dein Gehirn davon aus, dass du mehr davon haben willst ... was natürlich der Fall sein wird!

Die Positive Psychologin Sonja Lyubomirsky vermutet in ihrem Buch *Glücklich sein: Warum Sie es in der Hand haben, zufrieden zu leben* (Campus 2018), dass 50 Prozent unseres Glücks auf Genetik fußen und 10 Prozent auf den Umständen – was bedeutet, dass wir 40 Prozent unseres Glücks selbst in der Hand haben. Im Wesentlichen könnte es einen gewissen ererbten «Sollwert» geben, der vorgibt, wie positiv oder negativ wir von Natur aus sind (und an dem wir nicht wirklich etwas ändern können), aber es gibt eben auch einen großen Batzen Glück, das wir kontrollieren können. Darauf sollten wir unser Augenmerk richten.

《 *Es gibt einen großen Batzen Glück, das du kontrollieren kannst, und darauf solltest du dein Augenmerk richten.* 》》

Die Psychologie vertritt die Ansicht, dass wir eine negative Bestätigungstendenz haben – wenn also etwas Negatives geschieht, denken wir viel mehr darüber nach als über etwas Positives. Wenn wir berücksichtigen, wie wir uns entwickelt haben, ergibt das einen Sinn. Als wir noch Höhlenmenschen waren, im Felldress herumliefen und damit beschäftigt waren, uns nicht fressen oder uns das Essen nicht klauen zu lassen, mussten wir schnell Entscheidungen fällen, um am Leben zu bleiben.

Seither haben wir uns nicht allzu sehr verändert. Wir besitzen und benutzen noch immer einen primitiven Teil unseres Gehirns, die Amygdala (auch «Reptiliengehirn» genannt). Sie kann in Windeseile reagieren und ist dazu da, unser Überleben zu sichern. Sie kontrolliert unser Verlangen zu essen, zu kämpfen, zu fliehen und uns zu vermehren. Dafür hält sie Ausschau nach allem, was negativ ist, auch nach Gefahren, die hinter der nächsten Ecke lauern könnten, und ist ständig in Habachtstellung, um unsere Sicherheit zu gewährleisten.

Deshalb brauchen wir die Amygdala – sie ist sehr wichtig –, aber wir brauchen auch einen anderen Teil unseres Gehirns, der überprüft, ob wir wirklich angegriffen werden. Es ist der Frontallappen an der Vorderseite des Gehirns, direkt hinter der Stirn. Er steuert Emotionen, lösungsorientiertes Denken, Gedächtnis, Sprache, Werturteile und sowohl unsere sozialen als auch, ähem, sexuellen Interessen.

Jetzt weißt du ein bisschen besser Bescheid über das, was in deinem Gehirn vor sich geht. Vielleicht siehst du nun, dass du dich ein bisschen anstrengen musst. Du musst dich bemühen, dein Gehirn zu schützen und ihm alle Werkzeuge an die Hand zu geben, die es braucht, um so zu arbeiten, wie es gut für dich ist.

Wenn wir unserem Körper jeden Tag Junkfood zumuten, dann können wir damit rechnen, krank, müde und körperlich aus der Form zu geraten. Ganz ähnlich können wir darauf warten, gestresst, deprimiert, überfordert und unglücklich zu werden, wenn wir unser Gehirn den ganzen Tag mit Müll füttern.

Es wird Zeit, dass du dein Gehirn schützt. In diesem Buch zeige ich dir eine ganze Menge Wege auf, wie das gelingen kann. Ich schlage vor, dass du sie dir zu Herzen nimmst. Ich könnte diese Message flapsig formulieren, aber ich meine es ernst, wenn ich sage, dass wir unser Gehirn trainieren und unser Filtersystem so polen müssen, dass es zu unseren Gunsten arbeitet.

Wie bringe ich mein Gehirn dazu, zu meinen Gunsten zu arbeiten?

1 **Mach dir keine Gedanken darüber, wie du dich gerade fühlst** oder wie du dich in der Vergangenheit gefühlt hast. HEUTE beginnen wir unsere Reise, auf der wir unserem Gehirn mehr positiven Spielraum geben wollen. In diesem Buch wirst du erfahren, wie du dir selbst ein Festmahl voller Positivität zubereitest.

2 **Hör deinen Gedanken zu** und überlege dir, wie sie die Welt, die du siehst, möglicherweise beeinflussen. Führe eine Woche lang Tagebuch – dabei werden dir Wörter auffallen, die du häufig verwendest – denn am Ende sind sie es, die dazu führen werden, dass sich dein Blick auf die Dinge verändern wird. Ich möchte dich dazu ermuntern, diese Wörter dahingehend kritisch zu hinterfragen, ob sie dir helfen oder dich behindern. Wenn sie dir helfen, behalte sie. Wenn sie dich behindern, musst du entscheiden, durch welche anderen Wörter du sie ersetzen möchtest.

3 **Halte inne und sieh dich um, wo immer du bist**, und suche fünf Dinge, die du schön, herzerfrischend, süß oder hübsch findest oder die dir sonst wie ein Lächeln entlocken. Es ist unerheblich, ob du das hier in deiner Mittagspause, im Bus oder am Strand liest – schau dich um, finde deine Freude. Wenn du das regelmäßig tust, ist es, als wenn du deinem Gehirn einen gesunden Snack vorsetzt, der das Gesamtbild eines ausgewogenen, glücklichen Geistes abrundet. Nennen wir solche Snacks deine «Glücksmöhrchen»!

#2

DIESER ALTE GLAUBENSSATZ BREMST DICH AUS

Viele Menschen führen nicht das Leben, das sie sich wünschen. Sie begnügen sich mit dem, was sie ihrer Meinung nach bekommen können, was sie zu verdienen glauben und was für sie leicht zu haben ist. Viele Menschen lassen sich von Augenblick zu Augenblick treiben und erlauben es dem Leben, sie wie eine glänzende Metallkugel in einem Flipperautomat herumzuschleudern.

Entscheidungen treffen sie auf der Grundlage von Notwendigkeiten und dem, was sie meinen, tun zu müssen. Sie begrenzen ihr Denken auf das, was die Leute in ihrem Umfeld zu erreichen imstande waren. Sehr oft führen sie nicht ihr Wunschleben, denn sie haben sich eigentlich noch nie die Zeit genommen, darüber nachzudenken, wie es überhaupt aussehen soll.

Diese Art Denken erschafft Sätze wie «Leute wie ich haben keine Häuser wie die da» oder «Ich kann keine eigene Firma gründen, weil ich nicht genug Grips dafür habe». So etwas nennen wir einen einschränkenden Glaubenssatz: einen Glaubenssatz, der dein Leben in irgendeiner Weise einschränkt. In jedem Bereich deines Lebens, den du schwierig findest, wirst du eine geballte Ladung solch hinterhältiger Glaubenssätze aufspüren, die sich unter der Oberfläche deines Unterbewusstseins verstecken.

Unser Bewusstsein ist Gold wert. Es ist der Teil von uns, der sich Ziele setzt, mit der Diät beginnt und beschließt, sich all diese wunderbaren, neuen Verhaltensweisen anzugewöhnen. Aber es ist unser Unterbewusstsein, das wirklich die Zügel in der Hand hält.

Wenn also unser Bewusstsein sagt: «Ich will in der Firma die erfolgreichste Person sein, ich werde dieses Ziel knacken und die Beförderung kriegen» (hier ist Luft für deinen eigenen Vorsatz) – aber in den finsteren Tiefen unseres Unterbewusstseins der Glaubenssatz lauert, dass wir nicht gut genug sind und niemand in unserer Familie je auf diese Art Geld verdient hat und es demnach unwahrscheinlich ist, dass wir es tun werden – dann rate mal, wer den Sieg davonträgt! Jep! Das Unterbewusstsein.

Noch einmal: All das läuft unterbewusst ab, es ist nichts, dessen du dir notwendigerweise bewusst bist. Aber was passieren kann, wenn diese negativen Gedanken tief drinnen vor sich hin brodeln, ist, dass du dir weder wirklich Mühe gibst noch geeignete Maßnahmen ergreifst, um dein Ziel zu erreichen. Vielleicht sabotierst du dich sogar selbst, indem du etwas tust, das selbstzerstörerisch ist, Schaden anrichtet oder dich davon abhält zu bekommen, was du dir wünschst.

Und alles nur, weil unser Unterbewusstsein und unser Bewusstsein gegeneinander arbeiten. Nehmen wir einmal an, dass unser Bewusstsein auf der Suche nach einer liebevollen Beziehung ist. Du sprichst es aus, du teilst es deinen Freunden mit und unternimmst etwas in dieser Richtung, indem du Profile auf Dating-Apps anlegst und häufiger ausgehst. Nun nehmen wir ebenfalls an, dass sich in den verborgensten Winkeln deines Unterbewusstseins der Glaubenssatz verschanzt hat, dass alle Menschen Fremdgänger und Lügner sind. Wenn das der Fall ist, mein Freund, gibt es einen Konflikt in dir.

In der Wirklichkeit kann es bei diesem Tauziehen durchaus

sein, dass dein Bewusstsein eine Zeit lang die Oberhand behält und nach dem perfekten Partner zu suchen beginnt. Aber weil dein hinterlistiges Unterbewusstsein deinem Gehirn noch immer zuflüstert, dass alle Menschen Fremdgänger und Lügner sind, wird dein Gehirn annehmen, dass du noch mehr Menschen kennenlernen willst, die in diese Kategorie fallen. Was du eigentlich gar nicht willst!

Oder du gibst dich, da du nach ein paar eher weniger erfolgreichen Dates festgestellt hast, dass deine unterbewussten Gedanken sehr mächtig sind, geschlagen und brichst die Suche ganz ab.

Das muss nicht passieren. Um ein Leben zu leben, das unser Herz mit Freude erfüllt, müssen wir in den staubigen Ecken unseres Unterbewusstseins herumstochern und diese einschränkenden Glaubenssätze ans Tageslicht zerren, wo wir uns um sie kümmern können.

In einem Workshop, den ich vor einigen Jahren hielt, hob eine Dame die Hand, als wir gerade über einschränkende Glaubenssätze sprachen, und fragte: «Was, wenn dein einschränkender Glaubenssatz keineswegs ein Glaubenssatz, sondern eine Tatsache ist?» Interessanter Gedanke, sagte ich mir und bat sie, das näher auszuführen. «Nun, ich will erfolgreicher mit meinem Unternehmen werden, aber ich bin hochsensibel und weine viel. Deshalb werde ich keinen Erfolg haben, denn erfolgreiche Leute weinen nicht in Meetings.» Ich antwortete, dass das ein einschränkender Glaubenssatz sei, denn für jedes Mal, das sie sich selbst diese Geschichte erzähle, gäbe es da einen anderen Menschen, der auf dem Weg zu einem unfassbar erfolgreichen Unternehmen ständig weine. Tatsächlich munkelt man, Steve Jobs sei eine Heulsuse gewesen, und ich bin ziemlich zuversichtlich, dass das für ihn in Ordnung war.

Sobald wir diese Glaubenssätze ausgraben, können wir anfangen, sie zu verändern oder uns zumindest ihrer bewusst werden und immer auf der Hut sein, wenn wir wissen, dass sie gerade wieder angetriggert werden könnten.

Sobald du herausgefunden hast, was dein Unterbewusstsein im Schilde führt, findest du den betreffenden Glaubenssatz vielleicht sogar ein bisschen lächerlich, wenn du ihn dir laut vorsagst. Ich zum Beispiel hatte viele einschränkende Glaubenssätze rund ums Geld. Meine Eltern hatten nicht viel Geld, aber ich habe im Alter von elf Jahren mit dem Geldverdienen angefangen (obwohl ich damals noch keinen Zugriff darauf hatte). Ich entdeckte damals, dass die Leute gar nicht begeistert darüber waren, als ich dann Geld hatte. «Für wen hältst du dich?» und «Hast du 100 Pfund als Essensgeld?» waren Fragen, die ich in der Schule regelmäßig zu hören bekam. Nachdem ich als Erwachsene ein bisschen herumgegrübelt hatte, ging mir auf, dass ich noch immer den Glaubenssatz hatte: «Wenn ich Geld verdiene, gibt das anderen Leute ein ungutes Gefühl.»

Ich komme mir immer noch ein bisschen albern vor, weil es diesen Glaubenssatz gab (und manchmal immer noch gibt). Die Absurdität solcher Glaubenssätze zu erkennen, kann helfen, sie zu verändern.

Wie du deine einschränkenden Glaubenssätze loswirst

1 **Denk über Bereiche deines Lebens nach, in denen oo keine Bewegung gibt,** seien es nun dein soziales Leben, Beziehungen, die Arbeit oder auch deine Einstellung zu deinem Äußeren. Schreib ein paar Glaubenssätze auf, die du diesbezüglich hast: «Ich bin hässlich, niemand wird mich je lieben», «Ich werde immer Probleme mit Geld haben» oder «Ich finde einfach keine Freunde».

2 **Halte Tatsachen fest, die im Widerspruch zu diesen Glaubenssätzen stehen.** Aus «Ich finde einfach keine Freunde» könnte dann werden: «Ich hatte an meiner alten Arbeitsstelle eine Freundin, aber wir haben uns aus den Augen verloren.» Aus «Alle halten mich für hässlich, und ich werde nie einen Partner haben» könnte dann werden: «Letzte Woche habe ich ein Kompliment von meiner Kollegin bekommen.»

3 **Denk dir kraftvolle Affirmationen aus,** um die alten Glaubenssätze zu ersetzen. Zum Beispiel: «Das Geld kommt ganz leicht zu mir», «Ich liebe es, neue Leute kennenzulernen» und «Ich bin ein freundlicher und liebenswerter Mensch».

4 **Finde heraus, woher diese Glaubenssätze kommen.** Ich garantiere dir, dass der Großteil von flapsigen Bemerkungen irgendwelcher Leute herrührt (du denkst gerade jetzt an den genauen Wortlaut, oder?), die dich vielleicht nicht einmal absichtlich verletzen wollten. Ihren Ursprung zu erkennen, kann dabei helfen, ihre Wirkung zu minimieren.

5 **Lach über diese verrückten unterbewussten Gedanken** – darüber, wie albern und lächerlich sie sind – und lösche ihr Feuer. Es sind nur Gedanken, und du hast die Kontrolle über sie, nicht umgekehrt.

> « *Lass niemals zu,*
> *dass eine alte Geschichte*
> *dich von einem neuen*
> *Leben abhält.* »

#3

SCHLUSS MIT DEM GEJAMMER!

Worüber hast du bei deinem letzten Telefonat mit einem Freund gesprochen? Waren es deine Träume, deine Wünsche, die Ziele, die du dir selbst gesetzt hast, und somit lauter positive Dinge? Habt ihr euch erzählt, welche Gesten der Freundlichkeit ihr an diesem Tag am Arbeitsplatz beobachtet hattet, und euren Kindern, Partnern und Arbeitskollegen Dank gezollt, weil sie mit euch diese herrliche Reise machen?

Nein? Nicht einmal annähernd? Na, das ist keine große Überraschung ... Wir Menschen wenden wahnsinnig viel Zeit dafür auf, uns zu beklagen und zu jammern, und die Liste der Dinge, über die wir uns beschweren, ist endlos. Das Wetter (zu heiß oder zu kalt), der Verkehr, öffentliche Verkehrsmittel, unsere Partner und Kinder, Bad-Hair-Days, Arbeit, Bügeln – es gibt wirklich nichts, worüber wir nicht fortwährend meckern und murren.

Was ist unser Problem? Warum haben wir das Bedürfnis, uns gegenseitig in einer Endlosschleife der Schwarzseherei negative Gedanken hinzurotzen?

Zunächst einmal hilft es uns, Stress abzubauen. Du kennst das – beim Jammern lässt man Dampf ab, und es ist ein gutes Gefühl, äußere Faktoren dafür verantwortlich zu machen, wie es uns geht. Es kann einfach schön sein, einen Moment lang über Colin aus dem Büro zu lamentieren, der dich in Meetings laufend unterbricht, oder einen Zuhörer zu haben, während du Gift und Galle wegen deines Ex spuckst.

Zweitens ist es eine gute Möglichkeit, eine Beziehung zu jemandem aufzubauen. Rudeljammern kann verbindend wirken, besonders, wenn wir derselben Meinung über unser auserwähltes Beschwerdethema sind. Wenn wir uns alle einig sind, dass zum Beispiel Chris aus der Buchhaltung seinen Heringssalat nicht im Gemeinschaftsraum essen sollte, und wir in feucht-fröhlicher Runde am Freitagabend darüber ablästern, wertet das uns selbst auf und gibt uns das Gefühl, Teil der Gruppe zu sein.

Rudeljammern kann uns auch dabei helfen, unsere eigenen Probleme abzuarbeiten. Unserem Ärger Luft machen zu können, schafft Raum dafür, kollektiv neue Ideen zu sammeln, und das hat definitiv Vorzüge.

Ein weiterer Kick, den uns unser Gejammer verschafft, ist sein sekundärer Nutzen. Wir alle haben diese Freundin, die unablässig ihre wöchentlichen Irrungen und Wirrungen auf Facebook postet und dann mit Hilfsangeboten und «Bist du okay, Schätzelein?»-Kommentaren überschwemmt wird. Durch öffentliches Wehklagen Aufmerksamkeit zu heischen, ist ein erstklassiges Beispiel für einen sekundären Gewinn. Jammern = Belohnung.

Auch unsere Familien und unsere Kinderstube mögen ein weiterer ausschlaggebender Grund dafür sein, warum wir uns so oft beklagen. Wenn du in einem Elternhaus aufgewachsen bist, in dem es kultiviert wurde, heimzukommen und den Stress des Tages wegzumeckern, ist es kein Wunder, wenn du das als Erwachsener ebenfalls tust.

Sobald wir mit der Jammerschleife beginnen, gewöhnen wir uns daran und spulen sie regelmäßig ab. Vielleicht hast du sogar Freunde oder Angehörige, mit denen du sonst offen gestanden nichts zu reden hättest, wenn du nicht den ganzen Sack mit all den «Dingen, die gerade in meinem Leben schieflaufen» im Gespräch aufmachen könntest.

Du liest das jetzt und denkst vielleicht: «Okay, Holly, aber was ist denn eigentlich das Problem – du hast doch gesagt, dass Jammern Stress abbaut, also warum lässt du mich nicht einfach machen?» Und ich stimme dir zu, mach ruhig. Dein Leben ist deine Sache, und wie bei allem gilt auch hier: Ein bisschen gelegentliches Ächzen und Stöhnen geht in Ordnung. Aber wenn es chronisch wird und gar kein Ende findet, wird es sich negativ auf deine mentale Gesundheit auswirken (und wahrscheinlich auch auf deine Beziehungen zu anderen).

Mein größtes Problem mit dem Gejammer ist, dass wir damit noch nichts gegen den eigentlichen Missstand unternehmen und zulassen, dass er weiter vor sich hin schwelt. Wir sind vielleicht stinksauer darüber, dass wir zum zweiten Mal bei einer Beförderung übergangen wurden, obwohl wir das Gefühl haben, dass wir sie verdient hätten, aber wir setzen uns nie mit dem Chef zu einem ehrlichen Gespräch zusammen, um uns sein Feedback abzuholen. Jammern kann zu Untätigkeit verleiten. Es ist die einfachere Alternative, als etwas gegen den Missstand zu unternehmen. Es ist eine Kuschelecke, in der du vor dich hinmurrst, anstatt deine Hausaufgaben zu machen.

Und die pausenlose Nörgelei hat auch einen negativen Einfluss auf unsere Gesundheit. Dadurch polen wir unser Gehirn darauf, dass die Welt ein elender Ort ist, und das bringt den Körper dazu, das Stresshormon Cortisol auszuschütten. Ein konstanter Cortisolspiegel aber kann zu Bluthochdruck führen, das Immunsystem schwächen und sogar das Risiko für eine Herzkrankheit erhöhen.

Nicht zu vergessen, dass es irgendwann deine Freunde und Familie zu ermüden beginnt, wenn du das ewige Klageweib gibst, das nicht bereit ist, das eigene Verhalten zu ändern. Wenn du Tag für Tag dieselben Probleme bei ihnen ablädst, wirst du vielleicht feststellen, dass sie auf Abstand zu dir gehen, weil deine Negativität belastend für sie wird.

Jammern löst keine Probleme, es schafft nur neue. Je öfter du über die immer gleichen Probleme redest, ohne ihre Bewältigung in Angriff zu nehmen, desto mehr wirst du dich ärgern. Es ist der Brennstoff, der dafür sorgt, dass du dich noch miserabler fühlst.

Ich will ja mit dem Gejammer aufhören, aber ich weiß nicht, wie das geht

1 **Finde heraus, warum du so oft lamentierst.** Bist du ausgelaugt, überarbeitet, überfordert, ängstlich? Erforsche, woher das kommt. Sobald du es weißt, stelle fest, ob dagegen etwas unternommen werden kann, und tu es. Und wenn es sich außerhalb deiner Kontrolle befindet, gibt es vielleicht eine andere Art und Weise, über dasselbe Thema zu sprechen.

2 **Mach dir deine Trigger bewusst.** Wenn du weißt, dass du nach dem morgendlichen Elterntaxispielen gestresst sein und damit jedem, der deinen Weg kreuzt, in den Ohren liegen wirst, denk darüber nach, was du tun kannst, um diese Gefühle erst gar nicht aufkommen zu lasen. Warum nicht laut deine Freude über bestimmte Dinge kundtun? Sag verwegen: «Mir gefällt dieses bunte Auto», «Ich liebe dieses Parfum, das ich eben aufgelegt habe», «Wie schön der Himmel heute ist». Diese Methode zwingt dich zur Konzentration auf Dinge, die dir Freude machen.

3 **Schreib es auf.** Bring das Gejammer zu Papier, und wenn du fertig bist, wirf es in den Abfalleimer und lass es los.

4 **Gib dir die Erlaubnis, ein bisschen zu lamentieren.** Dir sind entweder ein oder zwei kleine Klagen am Tag erlaubt (wähle klug!) oder ein Zehn-Minuten-Fenster, in dem du dich im Selbstmitleid wälzt. Aber wenn die Zeit um ist, musst du aufhören.

5 **Unternimm etwas!** Wenn es tatsächlich Anlass zur Beschwerde gibt, weil ein echtes Problem vorliegt, dann leite Schritte ein, um es zu lösen. Hör auf, auf dem Problem herumzureiten, und fang an, dich selbst zu stärken, indem du etwas daran änderst, dass das Problem sich weiter auswachsen kann.

《 *Jammern löst keine Probleme,* *es schafft sie erst.* 》

BRING LEBEN IN DIE BUDE

Hast du jemals einen Hamster in seinem Laufrad beobachtet? Als Kind hatte ich über die Jahre etwa zehn Hamster (und gab dreien von ihnen denselben Namen, weil ich nicht über die Tatsache hinwegkam, dass Clarky I wirklich gestorben war). Ich habe also oft Hamster im Laufrad sich abstrampeln sehen, offenbar ohne Ermüdungserscheinungen. Wenn ich an dieses Hamsterrad denke, setze ich es mit den Zeiten in meinem Leben gleich, in denen ich nicht besonders glücklich darüber war, wohin mein Schifflein schipperte, oder feststellte, dass ich im Schneckentempo vorwärtskroch.

Eine Studie fand kürzlich heraus, dass nur drei von zehn Menschen glücklich mit ihrem Leben sind und dass 69 Prozent die immer gleiche Routine satthaben. «Eingefahrene Gleise» ist ein Ausdruck, den ich oft von meinen Klienten höre, und ich bin mir ziemlich sicher, dass wir alle dieses Gefühl kennen.

Wenn wir eine Zeit lang in diesem ziemlich lustlosen Zustand feststecken, werden wir womöglich traurig, sind uninspiriert, gelangweilt oder antriebslos. Die tägliche Monotonie kann uns ein Gefühl der Ohnmacht vermitteln. Wenn du das jetzt liest und nickst, werden wir gleich ein bisschen Leben in die Bude bringen!

Dein Leben findet jetzt statt, und wenn du an dem Ort verweilst, an dem du dich jetzt befindest, wirst du vor Langeweile verrückt werden. Wichtiger noch: Das ist komplett überflüssig. Wie Albert Einstein gesagt haben soll: «Die Definition von Wahnsinn ist, immer wieder das Gleiche zu tun und andere Ergebnisse zu erwarten.»

Als verantwortungsbewusste Erwachsene müssen wir uns in gewissem Umfang mit Routine und Alltag anfreunden, und daran ist auch nichts falsch, weil es den Blick dafür schärft, wo Raum für Chaos bleibt. Die Dinge ein bisschen aufzumischen, muss nicht zwangsläufig eine Generalüberholung deines Lebens bedeuten (außer wenn du dir das wünschst). Es kann aber kleine tägliche Kurskorrekturen meinen, die uns das Gefühl geben, lebendig zu sein und engagiert an der Welt teilzuhaben.

Unterschätze die Kraft dieser Kurskorrekturen nicht. Eine kleine Veränderung hier und da kann einen großen Unterschied ausmachen, und wenn wir am Ball bleiben, wirkt das erfrischend und macht das Leben interessant.

Gerade letzte Woche, als ich für eine Weile in die Niederungen des Lebens gerutscht war, beschloss ich, dass ich etwas ändern musste. Ich erfuhr, dass Airbnb Online-Events veranstaltete, von denen einige äußerst schräg und speziell waren. Da ich jemand bin, der gern Neues ausprobiert, meldete ich mich zu einigen Terminen an, darunter eine Lachtherapie mit einem reizenden Paar namens Cath und Tom, ein Zauberkurs mit Aleksandr aus Estland und ein Meditationskurs mit einem buddhistischen Mönch aus Tibet. Es gab auch Events mit dem Titel «Lernt die Hunde von Tschernobyl kennen» und «Sangria und Geheimnisse mit Dragqueens». Alles in allem war es eine abwechslungsreiche Woche!

Wie fängst du es also an, Leben in die Bude zu bringen?

Es kann wirklich so einfach sein, wie deinem Haus einen neuen Look zu verpassen, indem du andere Bilder aufhängst oder dir neue Bettwäsche gönnst. Du könntest deine Garderobe ausmisten und ein bisschen mehr Kreativität und Bewusstheit darin, wie du dich kleidest und wie du dich damit fühlen willst, an den Tag legen. Wenn du meinst, dass heute dein Glitzer- und Glamourtag ist, dann zur Hölle: Warum nicht?

Reisen kann das Leben gehörig aufmischen und uns neue Blickwinkel vermitteln, die wir einfach nicht einnehmen könnten, wenn wir immer an Ort und Stelle bleiben würden. Ich verstehe, wenn um den Globus zu jetten aufgrund deines aktuellen Kontostands vielleicht keine Alternative ist, aber du könntest in die nächste Stadt fahren oder auch nur in einen anderen Teil deiner Stadt oder deines Viertels. Wir vergessen oft, unsere eigene Umgebung zu erkunden, und dabei gibt es nichts Fantastischeres, als verborgene Schätze vor der eigenen Nase zu entdecken.

Wie wäre es mit Freiwilligenarbeit oder einem neuen Kurs? Einer Passion nachzugehen, kann dich auf alle möglichen Reisen führen, und sie müssen nicht zwingend ein Ziel haben – die Reise und das Erlebnis sind alles, was du brauchst. Neue Dinge auszuprobieren, schenkt uns neue Ideen und Aktivitäten, über die wir reden und nachdenken können, und dann ist einfach kein Platz mehr für Langeweile und ein farbloses Leben.

Vielleicht wünschst du dir noch mehr Veränderung, und «Leben in die Bude zu bringen» bedeutet für dich, deinen Job zu kündigen, dein eigenes Unternehmen zu gründen, umzuziehen oder deine lieblose Beziehung hinter dir zu lassen. Es gibt Zeiten, da müssen wir unser Leben nehmen und wie eine Schneekugel durchschütteln, auf den Kopf stellen und einen Neuanfang suchen. Du bist der einzige Mensch, der entscheiden kann, was du brauchst, um dich lebendig zu fühlen und glücklich zu sein – aber die Wege, auf denen du dorthin gelangst, sind grenzenlos.

So bringst du Schwung in dein Leben wie Shakira in ihre Hüften

1 **Verändere deine Umgebung** – geh woanders lang, nimm einen neuen Weg zur Arbeit, mach eine Reise, geh mal in ein anderes Restaurant und fotografiere alles Interessante, das du dabei siehst. Wenn du zu Hause arbeitest, kannst du vielleicht in ein anderes Zimmer umziehen oder zum Arbeiten in ein Café gehen, um deine Umgebung zu verändern.

2 **Möble dein Selbstbewusstsein auf**, indem du etwas ausprobierst, das du noch nie gemacht hast (einen Kurs, ein Webinar, Speeddating). Es kann erfrischend sein, auf das Sicherheitsnetz des Alltäglichen zu verzichten. Eine rasche Internetsuche kann dir alle möglichen wundersamen Events in deiner Nähe aufzeigen, und da unser Onlineleben in den letzten paar Jahren regelrecht explodiert ist, sind die Möglichkeiten riesig.

3 **Schreib eine Bucketlist** mit lauter genialen Unternehmungen, die dich inspirieren, erfüllen und dir Flügel verleihen würden. Tagge mich ruhig auf Instagram mit @iamhollymatthews oder auf Twitter mit @hollymatthews, während du deine Liste Punkt für Punkt abhakst, sodass ich dich anfeuern und mich von deinen Ideen begeistern lassen kann.

« *Unterschätze die Kraft einer Feinjustierung nicht. Eine kleine Veränderung kann einen großen Unterschied machen.* »

5

SEI KEIN ÜBERARBEITETER DUMMKOPF

Jedes Mal, wenn ich in den sozialen Medien ein Posting sehe, in dem es heißt: «Schlafen kann ich, wenn ich tot bin!», oder wenn ich von jemandem höre, dass er sich «mit drei Stunden Schlaf» pro Nacht begnügt hat, um dorthin zu kommen, wo er jetzt ist, inspiriert mich das nicht. Mir wird schlecht. Denn das ist die perfekte Anleitung zu Burn-out und Stress.

Wir leben in einer Welt, die das «Vielbeschäftigtsein» feiert und es als Zeichen von Erfolg wertet; aber ich bin hier, um ein Hühnchen mit ihr zu rupfen und dieser Glorifizierung ein Ende zu machen. Ständig zu arbeiten, ist nicht gleichzusetzen mit Erfolg. Viel Spaß zu haben und interessante Dinge zu tun, bedeutet Erfolg, hirnlose Geschäftigkeit sollte hingegen kein erstrebenswertes Ziel sein.

Es ist so leicht, im Alltag hektisch zu werden, ohne es zu wollen. Arbeit, Meetings, gesellschaftliche Ereignisse, die nicht enden wollende Hausarbeit, vielleicht hast du eine «Nebenbeschäftigung» oder du studierst oder sorgst für einen Partner, Kinder, Haustiere … Die Liste ist endlos. Während wir versuchen, die vielen Bälle, mit denen wir jonglieren, in der Luft zu halten, kriegen wir nicht mit, was eigentlich wirklich um uns herum vor sich geht, und hecheln der totalen Erschöpfung entgegen.

Vielbeschäftigt zu sein, ist keine Leistung, es ist der Zustand, viel zu tun und dabei Angst zu haben – Angst, etwas zu versäumen, zu scheitern, Emotionen zuzulassen und schließlich und endlich: nicht gut genug zu sein.

Boah!

Es ist hart, diese Definition von «Geschäftigkeit» zu lesen, oder? Uns allen bringt man bei, dass sie ein Statussymbol und eine Messlatte ist, der wir standhalten müssen. Es ist sogar unsere Standardantwort, wenn man uns nach unserem Befinden fragt: «Ich bin beschäftigt!»

Schauen wir mal, ob du in diese Kategorie fällst, während wir meine Liste des «Vielbeschäftigtseins» durchgehen. Du kannst nicken oder das Gesicht verziehen, wenn du dich angesprochen fühlst. Lass mich noch anmerken, dass ich selbst jeden einzelnen Punkt zu 100 Prozent erfüllt habe, als mir zum ersten Mal der Zusammenhang zwischen Geschäftigkeit und Angst aufgegangen ist. Genau dagegen kämpfe ich. Du bist also nicht allein, wenn auch du die 100-Prozent-Marke knackst. Fangen wir an.

Fühlst du dich schuldig, wenn du untätig bist? Fühlst du dich schuldig, wenn du nicht ständig unter Strom stehst und produktiv bist? Wir haben eine fürchterliche Scham in Bezug auf Entspannung entwickelt – als ob den Fuß vom Gas zu nehmen, um einen Augenblick zu genießen, bedeuten würde, dass wir wertlos oder faul wären.

Bist du ein Multitasking-Extremist, der immer mehrere Dinge gleichzeitig tut? Als alleinerziehende Mutter zweier Kinder ertappe ich mich immer dabei, zehn Dinge gleichzeitig erledigen zu wollen. Auch wenn sich das wie der Hauptgewinn anhört: Studien haben nachgewiesen, dass wir 40 Prozent weniger effektiv sind, wenn wir die Tätigkeiten parallel ausführen, da unser Gehirn ständig gehetzt zwischen ihnen hin- und herschaltet.

Bekommst du regelmäßig Panik, etwas zu verpassen? Dann packst du deine Tage also – anstatt dieses Gefühl zu erkennen und bewusst zu erleben – mit Beschäftigung voll und hältst deinen Geist auf Trab, um nur ja nichts zu versäumen? Das bringt dich vielleicht auch dazu, sinnlos die sozialen Medien rauf- und runterzuscrollen und abzuchecken, was alle anderen gerade machen. Als ich eigentlich Zeit gehabt hätte, loszulassen und mich zu entspannen, habe ich mich dabei ertappt, wie ich geistesabwesend und mit gläsernem Blick Instagram leergesurft habe und plötzlich bei den Bildern des Lanzaroteurlaubs meiner Freundin/Schwester/Cousine gelandet bin. Ich verurteile dich nicht, wenn dasselbe auch für dich gilt – lass uns lieber unsere Sünden der «Überbeschäftigung» erkennen, damit wir sie in Schach halten können.

Hast du das Gefühl, dass du – anstatt dich mit schmerzlichen Emotionen zu beschäftigen – dein Leben mit «Beschäftigungen» füllst, um die dunkleren Momente nicht aushalten zu müssen? Das kann bis zu einem gewissen Punkt von Vorteil sein. Ich glaube fest daran, dass wir unsere Trauer oder unsere Traumata nicht auf einen Schlag hinter uns lassen müssen. Dass wir unseren Kummer oder unsere Verluste häppchenweise verdauen und langsam mit ihnen fertigwerden können. Aber wenn du im Hintergrund nichts verarbeitest und sich deine Bewältigungsstrategie darin erschöpft, dass du für hektische Betriebsamkeit sorgst, wird das am Ende des Tages nicht hilfreich sein.

Trägst du das Beschäftigtsein wie ein Ehrenzeichen vor dir her? Schaust du fast auf all jene herab, die sich nicht am Wettrennen zum nächsten Meilenstein beteiligen wollen? So war ich (unmittelbar vor dem Burn-out), als ich schon vor Freude darüber platzte, weil ich früh aufstehen, das Mittagessen auslassen und bis Mitternacht aufbleiben konnte, um meinem «bestmöglichen» Leben hinterherzuhetzen. Nur, dass es nicht mein bestmögliches Leben war – stattdessen war ich überfordert und nie verfügbar und schuftete mich halbtot in dem unstillbaren Hunger nach dem, was als Nächstes auf mich wartete.

Und was ist mit dir? Bist du ein gefühlevermeidender, mit allen Bällen jonglierender, nie abschaltender vielbeschäftigter Dummkopf, oder klopfst du dir selbst auf die Schulter dafür, dass du ein gechillter, fröhlicher Tausendsassa bist? Ich passe perfekt in die Mitte dieser beiden Lager, und ich könnte mir vorstellen, dass das auch auf viele von euch zutrifft. Wir geben unser Bestes, einen Gang herunterzuschalten in einer gehetzten Welt, die will, dass wir immer schneller werden. Daher müssen wir – wie immer auf unserer Suche nach dem glücklichen Leben – einiges zurechtrücken, um unsere beiden Welten ins Gleichgewicht zu bringen.

Sei weniger Rennfahrer und mehr Zenmeister

1 **Setz Prioritäten.** Werde dir über die wichtigsten Werte in deinem Leben klar und mach es zu deiner Maxime, mehr Dinge zu tun, die dich diesen Werten näherbringen. Gleichzeitig verringerst du die Zeit, die du mit unnötigen Aufgaben verbringst. An jedem Morgen schreibst du auf, welche Aufgabe an diesem Tag deine erste Priorität ist, und die erledigst du dann.

2 **Baue Auszeiten ein.** Ich weiß, die Bitte, zu entschleunigen, mag all jenen, die sehr zielorientiert sind und dauernd danach streben, noch besser zu werden, zuerst fremd sein. Wenn du daher in deinen Terminplaner «Auszeit» schreibst, wird dich das daran erinnern, dass es eine bewusste Entscheidung war und nicht nur ein gedankenloser Moment des Nichts.

3 **Sag es nicht mehr!** Hör auf, allen zu erzählen, wie beschäftigt du bist, denn das verstärkt das Gefühl nur, beschäftigt zu sein. Antworte stattdessen differenzierter. Wenn dich jemand fragt, wie es dir geht, gib konkret Auskunft: «Ich fühle mich heute richtig gut. Ich habe am Vormittag ein Meeting und eine Verabredung mit einem Freund zum Mittagessen – ich kann mich also auf eine ganze Menge freuen.» Das hört sich doch schon viel netter an!

4 **Delegiere.** Kannst du jemand anderem einen Teil deiner Arbeit delegieren? Kannst du deinen Kindern beibringen, bestimmte Hausarbeiten zu übernehmen? Kannst du einer Freundin eine Besorgung auftragen? Du musst nicht alles allein machen, und obwohl es uns einen Kick gibt, eine wichtige Stütze für alle zu sein, wird das dazu führen, dass wir niemand anderem mehr helfen können, weil wir selbst einfach zu fertig sind.

5 **Denk immer daran, dass du unglaublich bist,** egal, wie vollgepackt dein Tag ist, und konzentriere dich darauf, mehr Zeit dafür zu haben, nichts zu tun, ganz ohne Gewissensbisse.

« *Vielbeschäftigt zu sein, ist keine Leistung, es ist der Zustand, viel zu tun und dabei Angst zu haben.* »

#6

NIEMAND WIRD DICH RETTEN
KOMMEN

Es wäre wirklich wunderbar, wenn es jemanden gäbe, der immer, wenn wir etwas falsch gemacht haben oder sich etwas nicht richtig anfühlt, auf der Bildfläche erscheint und mit seinem Zauberstab herumfuchtelt, um alles wieder zu richten. Wir alle kennen diese Momente, wenn wir uns nichts so sehr wünschen, wie ins Bett gesteckt zu werden und jemand anderen zu haben, der sich um unsere Probleme kümmert (und uns vielleicht noch mit ein bisschen Schokolade tröstet).

Als wir noch Kinder waren, mögen unsere Eltern das eine Weile für uns getan haben, und das hat uns vielleicht in falscher Sicherheit gewiegt. Denn dann werden wir plötzlich – rrrumms! – in die Realität des Erwachsenenlebens geworfen und ertappen uns dabei, wie wir uns fragen, was in drei Teufels Namen denn eigentlich los ist.

Ich lasse jetzt mal die Bombe platzen: Du bist auf dich allein gestellt.

Wenn du's vermasselst, musst du dafür geradestehen. Wenn es hart auf hart kommt, musst du eine Lösung finden. Wenn du das schmutzige Geschirr im Spülbecken stehen lässt, wird es immer noch da sein, wenn du zurückkommst (ärgerlich, ich weiß).

Sich damit zu arrangieren, mag sich anfangs ein bisschen brutal anfühlen (und viele Leute finden es leichter, es konsequent zu leugnen) – aber je schneller du akzeptierst, dass niemand dich retten kommt, desto eher kannst du damit anfangen, dich selbst zu retten.

Niemand ist dafür verantwortlich, dich glücklich zu machen. Das ist nicht die Aufgabe deines Partners oder deiner Kinder, deiner Eltern oder deiner Freunde. Je weiter außerhalb du auf deinem Weg zum Glück nach jemandem suchst, der dir die Dinge abnimmt, desto weiter wirst du dich von deinem großen Ziel entfernen.

Natürlich hoffe ich, dass unsere Freunde und unsere Liebsten da sein werden, um ihre Hilfe anzubieten, wo sie können – aber Menschen um sich haben zu wollen, ist etwas ganz anderes, als sie um sich zu brauchen: Das Bedürfnis, Menschen in der Nähe zu wissen, damit sie dich emotional huckepack nehmen können, sobald der Weg steinig wird, bringt dich langfristig deinem Glück nicht näher.

Selbst die Verantwortung zu übernehmen, ist etwas Wunderbares und die einzige Möglichkeit, wirkliche Erfüllung zu empfinden. Andere Leute sind nicht hier, um die Leere in dir zu stopfen. Sie sind kein Werkzeug, um dich glücklich zu machen. Wenn du das von anderen erwartest, wirst du – sobald sie einen Bock schießen (was früher oder später der Fall sein wird, weil sie Menschen sind) – unzufrieden werden und feststellen, dass du ihnen grollst, weil sie es nicht wiedergutmachen. Weder kann jemand die hohen Erwartungen erfüllen, die du an ihn stellst, noch solltest du das überhaupt tun: Es ist egoistisch.

Je eher du dich mit der Vorstellung auseinandersetzt, dass nichts passiert, wenn du nichts unternimmst, und dass immer noch nichts passiert, wenn du darauf wartest, dass andere dein Leben für dich ändern, desto eher kannst du damit anfangen, dein Leben zum Besseren zu verändern.

Erfüllung kann sich immer erst dann einstellen, wenn wir uns für unser eigenes Glück, unseren Selbstwert, unsere Selbstvalidierung zuständig fühlen. Wenn wir uns darüber nicht im Klaren sind, könnte es sein, dass wir warten und warten, bis das Spiel aus ist und uns aufgeht: Wir haben zugelassen, dass das Leben einfach so passiert. Wir haben uns hierhin und dorthin schubsen lassen, ohne je selbst Entscheidungen zu fällen oder die Zügel in die Hand zu nehmen.

Ich will nicht, dass dir das zustößt, deshalb ist es jetzt höchste Zeit, aufzuhören mit der Warterei auf den Ritter in seiner strahlenden Rüstung und dein eigener Held zu werden.

Wie kannst du aufhören, auf die gute Fee zu warten?

1 **Prüfe dich selbst:** Bist du emotional bedürftig? Erwartest du, dass immer andere da sind, um für dich einzutreten und dir aufzuhelfen? Wartest du auf den Tag, an dem irgendjemand die Dinge für dich richtet? Sich die Zeit zu nehmen, um über diese Fragen nachzudenken, ist ein wichtiger Anfang.

2 **Lerne, dich mit dir selbst wohlzufühlen.** Lerne dich kennen, lerne, deine eigene Gesellschaft zu genießen, geh mit dir selbst aus. Das könnte ein Candle-Light-Dinner für eine Person sein oder vielleicht auch ein Kurs, bei dem du etwas Neues lernst. Ich liebe es, allein in ein Café zu gehen, um zu lesen oder um Leute zu beobachten. Vielleicht kaufst du dir auch Popcorn und gehst allein ins Kino.

3 **Gib niemand anderem die Schuld und jammere nicht herum.** Anstatt deine Energie damit zu vergeuden, dich über etwas zu beklagen, das sich deiner Meinung nach ändern sollte, werde tätig und unternimm etwas dagegen. Leg eine Liste all der Schritte an, die erforderlich sind, um diese Veränderung herbeizuführen, und mach dich an die Arbeit.

4 **Denk daran: Du musst nicht um Erlaubnis bitten,** ein Leben führen zu dürfen, das du liebst. Verschwende keine Zeit damit, darauf zu warten, dass dir jemand anders das Signal gibt, den Wandel einzuleiten.

5 **Bekenne dich zu deinen eigenen Entscheidungen:** sowohl zu den Treffern als auch zu den Rohrkrepierern. Die Hochs und Tiefs des Lebens formen uns alle, und indem du dich bewusst zu all deinen Entscheidungen bekennst – unabhängig von den Resultaten –, wirst du eine neue Form der Ermächtigung darin finden, weil du nun selbst am Ruder deines eigenen Schiffleins stehst.

« *Es ist nicht der Job von jemand anderem, dich glücklich zu machen, und du brauchst auch niemand anderen dazu.* »

#7

SETZ DIR GROSSE, FETTE ZIELE

2012, als ich hochschwanger mit meiner Tochter Texas war, beschloss ich, einen Schauspielkurs für Erwachsene anzubieten. Denn da ich einen Babybauch vor mir herschob, konnte ich nicht zu Castings gehen und hatte zu grübeln begonnen, was ich sonst tun könnte, um etwas Geld zu verdienen. Ich hatte keinen Businessplan, keine Erfahrung als Dozentin, keinen Veranstaltungsraum und keine Ahnung, ob es funktionieren würde.

Nach einer Unterhaltung mit einem Schauspieler am Ort, der mir erzählte, er dächte über einen ähnlichen Kurs nach, geriet ich in Panik, dass man mir meine Idee klauen könnte. Innerhalb einer Stunde hatte ich voreilig eine E-Mail an einen Journalisten der Lokalzeitung geschrieben, in dem ich ihm eine Story über meinen brandneuen Schauspielkurs anbot. Weniger als eine Woche später hatte ich alles, was ich brauchte, um anzufangen: einen Namen für die Veranstaltung, Social-Media-Kanäle, 15 Schüler und Schülerinnen und einen ganzseitigen Artikel in der Zeitung.

Das war niemals so geplant gewesen. Ich hatte es mir nicht zu Anfang des Jahres als guten Vorsatz vorgenommen und keine Strategie entworfen, um Schritt für Schritt dieses Ziel zu erreichen. Es ist einfach passiert, aus einer Laune heraus.

Wenn es darum geht, sich Ziele zu setzen, bin ich also immer hin- und hergerissen. Keine Frage – es ist nützlich, aber was man uns in dieser Hinsicht beibringt, ist auch ein bisschen blauäugig und könnte darauf hinauslaufen, dass wir uns wie totale Versager fühlen. Ich will nicht, dass du dich wie ein Versager fühlst. Ich will, dass du die Ziele erreichst, die du erreichen willst. Also lass uns schauen, wie wir das hinkriegen.

Wenn du Bücher oder Artikel der großen Erfolgscoaches und Businessmogule liest, wird dir auffallen, dass sie immer SMART-Ziele erwähnen. SMART steht für

- **S**pezifisch,
- **M**essbar,
- **A**usführbar,
- **R**elevant,
- **T**erminiert.

Aber was bedeutet das konkret? Werfen wir einen Blick darauf.

Spezifisch ist der Unterschied zwischen «Ich will mehr Geld verdienen» und «Ich will mehr Geld verdienen, indem ich zehn neue Klienten gewinne, die im nächsten Jahr Einzelcoachings bei mir buchen».

Messbar sollte dein Ziel sein, damit du weißt, wann du es erreicht hast. Im Beispiel von eben ist das sehr eindeutig: «Ich werde es wissen, wenn ich zehn neue Klienten habe.»

Ausführbar ist immer ein kniffliges Kriterium, denn manchmal – wenn wir nicht sehr zuversichtlich sind – setzen wir uns winzige «ausführbare» Ziele: Das sind Kirschen, die nicht zu hoch hängen, bei denen wir wissen, dass wir nicht scheitern können. Das tun wir, weil wir manchmal das Gefühl haben, dass die großen Ziele für uns nicht zu erreichen sind und uns eher abschrecken. Ich persönlich verstehe unter «Ausführbarkeit», dass wir nicht total abgedreht sind und uns sehr unrealistische Ziele setzen – etwa eine Million Euro binnen eines Monats zu verdienen, indem wir am Tag zehn Minuten arbeiten.

Relevant meint den Bezug dieses Ziels zu anderen Zielen oder zu deinem großen Ziel. Wenn dein großes Ziel darin besteht, ein florierendes Business mit regelmäßig buchenden Kunden zu haben, du aber gerade damit angefangen hast, Tassen mit aufgedruckten Sprüchen zu verkaufen, wage ich zu behaupten, dass die Sprüchetassen (so lustig sie auch sind) für den größeren Plan nicht relevant sind.

Terminiert ist wichtig, denn wenn wir keine zeitliche Grenze setzen, warten wir oft einfach nur und tun nichts von dem, was wir uns vorgenommen haben.

Aber nun, da ich dir das gängige Zielvorgabenmodell vorgestellt habe, lass mich ehrlich sein: SMARTe Ziele sind langweilig. Bitte schön, jetzt ist es heraus. Sie fühlen sich ausgelutscht, geschäftsmäßig und kalt an. Sie machen absolut Sinn, wenn sie gedruckt dastehen oder bei einer Präsentation auf einem Flipchart erklärt werden, aber das wahre Leben ist nicht immer geradlinig. Leben bedeutet auch Veränderungen in Umständen, Impulsivität und Einstellung.

Sich total unrealistische Ziele zu setzen, kann aufregend und mutig sein, und einige meiner besten Ideen sind tatsächlich nächtlichen Grübeleien entsprungen, als ich versuchte, Dinge einfach abzuarbeiten. Verwechsle das nicht damit, dass ich keinen Plan habe. Es gibt einen Plan, aber er ist flexibel, und ich weiß, dass er sich hier und da ändern könnte.

Mein eigener großer Lebensplan dreht sich um die Freiheit, tun zu können, was immer ich tun möchte, kreativ zu sein, mich mit meinen Kindern zu beschäftigen und anderen dabei zu helfen, ihren eigenen Plan vom Leben zu verwirklichen. Wenn ich das im Hinterkopf behalte: Wie sehen «echte Ziele» in meinen Augen eigentlich aus?

Jedes Jahr und jeden Monat breche ich mein großes Lebensziel in SMARTe Ziele herunter, die dafür sorgen, dass ich auf meinem Weg zur Realisierung meiner Wünsche in der Spur bleibe. Ich schaffe dann Platz für «Herz und Hand». Herz erlaubt mir, manchmal den Kurs zu wechseln, wenn es mir mein Bauch sagt, und Hand ermöglicht es mir, Dinge zu erledigen, obwohl ich mich vielleicht heute nicht danach fühle.

Diese Kombination funktioniert bei mir und bei dir vielleicht auch. SMARTe Ziele geben dir theoretisch die ideale Strecke vor, und «Herz und Hand» erlauben es dir, dem Prozess zu vertrauen, nicht zu zwanghaft zu werden und bei der Stange zu bleiben, auch wenn es dir mal schwerfallen sollte.

SMARTe Ziele vermitteln dir das Gefühl, auf der sicheren Seite und organisiert zu sein, «Herz und Hand» bedeuten, dass du ins kalte Wasser springst, dir ein Herz fasst und manchmal sogar spontan einen Schauspielkurs ins Leben rufst – aber dabei weißt du immer, dass es Teil des größeren Plans ist, selbst wenn es wie ein unerwarteter Umweg ausschaut.

Wenn du wirklich das Leben führen willst, das dir vorschwebt, solltest du dir meiner Meinung nach die Freiheit lassen, flexibel zu bleiben, was den Weg dorthin betrifft. Dem musst du auch Rechnung tragen, indem du großartige Gewohnheiten in deinen Tagesablauf integrierst, an deinen einschränkenden Glaubenssätzen und selbstsabotierenden Verhaltensweisen arbeitest, die dich vorher ausgebremst haben, und nicht hart gegen dich selbst bist, wenn das Leben dir Knüppel zwischen die Beine und dich ein bisschen aus der Bahn wirft. Wenn du – mal abgesehen von den praktischen Aspekten, mit denen die Umsetzung deiner Ziele einhergeht – nicht an deiner Einstellung arbeitest, werden wir am nächsten Neujahrstag wieder hier sitzen und uns erneut stumpf Jahresziele aus den Rippen leiern.

Herauszufinden, wer du werden musst, um all die sexy Ziele zu erreichen, die du dir aufgeschrieben hast, wird dir tatsächlich dabei helfen, sie zu erreichen. Aufzuschreiben, wie man etwas tut, ist leicht; sich daran zu halten, was getan werden muss, ist die eigentliche Arbeit an der inneren Einstellung.

Wie kann ich SMART sein –
mit «Herz und Hand» im Gepäck?

1 **Liste alles auf, was du gern erreichen möchtest** – sei es groß, klein, einschüchternd oder lustig. Denk nicht lange darüber nach, lass es einfach heraus und denk auch daran, wie dieses «ideale» Leben dann aussehen und – ganz wichtig! – sich anfühlen würde.

2 **Sortiere deine Ziele.** Schau dir dein Brainstorming an und formuliere konkretere Ziele, etwa: «Ich will den Mount Everest bestiegen haben, bis ich 40 bin.» Daneben schreibst du, warum du das tun möchtest: «Es wäre cool, einen Berg zu besteigen, und ich muss trainieren, um das zu schaffen, also wird es mir auch gesundheitlich etwas bringen.»

3 **Terminiere deine Ziele.** Arbeite heraus, welche Ziele in den nächsten Wochen und Monaten erreichbar sind, welche dieses Jahr und welche mehrere Etappen und vielleicht fünf oder sogar zehn Jahre brauchen werden.

4 **Rede darüber.** Erzähl anderen Leuten von diesen Zielen. Das nimmt dich in die Pflicht und hilft, ihnen näher zu kommen. Ein bisschen Druck vonseiten der Peergroup motiviert.

5 **Denk daran (aber nicht zu viel).** Stell dir vor, wie du diese Ziele eines nach dem anderen abhakst, aber steigere dich nicht hinein. Wenn du dich zwanghaft damit beschäftigst und einen großen Wirbel darum machst, sagt das deinem Unterbewusstsein nur, dass du nicht wirklich daran glaubst, deine Ziele erreichen zu können.

> **《 Sich total unrealistische Ziele zu setzen, kann aufregend und mutig sein. 》**

8

DU MOBBST DICH SELBST

Stellen wir uns einmal vor, du hättest eine Freundin, die extrem kritisch ist. Sie ist die Art Freundin, die auf deine Fehler zeigt, deine Einrichtung bemäkelt, erwähnt, dass du zugenommen hast, und dein Selbstbewusstsein ständig torpediert. Ich bin mir sicher, dass du in deinem Leben schon einmal einem Vertreter dieser Spezies begegnet bist (du hast gerade jemand Bestimmten im Kopf, oder?), daher weißt du, dass derartige Sticheleien der Horror sind, wenn sie einem selbst gelten.

Ich bin zuversichtlich, dass du diese Person aus deinem Leben verbannt oder zumindest nicht mehr ihre Nähe gesucht hast, nachdem sie mit Bedacht einige fiese Bemerkungen hat fallen lassen und du dich nicht mehr allzu gut in ihrer Gesellschaft gefühlt hast. Aber wenn wir dieses Verhalten von jemand anderem nicht tolerieren, warum sollten wir es dann von unserem eigenen Gehirn tolerieren?

In unserem Kopf herrscht ein stetiger Strom von Gedanken, positiven wie negativen. Zu bestimmten Zeiten in unserem Leben können unsere negative Stimme und die höhnische Selbstverurteilung verdammt laut werden. Diese Stimme wird oft als der «innere Kritiker» bezeichnet, aber du darfst ihm auch sehr gern einen anderen Namen geben (Negative Norman, Sneaky Suzy oder Crappy Colin sind Vorschläge, die aus den Reihen meiner Klienten und Klientinnen kommen).

Nun könnte jemand seinen inneren Kritiker nur zu leicht mit der Wahrheit oder dem eigenen Gewissen verwechseln, aber das passt nicht. Der innere Kritiker hat nichts mit Selbstwahrnehmung oder Selbstreflexion zu tun. Im Gegenteil, der innere Kritiker ist überflüssig, demütigt dich und geht viel zu hart mit dir ins Gericht. Das hat mit der Wahrheit wenig zu tun. Er ist die Stimme, die dir «Du bist hässlich», «Niemand mag dich», «Du wirst den Job nie kriegen» und andere haltlose Behauptungen einflüstert.

Das Problem ist nur: Wir können uns so sehr an dieses fortwährende entmutigende Geplapper gewöhnen, dass wir es gar nicht mehr wahrnehmen – es wird zu einem Programm, das verborgen unter der Oberfläche läuft und von dort aus unser tägliches Leben beeinflusst. Wenn wir eine gute Entscheidung zu fällen versuchen und die vernichtende innere Stimme hören, die uns sagt: «Du wirst deine Sache wieder schlecht machen, das ist doch immer so», dann ist es, als müssten wir einen Berg erklimmen, um uns mutig oder gut genug zu fühlen, überhaupt erst tätig zu werden.

Dank der vielen Mobber, die ich in meinem Leben schon getroffen habe, weiß ich, dass der einzige Weg, sie zu stoppen, darin besteht, sie zur Rede zu stellen und sich mit ihnen zu befassen. Das bedeutet nicht immer Konfrontation – manchmal muss man auch beschwichtigen oder argumentieren. Wie auch immer, es ist wesentlich, dass wir uns der Situation aussetzen und mit ihr umgehen. Genau dasselbe gilt in Bezug auf unseren giftigen inneren Kritiker: Wir müssen ihn rufen und ihm zuhören.

Die Worte, die unser «innerer Fehlerteufel» benutzt, sind womöglich ein Urteil, das wir vor langer Zeit über uns selbst gefällt haben, oft schon in unserer Kindheit. Vielleicht wurden die Worte, die in Endlosschleife in unserem Kopf laufen, uns auch von jemand anderem gesagt, und wir haben sie als wahr akzeptiert.

Da uns diese Glaubenssätze über uns selbst häufig schon eine ganze Weile begleiten, ist ein bisschen Arbeit erforderlich, um sie zum Schweigen zu bringen und in etwas Freundlicheres und Produktiveres zu verwandeln. Wie stellen wir das also an?

In Wahrheit sind wir selbst unser innerer Kritiker, und er verhält sich so, wie er sich verhält, weil er uns vor Versagen oder Zurückweisung beschützen will. Er hat vielleicht schon Verlust oder Scham kennengelernt und ist nicht scharf darauf, so etwas noch einmal zu erleben. Wie wäre es also, wenn wir uns mit dieser inneren Stimme anfreunden und ihre Sicht der Dinge verstehen, anstatt sie herabzuwürdigen und niederzubrüllen? Und so fängst du an: Hör deinem inneren Kritiker gut zu, lausche den Worten, die er gebetsmühlenartig wiederholt, nimm zur Kenntnis, wie brutal sie sein können, und gestehe ihm ein bisschen Sendezeit zu. All das mag ein wenig widersprüchlich klingen, da es doch eigentlich unser Ziel ist, dich dazu zu bringen, dass du dich nicht mehr selbst quälst. Aber zuerst musst du wissen, womit du es zu tun hast.

Als Nächstes versuchst du herauszufinden, wo du diese Stimme schon einmal gehört hast. War es der Lehrer, der gesagt hat, dass du nicht zu gebrauchen bist, weil du Mathe zufällig ganz schön schwer fandest (und Mathe war natürlich sein Fach); oder der Junge, der mit seinen Freunden über dein «Pickelgesicht» gelacht hat, sodass du dich am liebsten eine ganze Woche lang in deinem Bett verkrochen hättest (das habe ich erlebt und Jahre gebraucht, bis ich mein Gesicht wieder mögen konnte, tausend Dank, Josh!). Du solltest den Ursprung erkennen, von wem oder was sich die Stimme in deinem Kopf hat inspirieren lassen – und dabei so nett zu dir selbst sein zu verstehen, dass du dir die Worte nicht mehr wiederholen musst.

Jetzt kennen wir die Geschichte, die dahintersteht, und haben gehört, warum diese Worte in unseren Köpfen gelandet sind, und jetzt ist es Zeit, die Boxhandschuhe überzustreifen und zurückzuschlagen. Suche für jeden gemeinen Satz, den Sneaky Suzy zu dir gesagt hat, ein Gegenargument oder einen Beweis, dass das Gegenteil zutrifft. Wenn Paul sagt: «Du bist doch für nichts zu gebrauchen!», dann wirf ihm eine ganze Liste von Dingen an den Kopf, die du schon einmal gut gemacht hast.

Was ist zum Beispiel mit dem fantastischen Essen, das du letztes Jahr gekocht hast und von dem alle geschwärmt haben? Mit den Halloweenkostümen der Kinder, die du aus Klopapierrollen und einer schwarzen Mülltüte gezaubert hast? Was ist mit der Tatsache, dass du eine erwachsene Person bist, die einen Haushalt führt, die Tankfüllung fürs Auto bezahlt und Tag für Tag funktioniert? Das ist auch eine Leistung und wandert auf den Stapel der Beweise, dass du weit davon entfernt bist, nicht zu gebrauchen zu sein.

Der beste Weg, um den Mobber herauszufordern, der dein innerer Kritiker ist, besteht darin, etwas gegen ihn zu unternehmen. Ergreife immer wieder für dich selbst Partei, bis du erkennst, dass dein innerer Kritiker in letzter Zeit gar nicht mehr so laut ist. Wir müssen unserem Gehirn beibringen, wieder an uns zu glauben, und das klappt nur, wenn wir unsere negative Stimme Lügen strafen. Wir müssen für uns selbst kämpfen und dürfen dieser Stimme nicht mehr die Erlaubnis geben, jedes Mal, wenn es ihr beliebt, Amok zu laufen.

Wie du deine negative innere Stimme zum Schweigen bringst

1 **Werde dir dieser Stimme bewusst.** Wie lauten ihre Worte und täglichen Totschlagargumente? Finde heraus, woher all das kommt. Identifiziere die Quelle.

2 **Fordere die Stimme heraus.** Frag dich, sobald die negativen Gedanken auftauchen: Ist diese Aussage wahr? Ist das mein eigener Gedanke, oder habe ich ihn von jemand anderem übernommen? Hilft und nützt mir dieser Gedanke?

3 **Schlag zurück.** Zücke Papier und Bleistift und schreib 20 Gegenargumente auf. Trage diese Liste bei dir und hol sie flugs hervor, wenn du eine Erinnerung daran brauchst, dass du wunderbar bist (du könntest auch Freunde und andere liebe Menschen bitten, die Liste zu ergänzen).

4 **Unternimm etwas.** Welchen Dienst kannst du dir heute selbst erweisen? Mach einen Schritt auf eines deiner Ziele zu oder erweise dir selbst eine freundliche Geste. Mach es nicht zu kompliziert, denn dein innerer Kritiker steht darauf, viel Aufhebens um alles zu machen. Du weißt es besser als die Stimme. Mach einfach nur einen Schritt.

> *« Dein innerer Kritiker ist nicht dein Gewissen. Unternimm etwas und strafe diese negative Stimme Lügen. »*

#9

DU BIST UNGLAUBLICH
(EINE AUFMUNTERUNG)

Weißt du was? Das Leben ist manchmal echt hart, und es dann gut zu finden, ist, wie durch schwarzen Wackelpudding zu waten. Wir leben in einer Welt, in der die Medien Ängste schüren; wir müssen Rechnungen bezahlen, ein guter Freund sein, zur Arbeit gehen, vielleicht für andere sorgen und auch noch versuchen, vorzeigbar auszusehen. Angesichts all dieser Erwartungen an uns kann es sein, dass wir unsere Tage damit verbringen, uns defizitär zu fühlen und nicht gut genug.

Wie jämmerlich ist das denn, bitte schön?

Also erinnere ich dich (und mich) hiermit daran, dass wir genug sind. Tatsächlich sind wir nicht nur genug, sondern nachgerade fantastisch, und die Gefühle, die dem widersprechen, machen mich ganz krank. Um zu stützen, was ich hier behaupte, lass uns einmal sehen, was die Wissenschaft dazu sagt.

Schon am Leben zu sein, ist ein kleines Wunder, um es mal so zu formulieren. Hast du auch nur eine Ahnung von den komplizierten Vorgängen der menschlichen Biologie, die zusammenwirken müssen, damit du auf die Welt kommen kannst? Ich bin zuversichtlich, dass du über die Bienchen und die Blümchen Bescheid weißt und darüber, wie du «gemacht» wurdest – aber hast du schon einmal darüber nachgedacht, was alles passieren muss, damit das eine ins andere greifen kann, um einen Menschen hervorzubringen? Das ist eine ganze Menge! Du hast es gegen jede Wahrscheinlichkeit hierhergeschafft.

So muss zum Beispiel ein Mann Spermien produzieren, und nur eines von einer Million erreicht und befruchtet eine Eizelle, sodass diese sich zu einem Embryo entwickeln kann. Du bist buchstäblich ei-nzigartig. Wenn du es so betrachtest: Glaubst du nicht, dass du einen Preis verdient hättest? Ich finde schon. Ich hätte gute Lust, zu dir nach Hause zu kommen, deine Hand zu schütteln und zu sagen: «Gut gemacht, du bist da, das hast du toll gemacht!»

Ich bin mir durchaus bewusst, dass heutzutage jeder meint, einen Preis allein dafür verdient zu haben, am Leben zu sein, und ich habe diesem Klischee soeben in die Hände gespielt. Aber ich sage nicht, dass du es dabei belassen und dir fortwährend selbst dafür gratulieren solltest, dass es dich gibt, ohne einen eigenen Beitrag zur Gesellschaft zu leisten.

Der Augenblick, als du das Licht der Welt erblickt hast, war erst der Anfang, und ich habe keinen Zweifel daran, dass du seither der Welt von Nutzen warst und auch vielen Herausforderungen die Stirn geboten hast. Im Gegensatz zu meiner obigen Anschuldigung, dass einige menschliche Exemplare einen Preis allein fürs Atmen erwarten, denke ich, dass die meisten von uns öfter negative Dinge über uns selbst hören und verinnerlichen, als dass uns jemand lobend auf den Rücken klopft.

Aber lassen wir die Wissenschaft beiseite und denken wir weiter darüber nach, warum du einfach großartig bist. Wie wäre es mit der Tatsache, die ich von dir weiß, dass du nämlich schon schwierige Phasen hinter dir hast. Ich weiß zwar nicht genau, welcher Art deine Schwierigkeiten sind, aber ich kann mit Sicherheit sagen, dass du dieses Buch nicht gewählt hast, weil bei dir immer alles nach Plan verlaufen ist. Du hast wahrscheinlich Verluste erlebt und Schmerz und Traurigkeit, vermutlich Trennungen und gesundheitliche Probleme, Menschen waren vielleicht richtig gemein zu dir, und du magst auch wiederholt Misserfolge erlebt haben.

Du hast eine ganze Menge hinter dir, das herausfordernd und hart war, und doch bist du immer noch hier. Du bist eine Wucht, und ich werde schamlos weiter lobhudeln, weil ich genauso gut weiß, dass du insgeheim sehr wahrscheinlich oft alles andere als freundlich zu dir selbst bist.

Wenn du heute an dir zweifelst, erinnere dich daran: Die Welt braucht dich. In deinem eigenen kleinen Wirkungsbereich auf diesem Planeten trägst du Wertvolles bei und machst die Welt zu einem besseren Ort, jeden einzelnen Tag. Du hilfst anderen Leuten, du magst eine beliebte Kollegin sein, vielleicht trägst du Humor und Ehrlichkeit in den Kreis deiner Freunde und Familie. Die, die dich umgeben, wissen deine Energie sehr zu schätzen, und du bringst etwas in diese Welt, das nur du hast.

Stelle nie mehr dein Licht unter den Scheffel, behalte nie mehr deine Ideen für dich und sprich nie mehr anders als positiv über dich selbst. All das ist, offen gestanden, ziemlich langweilig, und wir sind nun mal nicht lange genug hier, um unsere Tage damit zu verbringen, uns selbst zu hassen. Ich weiß, dass du all das getan hast, das du bereust und gern ungeschehen machen würdest.

Ich weiß auch, dass du, wenn ich dich «unglaublich» nenne, in Gedanken erbsenzählerisch all die Male durchgehst, da du etwas verbockt oder eine Auszeichnung oder einen Meilenstein nicht erreicht hast, die du für erstrebenswert hieltest. Ich weiß, dass du schon in den Startlöchern scharrst, um meinem Lob und Preis zu widersprechen. Ich weiß all das, und es macht trotzdem keinen Unterschied. Sprich mir nach: Du bist unglaublich.

Ich muss erst lernen, mich unglaublich zu finden –
wie mache ich das?

1 **Frage andere, was deine besten Eigenschaften sind.** Du kannst dieses Buch als Aufhänger benutzen, wenn du dich unbehaglich bei dieser «Umfrage» fühlst: «Ich lese gerade dieses Buch, und die Autorin hat mir die Aufgabe gestellt, Leute, die ich kenne, nach meinen besten Eigenschaften zu fragen.» Du kannst dich dabei winden, wie du willst, und sogar auf mich schimpfen, weil ich dir das zumute (ich packe das, das ist es mir wert). Sobald du eine schön lange Liste hast, heb sie gut auf. Nimm sie wieder zur Hand, wenn du dich weniger als unglaublich findest und dein Gehirn dich dazu bringt, an dir zu zweifeln. Wir nennen das mal deinen «Ich bin die Wucht in Tüten»-Ordner. Ich hätte so gern, dass du mir verrätst, welche freundlichen Worte du zu hören bekommst.

2 **Schreibe die Leute, die dir nahestehen, auf eine Liste.** Sie sind deine Energiespritzen, nicht deine Energievampire. Du brauchst sie aus verschiedenen Gründen. Auf der «Ihr seid meine Leute»-Liste sollte der Mensch stehen, «der mich zum Lachen bringt», «der vernünftige Freund», «der Mensch, zu dem ich gehe, wenn ich traurig bin», «der Mensch, auf den ich mich verlassen kann, wenn jemand mir einen Gefallen tun soll» und «der Freund, der wirklich an mich glaubt und es auch irgendwie hinkriegt, dass ich an mich glaube». Wenn dein Team noch nicht ganz vollständig ist, weißt du jetzt, was du willst, und kannst anfangen, das Netzwerk zu knüpfen, das dich im Bedarfsfall an deine Fabelhaftigkeit erinnert.

3 **Erinnere dich an all die Male, als du Rückschläge erlebt und trotzdem eine Lösung gefunden hast.** Nimm Papier und Bleistift und lege drei Spalten an. Über die linke Spalte schreibst du «Was passiert ist», über die mittlere «Wie ich damit umgegangen bin» und schließlich über die rechte «Die Lektion daraus». Wenn du die Spalten für einige deiner Missgeschicke oder Krisen ausgefüllt hast, wird dir das erlauben zu sehen, was für ein toller Mensch du bist und wie klug du dich aus alldem herausgearbeitet hast.

**«Die Welt braucht dich.
In deinem eigenen Wirkungsbereich
auf diesem Planeten trägst du
Wertvolles bei und machst die Welt
zu einem besseren Ort.»**

#10

GIB NICHT AUF

Mehr als einmal in meinem Leben wurde ich als «erbarmungs-los» bezeichnet. Ich bin mir natürlich sehr sicher, dass das nicht immer positiv gemeint war, aber ich habe für mich beschlossen, es positiv aufzufassen.

Ich bin erbarmungslos.

Wenn ich etwas will, versuche ich, es zu bekommen, falle hin, stehe auf, versuche es noch einmal, habe ein paar blaue Flecken von meinem ersten Sturz und mache weiter. In den meisten Fällen bringt mir diese erbarmungslose Herangehensweise sehr viel. Im Schauspielbusiness musst du diese «unermüdliche» Natur haben, weil die Chancen, eine der sehr wenigen Rollen zu bekommen, überschaubar sind und du ein Nein öfter hören wirst, als ich mir überhaupt vorstellen will (selbst wenn du erfolgreich bist). Die unglückliche Wahrheit ist, dass viele Leute gerade dann aufgeben, wenn ihnen das «Glück» endlich hold sein will – sie kommen ihm so nahe, und dann beschließen sie, aus dem einen oder anderen Grund aufzuhören.

Missversteh mich aber nicht dahingehend, dass ich sage: «Bleib dabei und mach dasselbe wieder und wieder und immer wieder.» Entwicklung und Anpassung sind wichtige Zutaten, was die «Unermüdlichkeit» betrifft. Die Lektionen und die Reise sind ein Teil von dir, während du auf dem Weg in schwindelerregende Höhen bist, die die meisten nicht erreichen werden.

Ich liebe zähe Leute (siehe auch «Wie man durchhalten lernt» ab S. 280). Ich liebe es, die Geschichten von Menschen zu hören, die auf die Konventionen gepfiffen und sich über das hinausgewagt haben, was sie anfangs für möglich hielten. Sie reizen und inspirieren mich, und was ich am meisten mag: Sie sind selten außergewöhnlich – sie sind nur Leute, die nicht aufgeben wollten und bereit waren, sich besonders anzustrengen.

Es wird jedoch Zeiten in deinem Leben geben, wenn es hart auf hart kommt, wenn die Ereignisse dich in eine Ecke drängen, in der du aufgeben willst. Diese Momente, in denen du genug hast und nicht weiterzukönnen glaubst, sind heftig (da bin ich ganz bei dir, mein Freund, an diesem Punkt war ich auch schon, und dort ist es nicht besonders lustig).

Mir fällt ein Abend etwa acht Monate nach dem Tod meines Mannes ein, nicht lange nach meinem Umzug in eine neue Wohnung. Meine Töchter, damals etwa fünf und sieben Jahre alt, lagen beide schreiend und weinend in meinem Bett. Eine war zornig, die andere furchtbar traurig, und ich lag mittendrin und versuchte, beide zu beschwichtigen. Ich selbst hatte einen bewegten Tag hinter mir und das Gefühl, keine Energie mehr übrig zu haben, die ich hätte geben können, während das Chaos um mich herum anhaltend tobte.

Dann kam der Moment, in dem ich dachte: «Ich kann das nicht allein.» Ich hatte Angst, war frustriert und fühlte mich wie eine Ertrinkende. Doch nach einer Weile beruhigten sich meine Töchter und kuschelten sich an mich, während die Tränen noch immer meine Wangen hinabströmten, und hielten sich an mir fest. Obwohl ich völlig ausgelaugt und traurig war, konnte ich auf unsere angeborene menschliche Stärke zugreifen und erlaubte diesem Moment vorüberzugehen.

Obwohl deine und meine Lebensumstände sich unweigerlich voneinander unterscheiden, haben wir beide doch dies gemeinsam: Im Kern wollen der menschliche Körper und Geist überleben und sich wohlfühlen – und selbst wenn wir am verzweifeltesten sind, können wir ein tieferes Selbst in uns anzapfen und uns daran festhalten.

Ich habe gegrübelt, wie wir das schaffen und was uns weitermachen lässt, und plötzlich traf mich die Erleuchtung mit all ihrer Schlichtheit – es ist die Hoffnung. Es ist die Hoffnung auf bessere Tage und eine schönere Zukunft. Wir hoffen, dass wir eines Tages die Liebe, den richtigen Job, das perfekte Haus, das Glück finden werden.

Du magst sogar in deinen dunkelsten Stunden feststellen, dass die Hoffnung, die in dir geschlummert hat, an die Oberfläche kommt und dich weiterträgt, dich durchhalten lässt. Hoffnung ist hartnäckig und unerschütterlich, sie ist der Überlebenskünstler in dir, der dich durch Krebsdiagnosen, Kummer, Trennungen und jeden anderen Moment der Verzweiflung manövriert. Ich werde noch in «Manche Tage sind einfach beschissen» ab S. 208 darauf zu sprechen kommen.

Leider ist manchen von euch gerade jetzt nach Aufgeben zumute. Aber es stimmt mich sehr froh, dass ihr dieses Buch lest, denn das bedeutet, dass ich euch vielleicht Futter zum Nachdenken geben kann und ihr euer inneres Kraftwerk anwerfen und euch wieder aufraffen könnt.

Mir würde das gefallen. Ihr seid wichtig, und wir brauchen euch. Womöglich seid ihr nur noch einen Schritt vom Sieg entfernt und werdet das nie erfahren, wenn ihr nicht weitergeht.

Wie du weitermachst, wenn du aufgeben willst

1 Schare deine eigene Unterstützergemeinschaft um dich. Wenn Menschen auf Alkohol- oder Drogenentzug sind, gehört es zu ihren wichtigsten «Heilmitteln», Hilfe und eine Gemeinschaft im Rücken zu haben. Ich glaube, dass wir alle das brauchen. Ich weiß aus meiner eigenen Erfahrung mit Online-Communitys, dass sie – wenn jemand ans Aufgeben denkt – einspringt und diesen Menschen trägt. Dein «Sicherheitsnetz» wird dir den Rücken freihalten. Deine Gruppe mag nicht aus den Menschen bestehen, die dich in diesem Augenblick umgeben, und du wirst die, die auf demselben Trip wie du sind, vielleicht erst finden müssen. Aber wir alle haben das große Glück, im Zeitalter des Internets zu leben, da es leichter denn je ist, einen Raum voll Zuwendung und Zuneigung aufzuspüren, in den man sich fallen lassen kann. Du bist schon jetzt Teil meines Rudels, und ich habe das beste Netzwerk fürsorglicher Menschen in meiner Facebook-Gruppe (www.facebook.com/groups/the happymeproject), die dich auffangen und dir einen sicheren Ort zum Landen schenken werden.

2 **Finde ein anderes Wie.** Du musst ein bisschen lockerer damit umgehen, wie du an das kommst, du dir wünschst. Du setzt dir ein Ziel, und wenn es beim ersten Anlauf nicht klappt, gibt es vielleicht einen anderen Weg dorthin. Versteh bitte, dass die Entdeckungen, die du unterwegs machst, Teil der Magie des Lebens sind – und wenn wir alles hätten, was wir wollten, sobald wir es wollen, dann bin ich mir nicht sicher, ob wir voll und ganz zu schätzen wüssten, was wir hätten. Bleib offen für Veränderung und Entwicklung. Flexibilität ist der Schlüssel.

3 **Schau jemand anderem dabei zu, wie er oder sie etwas «Unmögliches» tut.** Für jedes Mal, wenn wir uns selbst die Geschichte erzählen, dass dies oder jenes unser «Ende» bedeutet oder wir etwas Bestimmtes nie bekommen werden, gibt es jemanden da draußen, der die Mauern niederreißt, die ihn vom Erfolg trennen. Geh auf YouTube oder schnapp dir ein Buch und suche nach «berühmten Versagern» oder Menschen, die gegen jede Wahrscheinlichkeit überlebt haben. Zu wissen, dass es im Bereich des Möglichen liegt, ist manchmal schon der halbe Kampf. Deine Inspiration musst du dir nicht bei Menschen holen, die du kennst: Die Welt ist groß und voller Leute, die weitermachen, selbst wenn es ein Ding der Unmöglichkeit zu sein scheint.

4 **Verändere deinen Wirkungskreis.** Wechsle den Ort, bringe Unordnung in deine Ordnung und ändere womöglich sogar deine Körperhaltung. Wir können uns in einer Denkweise regelrecht festfahren, sodass wir die Dinge dann nur noch aus einer einzigen Perspektive sehen. Wenn du buchstäblich veränderst, was du vor Augen hast, kann das deine Vorstellungskraft und die lösungsorientierten Areale deines Gehirns beflügeln. Wenn du kannst, mach einen Kopf- oder Handstand (ich schätze, das ist ein bisschen speziell), denn es ist von Vorteil, einen Augenblick lang die Welt verkehrt herum zu betrachten; außerdem strömt das Blut dabei in den Kopf, und die Muskeln werden aktiviert.

« *Selbst in deinen dunkelsten Stunden magst du feststellen, dass die Hoffnung, die in dir geschlummert hat, an die Oberfläche kommt und dich weiterschubst.* »

#**11**

SEI SCHRÄG

In unserer Welt haben wir das Leben der anderen mehr denn je im Auge, und ein junges Mädchen in Coventry kann dir sagen, was in Mailand gerade der letzte Schrei ist. Es ist also ganz leicht, ein Kollektiv zu werden, in dem alle denselben Linien folgen und dasselbe tun. Oft lernen wir sehr früh in unserem Leben, dass anders zu sein gleichbedeutend ist mit schräg zu sein, und schräg zu sein gleichbedeutend mit ausgegrenzt zu werden.

Als kleines Kind war ich schräg. Ich liebte es, vor anderen aufzutreten, und war immer sehr kreativ. Ich hatte eine Phase, da trug ich eine Strumpfhose auf dem Kopf, weil ich fand, dass es wie langes Haar aussah, und ich hatte kein Problem, damit aufzufallen. Schnell vorgespult – in der Highschool stellte ich fest, dass meine Eigenarten, die in der Grundschule gefeiert und beklatscht worden waren, mich jetzt zur gesellschaftlichen Außenseiterin machten. Über Nacht begann ich zu versuchen, mich anzupassen.

Ich hörte auf, Gitarre zu spielen, weil es mir zu peinlich war, sie in die Schule mitzubringen. Ich wollte unbedingt wie meine Freunde werden, aber tief drin wusste ich, dass viele meiner Ambitionen und Träume ganz anders als die der Menschen um mich herum waren. Als ich mit elf Jahren meine erste Fernsehrolle bekam, wurde ich fortwährend angegangen, weil ich anders war, und selbst als ich mich (wegen unseres dummen Bedürfnisses nach sozialer Zustimmung) mit Zähnen und Klauen in die Menge zu integrieren versuchte, gelang es mir nicht wirklich. Das gab mir oft das Gefühl, eine Außerirdische zu sein, die fehl am Platz war und sich an Regeln hielt, die sie nicht verstand oder verstehen konnte.

Heutzutage hingegen finde ich meine Schrägheit toll. Ich bringe auch meinen Töchtern bei, sich von der Menge abzuheben, ein Flamingo in einem Taubenschwarm zu sein, weil sein echtestes, wirklichstes Ich zu sein, das Befreiendste ist, was man tun kann. Wenn du deine Schrägheit in die Welt entlässt, wirst du deine eigene Gang aus schrägen Vögeln, mit denen du dann abhängen kannst, um dich scharen.

Das Wunderbare am Internet und an den sozialen Medien ist, dass wirklich nichts so schräg sein kann, dass nicht jemand anders es bereits tut oder daran Gefallen findet, und du dich mit ein bisschen Rechercheaufwand von jetzt auf gleich mit einem anderen Menschen oder einer ganzen Community verbinden kannst, die Verständnis für deine Schrägheit hat. Vielleicht wird eine wunderbare Freundschaft daraus oder sogar eine tiefe Liebesbeziehung – was auch immer, du wirst dich jedenfalls nicht allein fühlen.

Und überhaupt: Was heißt schon «normal»? Das ist ein sehr subjektiver Begriff, und deine Schrägheit in dir zu finden, bedeutet, dich ganz so, wie du bist, anzunehmen und authentisch zu sein als der Mensch, der du bist. Nachahmung lässt dich nur zu einer armseligen Ausgabe von jemand anderem werden, während du doch die beste Ausgabe von dir selbst sein kannst.

Viele von uns lassen sich ständig von anderen Menschen inspirieren – zum Beispiel folgen wir unseren Lieblingspromis und ahmen sie in irgendeiner Weise nach. Das ist so weit völlig in Ordnung, normal und eine großartige Möglichkeit zu lernen. Wenn wir aber langsam zu glauben beginnen, dass wir genau wie [Name der Person, der du am liebsten online nachstellst] sein müssen, endet das in Ernüchterung, und uns entgeht dabei außerdem die offensichtliche Tatsache, dass es niemand mit uns aufnehmen kann, wenn es darum geht, wir selbst zu sein, weil das unser Alleinstellungsmerkmal ist.

Reden wir also kurz über dich ... Inwiefern bist du eigenartig, schräg oder anders? Was ist es, das dich aus der Masse hervorhebt und über das du dich vielleicht in der Vergangenheit selbst schon lustig gemacht hast? Was immer es ist, diese Merkmale können (sofern du es ihnen erlaubst) zu deiner Superkraft werden: all das, was dich außergewöhnlich macht und dir – wenn du es akzeptierst – hilft, dich mit anderen und dir selbst, so wie du wirklich bist, verbunden zu fühlen.

Du bist nicht unbedeutend, auch nicht an den Tagen, an denen du dich so fühlst, und ich weiß, dass du, wenn du einmal diese Reise zu dir selbst angetreten hast, sagen wirst: «Verdammt, ich bin ein ulkiger, interessanter, liebenswerter Kauz. Und das ist für mich in Ordnung. Das ist es, was ich will.»

Anpassung wird dich in einen Käfig sperren und dich davon abhalten zu wachsen. Die klügsten Köpfe der Welt wurden oft zuerst als verschroben oder verrückt verlacht. Die großartigsten Kunstwerke, Erfindungen und Veränderungen entstehen, wenn Menschen gegen den Strom schwimmen, wenn sie aus der Reihe tanzen und rebellieren.

Wie du dich zu deiner Schrägheit bekennst

1 Finde heraus, was dich von anderen abhebt und was der wahre Urgrund deines Seins ist. Bist du jemand, der einfach gern Turnschuhe sammelt oder der Stunden um Stunden mit Zeichnen, Malen oder Gedichteschreiben verbringt? Bist du jemand, der nichts lieber mag als Essiggurken auf Toast oder sich entspannt, indem er ASMR hört (das Geflüster, das du auf YouTube und Spotify findest und das manche Leute wirklich, wirklich lieben)? Wer du auch bist und was du auch magst, zählt, und es macht dich zu dem Menschen, der du bist. Schnapp dir einen Stift und schreib eine Liste, mach ein Plakat oder denk einfach einen Moment lang über deine ausgefallenen Eigenschaften nach, die deine Einzigartigkeit prägen.

2 **Heiße deine Schrägheit willkommen.** Jetzt, da du deine Eigenarten kennst, ist es Zeit, deine Arme auszubreiten und deine Verschrobenheiten zu begrüßen (selbst die, die du all die Jahre versteckt hast). Fakt ist, du bist ein verdammtes Wunder – das sind alle Menschen. Dass wir so weit gekommen sind, herumlaufen und unser Leben leben, ist einfach unglaublich. Wenn du vor dem zurückschreckst, was dich auszeichnet, schränkst du dein wunderbares Potenzial ein.

3 **Verbinde dich mit Menschen, die ähnliche Interessen haben.** Ich treffe viele Leute, die mir sagen, dass sie etwas tun, das sie lieben, aber niemand um sie herum verstehe es. Ich erwidere, dass das total in Ordnung ist und sie eben nur Menschen finden müssen, mit denen sie auch diese Seite von sich selbst zum Ausdruck bringen können: ihr Rudel. Deine Herausforderung ist, dich zu einer Gruppe, einem Kurs oder Forum zu gesellen und dir dort Leute zu suchen, mit denen du dich zusammentun kannst. Es ist nichts falsch daran, ein einsamer Wolf zu sein, aber es ist natürlich schön, eine Verbundenheit zu spüren.

4 **Hör auf, dir vorzubeten, dass du nicht gut genug bist** (das wiederhole ich ziemlich oft in diesem Buch). Du bist gut genug, du bist vollkommen unvollkommen, und das gilt auch für all deine «Eigenarten» – etwa, dass du ein Hardcore-Fan von Gary Barlow bist, keine Schuhe trägst, jeden Monat deine Haare in einer anderen Farbe färbst oder vielleicht sogar eine Mischung aus alldem. Alles ist akzeptabel, es ist *dein* Leben.

« **Dein echtestes, wirklichstes Ich zu sein, ist das Befreiendste, was du tun kannst.** »

#**12**

NIMM DICH SELBST
NICHT SO ERNST

Auf dem Boden im Wald von Epping in Essex zu liegen und mich wie ein Otter zu verhalten, gehört zu den sonderbarsten Dingen, die ich je getan habe (aber wenn ich ehrlich bin, steht es nicht ganz oben auf der Liste).

Ich besuchte damals die East 15 Acting School, eine der renommiertesten Schauspielschulen Großbritanniens. Während dieser besonderen Stunde nahm ich Verbindung mit dem Otter auf und stützte mich anschließend auf seine Bewegungen und Schwingungen, um eine menschliche Figur daraus zu entwickeln.

Ich weiß, ich weiß. Du denkst jetzt: «Holly, du hast dich im Matsch in einem Wald gewälzt und dich mit deinen Freunden wie ein Otter verhalten. Das ist doch schräg.» Ich verstehe dich schon – als ich da so lag, gab es einen Augenblick, in dem ich mich von außen auf mich, die Schauspielerin, blickte und daran dachte, wie das wohl für jemanden aussehen mochte, der einen «anständigen» Beruf hatte. Ich wusste, dass es befremdlich wirkte, aber mir war auch meine größere Sorge bewusst – nämlich, dass wir diese Übung an einer Stelle machten, die nicht wirklich Otterrevier war. Ich meine: Wo war das Wasser?

Schauspieler zu sein, zwingt dich, dich selbst nicht so ernst zu nehmen. Ich sollte eines klarstellen: Schauspieler neigen dazu, ihre Arbeit sehr ernst zu nehmen; aber wenn du deinen Lebensunterhalt damit verdienst, berufsmäßig in einem Kostüm herumzustolzieren und so zu tun, als ob, musst du auch sehen, wie absurd das ist.

Als Kinder lieben wir es, zu spielen – zu tun, als ob, fällt den meisten ganz leicht. Kinder stellen oft Feen und Zauberer dar und beschließen ständig, einen neuen Namen haben zu wollen und wenn möglich auch einen Umhang und ein Schwert. Sie verbinden damit kein soziales Stigma und leben in einer Freiheit, der wir unser ganzes Erwachsenenleben nachjagen.

Als Erwachsene hören wir auf zu spielen. Wir werden unnachgiebig und unflexibel im Denken. Wir fürchten, bewertet zu werden, und versuchen, alles zu kontrollieren. Aber wenn wir loslassen und über unsere Fehler und Schrulligkeiten lachen und sie sogar begrüßen, spüren wir, dass sich unsere Schultern entspannen. Es ist so viel leichter, sich durchs Leben zu lachen, als zu denken, dass wir alles im Griff haben müssen.

Meine Freundin Emma Stroud ist ein Clown. Das ist kein Urteil über sie als Person, sondern sie ist tatsächlich ein professioneller Clown. Und sie ist Sprecherin und Gründerin von «Laugh. Think. Play.». Sie hat zu mir gesagt:

«Humor und Lachen sind die größten Ausdrucksformen der Menschlichkeit, über die wir verfügen. Wenn wir uns gestatten, wirklich zu lachen und uns mit unserer Freude zu verbinden, dann wissen wir, wie gut sich das anfühlt. Doch als Erwachsene haben wir eine Angst, eine Abwehr in uns, dass Lachen, Freude, Spielen und Albernheit einfach nicht ‹erwachsen genug› sind. Dass wir – um erwachsen zu sein – ernsthaft sein müssen. Wann und warum ist das Vorschrift geworden? Erlaube dir, mehr zu spielen, neugierig zu sein und zu erkennen, wie viel leichter du dich damit fühlst. Es ist das Licht, auf das wir alle Zugriff haben, immer. Lass es zu.»

Und wie könnten wir ihr nicht beipflichten? Dennoch ist es tatsächlich schwerer, als es aussieht, dir die Erlaubnis zu geben, albern zu sein. Obwohl ich voll und ganz daran glaube, dass wir uns auch auf die «lächerlichen» Seiten des Lebens einlassen müssen, heißt das nicht, dass mich nicht auch das Bedürfnis zu gefallen erwischt hat, sodass ich mich unter Druck gesetzt fühlte, mich so zu zeigen, wie ich dachte, dass man es von mir erwartete.

Als ich zum Beispiel als «Geschäftsfrau» anfing, dachte ich, das würde bedeuten, ich hätte die albernen Dinge hinter mir zu lassen, die ich in der Vergangenheit getan hatte. Es gab einen Augenblick – und ich muss sagen, dass es nur ein Augenblick war –, in dem ich auf das klischeehafte Paradebeispiel einer ernsthaften, erwachsenen Geschäftsfrau sah und dachte: Das ist es, was ich werden muss, um erfolgreich zu sein. Die Schauspielerin in mir hatte intuitiv erspürt, wie die Rolle «Geschäftsfrau» auszusehen hatte: Sie ähnelte einer Anwältin in der Serie *Suits*, und sie hatte eine Art Mappe, in der sie «sehr wichtige Dinge» mit sich herumtragen musste. Zum Glück haben ein paar gute Mentoren und Freunde ein Wörtchen mit mir darüber geredet und mich daran erinnert, dass ich eine «Geschäftsfrau» und trotzdem noch immer verspielt und albern sein kann.

Die Habachtstellung hinter dir zu lassen, verletzlich und kindisch zu sein, hat auch erwiesene gesundheitliche Vorteile. Es senkt den Stresspegel und hilft uns, leichter mit den harten Phasen im Leben fertig zu werden, und auch deine Beziehungen zu den Menschen um dich herum verbessern sich. Mein Mann Ross hat immer gesagt: «Wer zusammen spielt, bleibt zusammen», und auch ich glaube fest daran. Wenn wir davon sprechen, dass der «Funken» in einer Beziehung erloschen ist, dann geschieht das oft, weil wir vergessen haben, wie man miteinander lacht, und nur noch auf das Negative und Alltägliche fixiert sind.

Dir eine spielerische Einstellung zu bewahren, kann dir helfen, kreativer und weniger starr im Denken zu werden. Es kann dich aus deiner Komfortzone locken und dich in neue Räume schubsen. Wer weiß, wir sehen dich vielleicht mit deiner neuen Einstellung deinen eigenen Gospelchor gründen, Burlesquetanz ausprobieren oder zumindest wieder lachen und lächeln.

Herumzukaspern heißt nicht, ein nicht ernst zu nehmender Erwachsener zu sein. Es heißt vielmehr, dass du ein Erwachsener bist, der sich selbst genug respektiert, um sich zu erlauben, dass er das Leben genießen darf, und der weiß, dass – selbst wenn du alles tust, was du tun «sollst» – trotzdem Dinge passieren werden, die total absurd sind und gegen die du nichts machen kannst – außer lachen.

Bombardiere mich mit spielerischen Ideen, ich bin bereit, den Clown zu geben

1 **Mach dich dreckig.** Neulich haben sich meine Kinder gelangweilt und gegenseitig geärgert, und obwohl es draußen in Strömen regnete, musste ich sie an die frische Luft bringen, damit sie Dampf ablassen konnten. Ich wusste, dass es eine Schlammschlacht werden würde, also haben wir unsere Matschklamotten und Gummistiefel angezogen, unsere Haare zusammengebunden und sind in den Park gegangen. Ich hatte schon einkalkuliert, dass wir danach vor Dreck starren würden, und so habe ich mich im Park einen Hügel heruntergerollt. Die Kinder haben vor Lachen geschrien, ich spürte, wie die Anspannung von mir wich (obwohl ich Ende dreißig bin, deshalb war mir noch 20 Minuten später schlecht), und wir haben uns prächtig amüsiert. Suche Gelegenheiten, dir die Hände (und den ganzen Rest) schmutzig zu machen – indem du Slime oder Salzteig machst oder deine Küche einsaust – und loszulassen.

2 Werde kreativ. Es spielt keine Rolle, ob du begabt bist, zücke die Pinsel und dann los. Zeichne, stricke, schneide und klebe, und wenn du ganz mutig bist, dann klatsch dir den umweltfreundlichen Glitzer ins Gesicht (ich meine, du wirst es fast sofort bereuen, weil du den Glitzer nie wieder aus deinem Haus kriegst, aber hey, wenigstens wird dich ab jetzt kein Besuch mehr vergessen, oder?).

3 Tanze. Verrenke dich, bewege dich, twerke, schüttle deine Hüften und schwinge das Tanzbein. Wen interessiert, ob es gut aussieht? Ich sage ja nicht, dass du einen Beruf daraus machen sollst, ich sage nur, dreh auf und mach dich locker. Fange den Tag an, indem du deine Lieblingssongs in die Welt hinausschmetterst und wie wild durchs Haus tanzt.

4 Hör auf, dir den Kopf darüber zu zerbrechen, was die anderen von dir denken werden. Während ich das schreibe, warte ich im Auto auf das Ende der Gymnastikstunde meiner Kids. Draußen, zu meiner Rechten, sitzen zwei Zehnjährige auf einer Mauer. Sie lachen laut, machen den Affen, haben ihre Schuhe ausgezogen und könnten sich nicht weniger darum scheren, was ich von ihrem Gebaren halte. Das gefällt mir! Sei mehr wie diese Mädchen und hör auf zu denken, alle anderen würden dich beobachten oder sich darum kümmern, was du tust.

> **《 Es ist so viel einfacher, sich durchs Leben zu lachen, als zu denken, du hättest alles durchschaut. 》**

#13

DANKBARKEIT WENDET
DAS BLATT

Jeder einzelne Lifecoach, Psychologe, Therapeut und Religionsführer wird früher oder später über Dankbarkeit sprechen. Wir sind keine Roboter, es gibt einfach ein paar universelle Wahrheiten, und du kannst sie auf deinem Weg zum Glück nicht überspringen.

Ich weiß schon, die Pessimisten unter euch haben das Wort «Dankbarkeit» eben gelesen und innerlich (oder auch äußerlich) die Augen verdreht. Gebt mir dieses Kapitel, um euch zu überzeugen und zu zeigen, dass das große D euer Leben besser macht.

Ich bin jetzt mal ganz mutig und bekenne, dass Dankbarkeit mein Leben verändert hat. Einige richtig schreckliche Sachen sind mir in den letzten zehn Jahren passiert – tragische, schmerzhafte Geschichten, die mein Leben verändert haben. Ich hätte alles getan, um zu verhindern, dass sie geschehen. Was mich durch diese Zeiten getragen und mir Verschnaufpausen verschafft hat, war, das Gute neben all dem Schlechten zu sehen.

Wenn bei der Arbeit mit Klienten die Sprache auf Dankbarkeit kommt, dann – so habe ich festgestellt – sträuben sich viele in ihren dunkelsten Momenten sehr gegen die Vorstellung, dankbar zu sein. Natürlich verstehe ich das, denn Dankbarkeit zu empfinden, wenn du deinen Arbeitsplatz verlierst oder gerade entdeckt hast, dass dich dein Mann betrügt, ist ziemlich schwer. Ich empfehle auch niemandem, dankbar zu sein, wenn er sich gerade durch das tiefste Tal seines Lebens schleppt.

Trotzdem gibt es *immer* etwas, für das man dankbar sein kann. Du musst nicht dankbar für das sein, was du am liebsten ungeschehen machen würdest, aber neben den schmerzhaften Dingen gibt es auch Momente, Menschen und Gelegenheiten, für die man dankbar sein kann. Halte dich daran fest, um deine Heilung zu unterstützen, und lies «Was, wenn dir alles genommen würde?» ab S. 321, um dir noch mehr Anregungen zu holen.

Als mein Mann und ich erfuhren, dass er einen Hirntumor hatte, waren wir für vieles dankbar. Nicht für den Hirntumor – natürlich nicht, Hirntumore sind scheiße –, aber wir waren dankbar dafür, in einem Land zu leben, das ihm eine Behandlung, Unterstützung und Zugang zu fantastischen Ärzten ermöglichte. Wir waren dankbar, dass wir Kinder hatten, ein Zuhause, die Hilfe von Freunden und Familie, dass wir uns die Arbeit flexibel einteilen und rund um seine Behandlungen herumplanen konnten, und wir waren extrem dankbar, dass wir einander hatten.

Indem wir uns mit den Dingen befassten, die unseren Schmerz einrahmten, konnten wir den Fokus verändern – was bedeutete, dass der Krebs, der damals einen Großteil unseres Lebens beherrschte, uns nicht ganz bekam.

Das ist natürlich meine persönliche Erfahrung und nur ein Einzelbericht. Aber Professor Robert Emmons, ein Experte für Dankbarkeit, hat deren Einfluss auf unser Leben erforscht und glaubt, dass sie wesentlich dafür ist, uns durch schwere Zeiten zu tragen und eher glücklich denn traurig zu sein. Er hält Dankbarkeit für «lebenswichtig» in Zeiten der Not, und ich stimme ihm voll und ganz zu.

Ein weiteres Argument, das gern gegen Dankbarkeit ins Feld geführt wird, lautet, dass sie uns in einer Wir-leben-im-Jetzt-

und-kümmern-uns-nicht-um-das-Morgen-Blase gefangen hält und uns faul oder selbstzufrieden werden lässt. Manche Leute meinen, dass es, wenn sie sich dankbar für das Hier und Heute fühlen (zumindest in Teilen), auf Kosten der Motivation geht, mehr zu wollen oder zu werden.

Dazu kann ich nur sagen: Schwachsinn. Dankenswerterweise (!) stärken mir die Studien, die Robert Emmons und seine Kollegen an der University of California durchgeführt haben, den Rücken (und es ist doch immer gut, die Wissenschaft in der Hinterhand zu haben, oder?). Sie haben zehn Wochen lang drei Probandengruppen beobachtet und sie gebeten, sich sechs von ihren Zielen aus allen möglichen Lebensbereichen herauszupicken. Dann wiesen sie die erste Gruppe an, an jedem Tag während des Studienzeitraums dankbar zu sein, die zweite, sich auf die alltäglichen Ärgernisse zu konzentrieren, und die dritte, zu notieren, was sie beschäftigte (ohne Fokus darauf, ob es positiv oder negativ war). Aus den Resultaten ließen sich folgende Erkenntnisse ableiten: Die erste Gruppe konnte signifikante Fortschritte in Bezug auf ihre Ziele verzeichnen, und sie ging auch seltener zum Arzt als die anderen beiden Gruppen. Es sieht also so aus, als würde Dankbarkeit die Produktivität ankurbeln und sich vielleicht sogar günstig auf die Gesundheit auswirken.

Für mich ist der wichtigste Grund, warum Dankbarkeit «funktioniert», jedoch folgender: Wenn du dir wieder und wieder sagst, dass die Welt ein schrecklicher Ort ist, und deine Wahrnehmung langfristig darauf konzentrierst, wird dein Gehirn glauben, dass du dir noch mehr Beweise wünschst, um diese negativen Gedanken zu untermauern. Im Gegensatz dazu wird sich dein Fokus, wenn du in dankbaren Gedanken schwelgst, darauf richten und deine Aufmerksamkeit auf noch mehr Dinge lenken, für die du dankbar sein kannst. (Mehr dazu ab S. 19 unter «Wie das Gehirn arbeitet».)

Glückliche Menschen reden en détail über das, wofür sie

dankbar sind und was sie lieben. Dabei handelt es sich selten um eine allgemeine, sondern eher um eine spezielle Dankbarkeit: «Ich bin dir dankbar, dass du heute Morgen Frühstück gemacht hast – das Ei war auf den Punkt gekocht, und es war wunderbar, dass ich mich an den gedeckten Tisch setzen konnte» oder «ich bin so dankbar, dass ich heute länger liegen bleiben kann, mein Bett ist so kuschelig warm».

Kinder sind toll im Dankbarsein, und wenn du welche hast (oder dir erlaubterweise welche ausleihen kannst), frag sie mal, wofür sie dankbar sind oder was sie an ihrem Leben mögen – sie werden dich wahrscheinlich mit ihrer Fähigkeit, dankbar zu sein, umhauen. «Ich bin dankbar für meine Socken», hat meine jüngere Tochter auf einem unserer montagmorgendlichen Dankbarkeitsspaziergänge erklärt (dabei sagen wir uns abwechselnd, wofür wir gerade dankbar sind). «Ich bin dankbar für unsere Nachbarn», machte die ältere weiter. Du siehst, Kinder registrieren durchaus Feinheiten und die Momente, die wir Erwachsene oft als selbstverständlich hinnehmen. Ich denke, dass wir wieder anfangen müssen, in dieser kindlichen Art wertzuschätzen und zu beobachten, denn Dankbarkeit ist ein richtiger Gamechanger.

Ich bin wild entschlossen, glücklich und dankbar zu sein – wie fange ich an?

1 **Richte einen Reminder ein.** Es ist leicht, sehr undankbar dafür zu sein, aufstehen zu müssen (besonders wenn es sehr früh ist, du von deinen Kindern geweckt wirst und dir Fragen anhören musst wie «Mama, du weißt doch alles, wie geht das hier?»), daher richte dir einen Alarm auf dem Handy ein, den du «Dankbar sein» betitelst. Es ist ein sehr einfacher Tipp, aber er funktioniert.

2 **Wähle eine Dankbarkeitszeit.** Ob es nun während des Zähneputzens ist oder auf der Fahrt zur Arbeit oder beim Schminken – such dir einen Zeitraum im Tagesablauf, um dann im Geiste all die Dinge zu rekapitulieren, für die du dankbar bist.

3 **Benutze das magische Reframing-Wort «dürfen».** «Ich darf das Geschirr spülen», «Ich darf den Müll rausbringen» – indem du das Wort «müssen» gegen «dürfen» austauschst, wird dir klar, wie glücklich du dich schätzen kannst. Den Müll rauszubringen, ist meine ungeliebteste Aufgabe, aber wenn ich «müssen» gegen «dürfen» austausche, kann ich dies erkennen: Den Müll rausbringen zu können, bedeutet, dass ich ein Dach über dem Kopf habe, Essen und andere Dinge, deren Reste ich in den Abfalleimer geben kann, und dass ich körperlich in der Lage bin hinauszugehen. Und da ich ein Zuhause habe, muss ich wahrscheinlich auch nicht frieren und habe Kleider am Leib.

《 *Neben den schmerzhaften Dingen gibt es immer auch etwas, wofür man dankbar sein kann. Halte dich daran fest, um deinen Fokus zu verändern.* 》

#14

«JA» SAGEN, WENN DU EIGENTLICH «ZUR HÖLLE, NEIN!» MEINST

Stell dir das einmal vor: Du stehst auf dem Schulhof und verabschiedest deine Kinder. Becky (mit den schönen Haaren) kommt herüberstolziert und fragt dich, ob du nach der Schule eine Stunde auf ihren Sohn Zack aufpassen könntest. Sie lächelt warm, sie bettelt praktisch, und du ertappst dich dabei, wie du sagst: «Ja, klar!» und dich erkundigst, ob Zack allergisch auf irgendetwas ist, damit du ihm ein gesundes Essen vorsetzen kannst.

Diese Situation sieht auf den ersten Blick wie ein liebenswürdiger Austausch von Freundlichkeit und Unterstützung aus: Eine Mama hilft der anderen aus. Aber sagen wir, es ist nicht das erste Mal, dass du das tust. Sagen wir, Becky ist oft spät dran, und die «eine Stunde» zieht sich bis in den Abend hinein, manchmal sogar mit einer kleinen spontanen Übernachtung obendrauf. Sagen wir, dass Zack gar nicht so lieb ist und ihn im Haus zu haben einem Gemetzel gleichkommt, weil du noch eine Woche später Chipspartikel aus dem Teppich rupfen musst. Wenn Becky also fragt, schrillen die Alarmglocken in deinem Kopf, und du schreist innerlich: «Nein!», während dein Mund sich verselbstständigt.

Wir sagen häufig in unserem Leben «Ja», wenn wir eigentlich «Nein» sagen wollen – aber warum?

Ich glaube, das hängt damit zusammen, dass wir im Allgemeinen nett sein wollen, damit man uns mag. Ziemlich simpel, oder? Wir versuchen, andere so zu behandeln, wie auch wir selbst behandelt werden wollen. Wir denken daran, wie wir uns fühlen würden, wenn wir jemanden um einen Gefallen bitten, und wie dankbar wir wären, wenn der andere zusagt.

Wir sagen «Ja», weil wir nicht wollen, dass die betreffende Person uns nicht mag und wir abgelehnt werden. Wir haben eine tiefsitzende Angst davor, aus einer Gruppe ausgestoßen zu werden, und daher ist unser Unterbewusstsein immer in Habachtstellung, um uns davor zu schützen. Wir haben Angst, dass es Streit geben wird, wenn wir «Nein» sagen, wir den Freundeskreis verlassen müssen und dann isoliert und allein sind.

Wenn wir besonders ängstlicher Natur sind, kann es sein, dass wir es noch weiter zuspitzen und uns vorstellen, ein «Nein» führe zu einem öffentlichen Streit. Wenn dir dein Gehirn solche aggressiven Gedanken präsentiert, scheint mir das ein recht vernünftiger Grund für ein «Ja» zu sein, nicht wahr?

Aber wenn wir aus Gewohnheit immer «Ja» sagen, als wäre es ein ärgerlicher Tick, anderen zu Gefallen zu sein, dann erklären wir uns am Ende mit so vielen Dingen einverstanden, dass wir nur noch herumhetzen, während wir überhaupt nichts für uns tun. Wir lassen überall Bälle fallen und verausgaben uns völlig, während wir böse auf die Menschen werden, denen anfangs unser «Ja» galt. Die arme Becky hat keine Ahnung, dass das «Ja», das du ihr zur Antwort gegeben hast, hinter zusammengebissenen Zähnen hervorkam und sie in deinen Augen unabsichtlich zum Staatsfeind Nummer eins gemacht hat.

Es ist nicht Aufgabe anderer Leute, uns im Zaum zu halten. Jeder versucht einfach zurechtzukommen. Manche Menschen sind selbstbewusster darin, durchzusetzen, was sie wollen, und andere manipulieren sogar jene in ihrem Umfeld, die weniger selbstsicher sind, damit sie etwas für sie tun. Deine innere Wut wird dir nicht dabei helfen, nicht mehr ausgenutzt zu werden. Was dir helfen wird, sind Grenzen.

Grenzen sind der Schlüssel zu einem glücklichen Leben. Den Menschen um dich herum zu vermitteln, welches deine Grenzen und «Regeln» sind, ist wesentlich; wir müssen lernen, den Mund aufzumachen und geradeheraus zu sagen, was wir wollen und was wir definitiv nicht wollen.

Mir ist bewusst, dass das sanftere Naturen ein bisschen kopfscheu machen könnte, denn das war auch bei mir der Fall. Ich habe zu so vielem, das mir gar nicht behagte, «Ja» gesagt, und es war auf lange Sicht nicht gut für mich. Ich arbeite noch immer an dieser Lektion, aber je öfter ich «Nein» zu den Dingen sage, die ich nicht will, desto mehr Raum schaffe ich, um «Ja» zu den Dingen zu sagen, die ich will.

Grenzen helfen mir auch in meinem Beruf. Ich bin von Haus aus eine hilfsbereite Person, und das ist auch der Grund, der mich dazu gebracht hat, Coachin zu werden. Aber ich kann anderen nicht in vollem Umfang helfen, wenn ich nur etwas für sie tue und einspringe, um ihr Leben zu «reparieren». Deshalb habe ich mir große, fette Grenzlinien zugelegt, was meine Arbeitsweise betrifft – denn je belastbarer meine Grenzen sind, desto mehr Platz im Kopf habe ich für meine Arbeit, mit der ich dann wiederum mehr Menschen helfen kann. Wenn wir uns verzetteln, helfen wir am Ende überhaupt niemandem und grollen jenen, denen wir helfen. Du kannst ein anteilnehmender, empathischer Mensch sein, ohne dich schwach zu fühlen.

Wie du «Nein» sagst und dich gut dabei fühlst

1 **Frag dich ehrlich, ob du das hier tun willst.** Antworte dann wahrheitsgemäß, nicht durch den Filter des «Gutmenschen» hindurch. Entscheide über deine beinharten «Neins» – Dinge, die du einfach nicht tun wirst. Ziehe Grenzen um sie hoch, sorge dafür, dass sie nicht verwischen, und überlege dir, was du tun wirst, wenn jemand sie übertreten sollte.

2 **Sag dir in Endlosschleife vor: «Ich bin gut genug. Ich bin wertvoll. Meine Meinung hat Gewicht.»** Hör auf, dich an die letzte Stelle zu setzen. Du kannst aus einer leeren Tasse nichts abgeben und musst deinem Gehirn beibringen, daran zu glauben, dass du an erster Stelle kommen musst.

3 **Mach dich groß.** Wenn du «Nein» sagst, mach dich groß, stell dich mit breiter Brust hin oder setz dich kerzengerade und selbstbewusst in deinem Stuhl auf. Halte Blickkontakt und konzentriere dich auf deinen Atem, wenn deine Minderwertigkeitskomplexe ihr hässliches Haupt erheben. Sei klar, direkt und ehrlich mit deinen Worten.

4 **Verwende keine Einschränkungen oder Rechtfertigungen**, etwa: «Es tut mir leid, aber ich bin mir nicht ganz sicher, ob mir das behagt, vielleicht verstehe ich es auch noch nicht ganz.» Stattdessen sagst du: «Ich fühle mich nicht wohl damit.» Spüre dem Unterschied nach. Keiner von beiden Sätzen ist unhöflich, einer ist nur viel direkter und ehrlicher. Du musst auch begreifen, dass «Nein» ein ganzer Satz ist und keine Flut an Entschuldigungen nach sich ziehen muss. Einfach: «Nein.»

5 **Lasse deinen «Nein»-Muskel spielen.** Das ist etwas, das vielleicht etwas Übung braucht – es ist eine Kompetenz, die man erwerben muss, ja sogar eine Fertigkeit. Mein Auftrag an dich lautet, diese Woche einmal «Nein» zu etwas zu sagen. Fang klein an und arbeite dich dann nach oben. «Nein, ich werde nicht schon wieder das Mittagessen bezahlen, lass uns halbe-halbe machen» zum Beispiel. «Nein, ich werde nicht zum dritten Mal diese Woche Überstunden machen, um dir auszuhelfen.» Denk daran: Jetzt «Nein» zu sagen, ist besser, als später dann voller Groll zu sein.

«Sag ‹Nein› zu dem, was du nicht willst, damit du ‹Ja› zu dem sagen kannst, was du willst.»

#15

WIE SIEHT DEIN IDEALES LEBEN AUS?

Vor einigen Jahren fragte ich meine jüngere Tochter Texas, damals fünf Jahre alt, was sie werden wollte, wenn sie groß wäre. Ohne mit der Wimper zu zucken, antwortete sie: «Die Zahnfee.» Sie konnte mir sagen, wie Zahnfeen aussehen, wo sie leben und wie sie sich dann fühlen würde. Da war kein Zweifel, keine Angst, nur ein entspanntes und sehr süßes Annehmen dessen, was sein würde und was sie sich wünschte.

Wenn ich ihr jetzt dieselbe Frage noch einmal stellen würde, dann bekäme ich mit derselben Unbeirrbarkeit und visionären Überzeugung zur Antwort «Turnerin» – ohne dass sie sich auch nur eine Sekunde sorgen würde, ob ich das bewerten oder ob ihr Gesinnungswandel etwas über sie aussagen könnte.

Wann hast du dich zum letzten Mal gefragt, was du dir vom Leben wünschst, oder darüber nachgedacht, wer du heute bist? Wann hast du dir zum letzten Mal eingestanden, dass dein Leben genauso sein könnte, wie du es haben willst, und dass du anfangen kannst, dein «gutes Leben» zu gestalten, sobald du entschieden hast, wie es aussehen soll?

Wir haben eine Wahl. Ich weiß, dass es sich nicht immer so anfühlt, wenn wir mitten in einer schwierigen Phase sind oder wenn wir (manchmal ohne eigenes Verschulden) einen Pfad eingeschlagen haben, den zu verlassen unmöglich scheint – aber selbst in unseren finstersten Momenten haben wir die Möglichkeit, uns durch den Morast zu kämpfen und so zu erblühen, wie es genau jetzt gut für uns ist.

Ich möchte, dass du dir Fragen zu stellen beginnst, die dir helfen herauszufinden, wer du heute bist und wie du dir dein Leben in diesem Augenblick wünschst. Richte dein Augenmerk nicht darauf, wie du dir dein Leben einmal gedacht hast oder was am leichtesten zu erreichen wäre oder was am wenigsten Staub aufwirbeln würde. Denke an deine gegenwärtigen tatsächlichen Ziele und Wünsche.

Wo würdest du gern leben? Wen hättest du gern um dich? Was würdest du gern beruflich machen? Wie würdest du dich gern jeden Tag zeigen? Lass dir einen Augenblick Zeit, um dir diese Visualisierung auszumalen und im Geiste Szenarien durchzuspielen, und schau, was in deiner Vorstellung auftaucht.

Du musst wissen: Wir müssen nicht bis in alle Ewigkeit dieselbe Ausgabe unserer selbst bleiben. Im Gegenteil, wenn du dein Leben lang der- oder dieselbe bleibst, dann, möchte ich meinen, hast du überhaupt nicht gelebt.

Nach einer besonders schweren Zeit in meinem Leben begann ich, mit einem Businesscoach zu arbeiten, der mich fragte, an welchen Tagen und zu welchen Zeiten ich gern meinem Beruf nachgehen würde. Da ich immer schon freischaffend war, hatte ich geglaubt, begriffen zu haben, dass ich eine Wahl hatte und so leben konnte, wie es für mich funktionierte; aber mir ging auf, dass ich diese Wahl nie überdacht hatte (wenn ich ehrlich bin, arbeitete ich einfach ständig). Nach diesem Gespräch sah ich mir an, wann ich am produktivsten war und wann ich Luft hatte, mich mit meinen Kindern zu beschäftigen, und das brachte mich wirklich dazu, die Dinge in einem neuen Licht zu sehen.

Nun mag es leider in der Vergangenheit Leute gegeben haben, die deine Vorstellung von dem, wie dein Leben aussehen sollte, abgelehnt und dich ermahnt haben, «realistischer» zu werden und dir einen «sicheren» Job zu suchen (wie auch immer so etwas unter heutigen Umständen aussieht). Du hast also möglicherweise niemals erwogen oder warst zu ängstlich, es zu erwägen, dass du selbst über dein Leben entscheiden und beschließen kannst, wie es genau aussehen wird.

Der Grund dafür ist der, dass die Leute es mögen, wenn wir in saubere kleine Schubladen passen. Etwa so: «Sarah ist Friseurin, sie mag billigen Wein und Ausgehen» oder «James ist Polizist, sein Job ist gesichert, er ist zuverlässig, ruhig und hat mit den sozialen Medien nichts am Hut». Aber was, wenn Sarah sich plötzlich anschickt, Anwältin zu werden, und beginnt, ausgefallene Weine zu kaufen? Was, wenn James beschließt, die Polizei zu verlassen und durch die Welt zu reisen, und auf einmal poppen auf Instagram Bilder von ihm auf, wie er in Mexiko einen Vulkan besteigt?

Dann passiert das: Die Leute in ihrem Umfeld flippen aus, weil die Menschen, die sie in einer Schublade wähnten und die sie zu kennen glaubten, nicht länger einem vorhersehbaren Weg folgen – und das lässt sie durchdrehen. Sie beginnen dann, die Ausreißer zu kritisieren und zu bewerten, um sie in ihre Schublade zurückzustopfen, sodass ihre eigene Welt wieder Sinn macht.

Du bist nicht dafür zuständig, dass anderer Leute Welt Sinn macht.

Du musst nicht mit der Person identisch sein, die du vor zehn Jahren warst. Du kannst deine Meinung ändern wie eine Frisur, und das hat absolut nichts mit jemand anderem zu tun.

Heute hast du die Wahl: Du kannst entscheiden, wie deine Welt aussehen soll, und die ersten Schritte in ein neues Leben tun.

Es ist Zeit herauszufinden, was DU willst

1 **Stell dir ein Leben ohne Grenzen oder Barrieren vor**, in dem Geld keine Rolle spielt. Schließe deine Augen und erlaube dir, wieder so frei in deinem Denken wie ein Kind zu sein. Male dir einzelne Bilder des Lebens aus, das du am liebsten führen würdest. Stell dir vor, wo du leben würdest, spiele einen Tag in diesem Leben durch und wer dann bei dir wäre. Ich mache diese «Fantasiereise» jeden Abend. Ich beschäftige mich nicht zwanghaft damit, die Fantasie in die Realität umzusetzen, ich lasse nur alles in meinem Gehirn sacken, um ein bisschen herumzuspielen und ihm zu zeigen, dass dieses gedachte Leben eine Option ist. Probiere das heute Abend vor dem Einschlafen aus.

2 **Schreibe 30 «Werte» auf, die dir am wichtigsten sind.** Stelle dir vor, dass sie die Zutaten sind, die du brauchst, damit du dein Leben großartig finden kannst. Auf deiner Liste könnte Authentizität stehen, Kreativität, Liebe, Freundschaft oder Spaß. Nimm während dieser Übung Abstand von Wertungen, es gibt kein Richtig oder Falsch, zumal diese Werte sich mit der Zeit auch verändern können. Sobald deine Liste fertig ist, kürze sie auf zehn Werte herunter und danach auf die wichtigsten drei. Zu wissen, welche das sind, hilft uns, bessere Entscheidungen zu treffen, denn wir können überprüfen, ob die Entscheidungen, vor denen wir stehen und die wir dann treffen, im Einklang mit unseren Schlüsselwerten stehen und uns unserem «Lebensziel» näherbringen.

3 **Schaffe ein «Wunschmandala».** Werde kreativ und stelle auf einem Bild dar, wie dein ideales Leben aussehen würde. Schau dir Häuser und Urlaube an, suche positive Zitate, die die Person, die du sein willst, und deine Werte verkörpern. Platziere dieses Mandala an einem Ort, wo du es regelmäßig sehen und überprüfen kannst. Es ist auch schön, auf veraltete Wunsch-mandalas zu schauen und zu erkennen, welche Fortschritte du gemacht und wie viel du erreicht hast.

《 Du bist immer nur eine Entscheidung von einem vollkommen anderen Leben entfernt. 》

#16

DAS, WAS PASSIERT IST, BIST NICHT DU

«Das ist Holly, sie ist Witwe.»

Wir ordnen Menschen gern in Gruppen ein und vereinfachen zu sehr, um die Welt um uns herum besser zu verstehen. Wir zeichnen von uns und anderen mit breiten, ausladenden Pinselstrichen ein Bild und heben dabei bestimmte Aspekte hervor, um zu erklären, wer wir oder sie sind.

Ich *bin* Witwe, aber dieses Attribut beschreibt nicht erschöpfend, wer ich als Frau bin, es transportiert nur den traurigen Fakt eines Ereignisses, das sich zugetragen hat. Es käme der Wahrheit näher zu sagen: «Das ist Holly, sie ist Lebenscoachin und versteckt die Schokolade hinten im Kühlschrank vor ihren Kindern», aber das wäre natürlich nicht so prägnant.

Aus genau diesem Grund habe ich mich nie mit dem Wort «Witwe» identifiziert, obwohl ich total verstehe, warum seine Verwendung anderen hilft. Das gilt auch für viele andere «Titel». Sie alle verhindern, dass wir unseren Schmerz im Einzelnen erörtern oder unser derzeitiges Verhalten erklären müssen.

Wenn ich zum Beispiel am Valentinstag im Supermarkt einen Nervenzusammenbruch bekäme und das W-Wort sagen würde, würden mich wohlmeinende Leute wieder aufrichten und mit Zuneigung und Unterstützung überschütten. Ich verstehe das Bedürfnis und den Wunsch danach, aber wie jedes Etikett spiegelt es selten den ganzen Menschen wider. Mehr noch: Wenn wir nicht aufpassen, können diese Etiketten uns daran hindern, mehr als nur das zu sein, was uns nun mal widerfahren ist.

Da du mein Buch gerade liest, bin ich überzeugt, dass in deinem Leben heftige Dinge passiert sind. Sei es, dass du aus einem missbräuchlichen Elternhaus kommst, in der Schule gemobbt wurdest, eine fürchterliche Trennung erlebt oder einen geliebten Menschen verloren hast – du hast wahrscheinlich schon einiges mitgemacht.

Dieses Kapitel will keinesfalls kleinreden, was geschehen ist. Ich spüre deinen Schmerz, und ich habe keinen Zweifel daran, dass du es vollkommen zu Recht schmerzhaft findest. Was ich jetzt will, ist, dass du einen Weg zu deinem nächsten Moment der Freude findest, dass du den Schmerz nicht verdrängst, aber dir die Erlaubnis gibst, dass du dich nicht häuslich darin einrichten musst.

Du bist nicht das, was dir zugestoßen ist.

Was dir zugestoßen ist, ist Teil der Geschichte, und wir können darin nach Lektionen suchen oder darüber nachdenken, was anders hätte sein können – aber wir können nicht die Vergangenheit verändern. Deine Vergangenheit erklärt vielleicht, warum du bestimmte Dinge in deiner Gegenwart schwierig findest, aber wenn du dich ständig darauf zurückbeziehst, kommst du nicht voran.

Als ich neulich mit einer Klientin arbeitete, erzählte sie mir die Geschichte einer gewalttätigen Beziehung in ihrer Vergangenheit. Es war ein Höllentrip für sie – zutiefst beängstigend und traumatisch. In den letzten beiden Jahren hat sie daran gearbeitet, sicherer und glücklicher zu leben, doch der Schatten jener Zeit hüllt sie jeden Tag wie ein Umhang ein. Er zeigt sich in ihrem Misstrauen anderen gegenüber, in ihrer Angst, ihre Komfortzone und ihre Selbstzweifel hinter sich zu lassen.

Wegen dieser Nachwirkungen verspürt sie das Bedürfnis,

fast täglich an das zu denken, was passiert ist. Sie glaubt, dass es erklärt, warum sie sich so verhält, wie sie es tut, warum sie so viel Bestätigung braucht und mit viel Angst lebt. Sie sagt, dass es sich schrecklich anfühlt, die ganze Zeit darüber reden zu müssen, aber dass sie noch nicht weiß, wie sie ohne die alte Geschichte erklären soll, warum sie so ist.

Aber vielleicht ist das der Schlüssel. An einem bestimmten Punkt in deinem Leben warst du jemand, der diese Erfahrung noch nicht gemacht hatte, und jetzt hast du sie gemacht. Die Person, die wir vor dem Kackereignis waren, ist eine andere als die, die wir danach waren, und das bedeutet nicht, dass wir gebrochen sind oder der Mensch, der wir seither sind, weniger wert ist.

Ich habe meinen Mann Ross sehr geliebt, und der Schmerz über seinen Tod hat mich vollkommen verändert. Ich sehe die Welt jetzt durch eine andere Brille, und diejenigen, die mich in dieser neuen Phase meines Lebens treffen, werden eine andere Person kennenlernen als die, die Ross kannte. Damit meine ich natürlich nicht meinen Wesenskern, aber ich bin jetzt ein Mensch, der einen schmerzhaften Verlust hinnehmen musste, und habe mich deshalb verändert.

Könnten wir also unser Trauma oder unsere dunklen Zeiten als Momente des Übergangs neu definieren? Als Neuanfang in unserem Leben, bei dem wir etwas Neues über die Welt und darüber, wie wir auf sie reagieren, gelernt haben? Und jetzt kann die nächste Phase beginnen.

Dr. Steve Taylor hat in *Psychology Today* ein Paper veröffentlicht, das mit «The Transformational Effects of Bereavement» («Die transformatorische Wirkung von Verlust») überschrieben ist. Die Teilnehmer seiner Studie berichteten darüber, dass es wie eine Reise war, auf der sie nach einem Verlust neue Werte und Ziele fanden, authentischer und mitfühlender wurden und sich selbst gegenüber liebevoller. Einige hatten sogar das Gefühl, dass es wie eine Wiedergeburt war, so groß war die Wirkung des Verlusts.

Die Geschichten, die wir uns selbst über unsere Situation erzählen, sind die Realität, die wir erschaffen. Wir können beschließen, uns über Schmerz zu definieren, oder wir können unsere Art zu denken verändern und sogar eine bessere Ausgabe unserer selbst werden, mit einem ganzen Haufen mehr Mitgefühl *dank* unserer schmerzhaften Zeiten.

Ich bin bereit für meine Transformation ...

1 **Hör dir selbst zu, wie du über deine schwierigen Zeiten sprichst.** Wie hört sich deine Geschichte an, und gibt es eine Möglichkeit, sie so zu erzählen, dass es dir leichter fällt, sie auszusprechen und dann hinter dir zu lassen? Wenn ich die schmerzhafte Geschichte meines Verlusts mit jemandem teile, spreche ich auch von der Hoffnung, die ich fühle, und der Liebe, die mit Ross zu erleben ich das Glück hatte. Vielleicht willst du mit einem Therapeuten sprechen, um dir seine oder ihre Hilfe und Einsichten dazu zu holen, wie du dich deiner Geschichte annähern kannst. Ich bin eine große Verfechterin der Gesprächstherapie, denn einen Raum zu schaffen, in dem du dich jemandem außerhalb deines inneren Kreises mitteilst, kann dir die Augen öffnen und dich verwandeln.

2 **Zieh einen Schlussstrich unter die Krise.** Beschließe, dass es jetzt nur noch vorwärtsgeht. Du willst diese Wende vielleicht markieren: mit einer äußeren Veränderung (einem radikalen Haarschnitt), einem Umzug, einer eigenen Transformationszeremonie – irgendetwas, das es dir erlaubt, der Verwandlung nachzuspüren, bevor du in den nächsten Abschnitt deines Lebens eintrittst.

3 **Erinnere dich daran, dass du die gelernten Lektionen nicht verlernst**, wenn du dem Trauma nicht mehr so viel Platz in deinem Leben einräumst. Sie bleiben dir trotzdem. Aber du wirst dich körperlich leichter fühlen, wenn du den Schmerz nicht mehr überallhin mitschleppst.

4 **Entscheide, wer du sein willst.** Wenn du dich bisher mit einem Etikett identifiziert hast – was dir bis zu einem gewissen Punkt geholfen haben mag –, prüfe regelmäßig nach, ob dieses Etikett dich durch diesen Übergang trägt oder ob es dich an Ort und Stelle festhält. Du bist nicht deine Scheidung, dein Verlust oder dein Trauma – du bist ein vollständiges, wunderbares menschliches Wesen.

5 **Liste auf, was du bist** – jenseits dessen, was dich quält. Bist du eine gute Freundin? Ein fantastischer Tänzer? Kochst du ein umwerfendes Madras-Hühnchen-Curry oder begeisterst du die Leute mit deinem Talent, Servietten zu falten? Schreib alles auf und sieh, dass du mehr bist als nur dieser eine Teil deines Lebens.

《 *Du bist nicht das,*
was dir zugestoßen ist,
du bist so viel mehr. 》

17

MORGENRITUALE

«Mama, warum haben wir keinen Schwanz?» Das ist die Art Fragen, mit denen mich meine Kinder gern als Erstes am Morgen traktieren, obwohl ich gerade erst zu funktionieren beginne und die Äuglein öffne. Normalerweise zücke ich dann erst einmal das Handy, um zu checken, welche E-Mails oder Nachrichten ich dringend lesen muss, und gehe dann auf meine sozialen Kanäle, während ich gleichzeitig unseren fehlenden Schwanz oder Ähnliches zu erklären versuche.

An meinen besseren Tagen richtet meine Gewohnheit, durch die Neuigkeiten zu scrollen, keinen Schaden an – ich entdecke wahrscheinlich etwas Nettes wie ein Foto vom Baby einer Freundin, das mich zum Lächeln bringt. An einem schlechten Tag allerdings ist diese Morgenroutine ein riskantes Unterfangen. Wer weiß, was du zu sehen bekommst? Ist es dein Ex mit seiner neuen Flamme, eine deprimierende Nachrichtenstatistik oder das faule Mädel aus dem Büro, das schon zum zweiten Mal in 18 Monaten befördert wird (während du *wieder mal* übergangen wurdest)? Wenn du mit diesem zweiten Szenario wachgeküsst wirst, dann prophezeie ich dir, dass sich die nächsten Stunden und vielleicht sogar der ganze Tag viel happiger anfühlen werden, als es sonst der Fall gewesen wäre.

Ich weiß, dass wir alle unser Bestes geben, und will nicht, dass sich dieses Kapitel wie ein Vortrag anhört, in dem ich unrealistische Ratschläge für einen «Powermorgen» gebe, zu denen du nickst, sie einmal umsetzt und sie dann für alle Zeiten ignorierst. Ich kann auch nicht über Morgenroutinen schreiben und so tun, als würde ich es selbst immer perfekt hinbekommen – das wäre die totale Mogelpackung, und du würdest mir binnen eines Wimpernschlags auf die Schliche kommen.

Worüber ich aber reden will, ist, wie wir ein Morgenritual etablieren können, das etwas taugt. Ich werde dir einige Ideen vorstellen, und die Ratschläge am Ende des Kapitels helfen dir dann, sie so umzusetzen, wie es dir möglich ist.

Ich habe ein bisschen recherchiert, was die «erfolgreichen» Leute in der Welt mit ihrem Morgen anfangen. Anna Wintour, die Herausgeberin der amerikanischen *Vogue*, hat einmal gesagt, dass sie um fünf Uhr morgens aufsteht, um als Erstes Tennis zu spielen, während Wim «The Iceman» Hof, ein niederländischer Extremsportler und Motivationsredner, eiskalte Duschen am Morgen liebt.

Wenn dir das auch gut reinläuft, dann herzlichen Glückwunsch. Es hat unbestreitbare Vorteile, den Tag früh zu beginnen oder sich mit kaltem Wasser berieseln zu lassen. Ich habe einmal eine Woche lang morgens eiskalt geduscht, nachdem ich gelesen hatte, dass es das Immunsystem, die Aufmerksamkeit und die Widerstandskraft stärkt, und ich habe wirklich versucht, mich darauf einzulassen. Leider habe ich jede einzelne Sekunde davon gehasst und bin stundenlang nicht mehr warm geworden. Ich weiß, es lag daran, dass man schrittweise die eigene Toleranz für den Kaltwasserschock steigern muss, aber das ist eben einfach nichts für mich. Abgesehen davon hat eine reizende Dame auf einer meiner Veranstaltungen gesagt, sie wäre da ganz bei mir, habe aber auf den Frischekick am Morgen nicht verzichten wollen, daher dusche sie immer normal und schließe mit einem eiskalten Schauer ab. Das tue ich jetzt auch, und es fühlt sich wie die vernünftige goldene Mitte an.

Was ich damit sagen will: Es gibt immer Wege, wie wir ein Gleichgewicht zwischen «extremen» Morgenprogrammen, von denen wir gehört haben, und totaler Zeitverschwendung finden, indem wir das Internet leersurfen, herumtrödeln und dann in einen bescheuerten Tag trudeln. Wir müssen nur ein bisschen ausprobieren, was für uns funktioniert.

Schauen wir uns also ein paar populäre Praktiken an, die angeblich einen optimalen Start in den Tag versprechen.

Mache dir deine Absichten für den kommenden Tag bewusst. Worauf willst du dich konzentrieren? Das könnte etwas sein, das du erledigen musst, oder ein Gefühl, das du erzeugen willst. Letzte Woche war ich sehr «beschäftigt» und hatte viele Deadlines (echte und selbst auferlegte), und ich fühlte mich die meiste Zeit über hektisch und angespannt. Diese Woche nehme ich mir vor zu entschleunigen, mir immer nur eine Aufgabe zurzeit vorzunehmen und achtsamer zu sein. Deine Absicht ist etwas sehr Persönliches. Indem du sie dir bewusst machst, weißt du, wohin du an diesem Tag zu kommen versuchst.

Meditiere. Meditation wird oft als «Morgenritual» empfohlen, denn sie gibt dir die Möglichkeit, dich auf dich selbst und darauf einzustimmen, wo du gerade stehst. Beim Meditieren können wir uns auf den Tag konzentrieren, der vor uns liegt, und fühlen uns nicht zum nächsten Job, zur nächsten Tätigkeit gedrängt. Und da ich dir jeden Druck nehmen will: Wenn Meditation für dich im Moment noch «eine Nummer zu groß» ist, beginne mit zehn tiefen Atemzügen und einer kleinen «Selbstbefragung» («Hi Holly, wie geht's dir heute so?»).

Trinke «etwas». Instagram mag dir vielleicht vorschlagen, den perfekten grünen Smoothie oder etwas Zitronenwasser zusammenzurühren, aber ich bitte dich nur, «etwas» zu trinken. Nimm ausreichend Flüssigkeit und Nahrung zu dir, um deinen Körper mit Energie aufzutanken, und beginne deinen Tag. Wenn du dir dieses grüne Getränk und heißes Wasser mit Zitrone machen kannst, wunderbar – aber glaube nicht, dass dein Morgen verpfuscht ist, wenn es nicht so ist.

Treibe Sport. Versuche, deinen Körper zu bewegen, sei es nun mit einer Einheit Gewichtheben im Fitnessstudio, einer Runde Walking oder Jogging im Park oder mit einem Tanz in Unterwäsche rund um den Frühstückstisch. Wenn du keine Zeit hast, gleich morgens Sport zu treiben, vielleicht, weil du Kinder hast, die du für Kindergarten und Schule fertig machen musst, dann strecke dich wenigstens, mache ein paar Kniebeugen und sei deinem Körper dankbar dafür, dass er in der Lage ist, dir durch den Tag zu helfen.

Werde dankbar. Ja, es geht schon wieder um Dankbarkeit, aber es ist auch ein leicht errungener Sieg am Morgen. Geh im Geiste durch, wofür du dankbar bist, um dein Gehirn zu fokussieren. Das kannst du schon beim Aufwachen tun oder beim Morgenkaffee – in jedem Fall ist es ein wunderbarer Start in den Tag, Dankbarkeit zu üben. Zum Thema weiterlesen kannst du unter «Dankbarkeit wendet das Blatt» ab S. 79.

Es gibt diverse beliebte Methoden, wie viele Leute ihren Tag beginnen, aber das eine perfekte Morgenritual gibt es nicht, denn wir alle sind verschieden. Wenn du eine Routine entwickelst, die für dich funktioniert, anstatt dich widerstrebend durch den Morgen zu quälen, wird sich das definitiv positiv auf dein «Glückslevel» auswirken.

Ich möchte mein eigenes Morgenritual erschaffen – aber wie geht das?

1 **Denk darüber nach.** Prüfe die Ideen, über die wir eben gesprochen haben, sowie die, die dir selbst einfallen. Spiele herum, um herauszufinden, was sich für dich gut anfühlt, experimentiere und werde kreativ. Wenn sich dabei etwas nicht richtig anfühlt oder bei dir nicht funktioniert, dann scheue nicht davor zurück, es auszusortieren und etwas anderes zu probieren.

2 **Mach es dir leicht.** Eine «langweilige» Routine kann dein Leben leichter machen. Das bedeutet, dasselbe jeden Tag in derselben Reihenfolge zu tun, dir selbst eine Art «Uniform» zuzulegen (wenn du nicht schon sowieso eine trägst) und das immer gleiche Frühstück zu essen. Je weniger Entscheidungen unser Gehirn am Morgen treffen muss, desto produktiver können wir sein. Wenn du vorhast, Sport zu machen, dann sorge dafür, dass du einen Alarm gesetzt und eine Betreuung für deine Kinder organisiert hast, falls du dafür das Haus verlässt, und leg deine Sportsachen bereit. Außerdem geh zeitig zu Bett! Weitere Anregungen bekommst du unter «Gute-Nacht-Rituale» ab S. 315.

3 **Leg eine «Weglassliste» an.** Schreib dir die Dinge auf, bei denen du dich nicht gut fühlst, die du bei deinem Morgenritual weglassen willst. Darauf könnte stehen: Beschäftigung mit deinen sozialen Kanälen erst ab einer bestimmten Zeit, Zwiesprache mit deinem negativen Ich nur, wenn du vollkommen wach bist, oder die Lektüre von Arbeitskorrespondenz erst während der Arbeitszeit.

4 **Nichts ist in Stein gemeißelt.** Denk daran: Es ist in Ordnung, wenn du im Laufe der Zeit deine Ideen anpasst, veränderst oder optimierst. Es ist auch in Ordnung, wenn das eine oder andere Morgenritual danebengeht und du dich dabei ertappst, wie du alles von deiner «Weglassliste» abarbeitest. Es kann nie darum gehen, hart zu sich selbst zu sein, wenn du dir eigentlich eine Freundlichkeit erweisen möchtest.

«Dein Morgen ist deine Chance zu bestimmen, wie deiner Meinung nach dein Tag aussehen sollte.»

#18

ES GEHT NICHT IMMER UM DICH

Ein verzogenes Gör können wir alle uns lebhaft vorstellen: ein Kind im Supermarkt zum Beispiel, das mit den Füßen stampft und glaubt, dass sich die Welt nur um es dreht. Aber die Wahrheit ist, dass wir alle zuweilen dieses Verhalten mehr oder weniger offensichtlich an den Tag legen.

Vielleicht denkst du, dass die Leute hinter deinem Rücken über dich reden? Oder du schreckst davor zurück, etwas zu tun, weil du Angst hast, deshalb abgewertet zu werden? Oder rutschst du manchmal in die Opferrolle und denkst, dass du immer mehr Pech als andere Leute hast?

Das will ich gar nicht beurteilen. Das hier ist eine urteilsfreie Zone. Aber wenn du mir sagst, dass du solche Gedanken nicht kennst, werde ich «Schwachsinn!» rufen, denn wir alle fordern immer wieder Aufmerksamkeit und verstricken uns in unserer eigenen Geschichte.

Wir sind manchmal wirklich lustige kleine Kreaturen – häufig glauben wir, dass unsere Widrigkeiten und Fährnisse schlimmer sind als die der Menschen um uns herum. Daraus spricht unser Ego. Wenn wir uns egozentrisch verhalten, stellen wir uns selbst und unseren Blick auf die Welt in den Mittelpunkt. Es gibt viele verschiedene, aber doch ähnliche Definitionen dessen, was wir mit «Ego» meinen, aber in diesem Buch kannst du davon ausgehen, dass ich damit die Beschäftigung mit uns selbst und unserer eigenen Wichtigkeit meine.

In mancherlei Hinsicht können wir nichts dagegen tun, denn wir sind nur in der Lage, aus unserem eigenen Blickwinkel heraus auf die Welt zu sehen. Aber mit etwas Übung können wir hoffentlich erkennen, dass wir Teil eines viel größeren Ökosystems sind. Dass unser Verhalten Auswirkungen auf eine riesige Gemeinschaft hat und unsere Erfahrungen nicht wichtiger als die aller anderen sind.

Aber warum ist dein Ego so wenig hilfreich?

Dein Ego erwartet eine ganze Menge von allem und jedem um dich herum, und diese Erwartungen sind oft sehr unrealistisch. Das Ego erwacht, wenn du einem Freund eine Nachricht schickst, die einen ganzen Tag lang ungelesen bleibt. Das Ego wird sich sehr darüber ärgern, weil es annimmt, dass der Freund dich ignoriert, dich entfreundet hat oder dich überhaupt nicht leiden kann!

Dein Ego wird außerhalb deiner selbst nach Glück suchen – bei Menschen, bei gesellschaftlichem Status, bei Dingen –, und wenn es sich nicht einstellt, wird das Ego sich selbst herzlich leidtun und ziemlich grantig sein.

Dein Ego verzerrt deinen Blick auf dich selbst und deine aktuelle Realität, was bedeuten kann, dass du deine Fähigkeiten überschätzt und zu der Auffassung gelangst, dass du eigentlich gar nicht so hart arbeiten musst, um deine Ziele zu erreichen.

Wenn etwas Trauriges in deiner Welt passiert, wird dein Ego darauf pochen, dass der Rest der Welt auf der Stelle alles stehen und liegen lässt, um zu dir gerannt zu kommen – egal, was im Leben der anderen gerade vorgeht.

Dein Ego liebt Lob und Anerkennung und wird, wenn man es nicht bremst, anfangen, es einzufordern. Seiner Meinung nach ist es sehr schwer, glücklich zu werden, wenn es das nicht bekommt.

Mal ehrlich (ich bin wahrscheinlich ziemlich schonungslos in diesem Kapitel, aber du sollst wissen, dass es als liebevoller «Schlag auf die Zwölf» gemeint ist und dich keinesfalls abwerten oder runterziehen soll, denn wir alle lernen ja noch): Du bist nicht der einzige Mensch, der «das» erlebt. Was auch immer «es» ist, jemand anders hat «es» schon vor dir durchgemacht, jemand anders macht «es» gerade durch, und jemand anders wird «es» in Zukunft durchmachen.

Das Gefühl der Ungerechtigkeit, die du erlebst hast, ist gerechtfertigt, und du darfst durchaus entsprechend darauf reagieren: Weine, werde zornig, verändere etwas, unternimm etwas – alles, was zu tun du dich genötigt fühlst. Ungerechtigkeit ist eben das wahre Leben und nichts, das nur du abkriegst. Ungerechtigkeit ist auch nicht gleich verteilt: Manche Leute scheinen noch mehr als ihren «gerechten» Teil Unglück abzukriegen.

Es wird immer Menschen geben, die in ein reiches Elternhaus hineingeboren werden, schön und gesund sind, eine Familie haben, die sie unterstützt, und von Erfolg zu Erfolg eilen.

Na und?

Ihre Wahrheit hat nichts mit deiner Wahrheit zu tun. Ein anderer Mensch, der nicht die Härten des Lebens erfährt, hat nichts mit dir und deiner Reise zu tun, hauptsächlich weil du nichts daran ändern kannst. Diese Tatsache annehmen zu lernen, ist der erste Schritt auf dem Weg zur Freiheit.

Wir bürden uns selbst eine Menge Druck auf, um im Leben «erfolgreich» zu sein, und wenn wir glauben, dass sich alles um uns dreht, erhöhen wir den Druck noch einmal. Wenn sich die Welt um dich dreht wie um Jim Carreys Filmfigur in *Die Truman Show*, sind aller Augen darauf gerichtet, was du tust und lässt. Der Scheinwerfer strahlt dich grell an, und jede Bewegung, die du machst, wird von anderen beäugt. Auch eine selbstbewusste Person würde sich damit unwohl fühlen.

Versuch es einmal andersrum zu sehen: Richtest *du* dein Augenmerk auf jeden um dich herum? Sezierst du die Gespräche mit anderen und grübelst nach einer versteckten Bedeutung oder spielst im Geiste immer wieder ihr Verhalten durch, um etwas daran auszusetzen zu finden? Ich bezweifle es sehr. Unser zwanghafter Glaube, der Mittelpunkt von allem zu sein, ist Unsinn und kann unsere Beziehungen negativ beeinflussen.

Wie du dein Ego in Schach hältst

1 **Richte den Scheinwerfer nach außen.** Wenn wir uns vorstellen, dass die Welt jede einzelne unserer Bewegungen verfolgt und wir die Hauptfigur im Leben aller anderen sind, kann uns das die Unerschrockenheit nehmen, uns Angst vor Misserfolgen einflößen und verhindern, dass wir ein Leben schaffen, das wir lieben. Wenn wir den Scheinwerfer auf andere richten, können wir uns darauf konzentrieren, jemandem von Nutzen zu sein, zu schauen, ob es den anderen gut geht. Mehr noch: Es kann uns helfen zu überlegen, wie wir auf die Welt einwirken können, und unser Selbstbewusstsein stärken, indem wir das tun.

2 **Frage andere nach ihrer Passion.** Bitte sie, dir Fotos zu zeigen, die ihre Augen zum Leuchten bringen (ein Hundehalter, auf seinen kleinen Liebling angesprochen, wird sich glücklich preisen, stundenlang von ihm zu schwärmen). Es ist wunderbar, jemanden über das sprechen zu lassen, was ihm ein gutes Gefühl gibt, sein Lieblingsthema, und es ist eine großartige Lektion in Mitgefühl und Bescheidenheit. Nimm dir heute Zeit, mit jemandem in Verbindung zu treten und ihn zum Reden zu bringen.

3 **Mach eine Fantasiereise.** Schließ die Augen und stell dir die Weltkarte vor. Lass deinen Geist wandern, in jeden Kontinent hineinzoomen, vielleicht auch in einzelne Länder oder Städte. Versuch, dir verschiedene Gemeinschaften, verschiedene Familien vorzustellen, und wie ihre Bedürfnisse, Kämpfe, Wünsche und Begehrlichkeiten aussehen mögen. Nimm die Ähnlichkeiten zwischen deinem und ihrem Leben wahr und die Tatsache, dass jeder nur seinen Platz zu finden versucht. Während du deine imaginierte Reise fortsetzt, versuch zu sehen, wie unwichtig deine eigenen «Herausforderungen» im Vergleich sind und wie konzentriert die anderen auf ihre eigene Welt sind. Dann zoomst du wieder heraus, sodass du wieder die ganze Weltkarte vor dir hast. Erinnere dich dabei daran, dass du ein wichtiger Teil des großen Ganzen bist und dass jeder seine Rolle zu spielen hat. Tu das, immer wenn du spürst, dass dein Ego laut wird, und denk daran: *Es geht nicht immer um dich.*

« *Es wird immer jemanden geben, der hübscher, reicher und gesünder ist als du, aber was soll's? Bleib bei dir und richte deine Aufmerksamkeit auf deine nächsten Schritte.* »

#19

NEGATIVE MENSCHEN: WAS IST IHR PROBLEM?

In den Workshops, die ich gebe, frage ich die Teilnehmer oft: «Wie viele Leute hier haben jemand Negatives in ihrem Leben?» Und jede Hand schießt wie eine Rakete nach oben, während die Energie im Raum sich verdunkelt (und sich dann wieder in Lachen auflöst, wenn jeder erkennt, wie ähnlich wir alle uns sind). Ich stelle mir vor, dass dir – während du das hier liest – mit Leichtigkeit ein oder zwei Leute einfallen, in deren Gegenwart du dich nicht wohlfühlst. Tatsächlich verspannt sich dein ganzer Körper schon beim Gedanken an sie, und du würdest dieses Buch am liebsten gegen die Wand werfen (atme lieber erst einmal tief durch und lies dann weiter).

Überall, wo es um Selbstentfaltung geht, herrscht der Konsens: «Umgib dich einfach nicht mit negativen Leuten.» Das wäre schön, ist aber unrealistisch. Traurigerweise sind Menschen, die uns zur Weißglut bringen, auch Menschen, die wir lieben oder in deren Nähe wir uns aufhalten *müssen*. Es ist oft einfach keine Option, ihnen aus dem Weg zu gehen, um seinen Frieden zu haben. Menschen, die (in welcher Hinsicht auch immer) negativ sind, bleiben uns, und wir müssen lernen, mit ihnen umzugehen, damit wir nicht den Verstand verlieren.

Bevor wir tiefer in die Materie vordringen, möchte ich, dass wir uns zwei wichtige Dinge anschauen und verinnerlichen:

1. Jeder gibt sein Bestes (selbst wenn dieses «Beste» nicht das ist, was wir von ihm brauchen oder wollen).
2. Du kannst nicht das Verhalten aller anderen ändern – du kannst nur dein eigenes Verhalten ändern.

Aber seien wir ehrlich: Diese beiden Aussagen sind ein bisschen unerfreulich, denn es ist viel leichter zu denken, dass die negative Person ein Idiot und ein schlechter Mensch ist und uns absichtlich das Leben schwer macht. Es ist ebenfalls frustrierend zu erfahren, dass man keinen speziellen Ninjatrick lernen kann, um andere zu kontrollieren und dafür zu sorgen, dass sie sich so verhalten, wie man es gern hätte.

Wenn uns das Verhalten der Leute nicht gefällt, stürzen wir uns geradezu auf alles, was schlecht an ihnen ist – es ist so leicht, Leute als «gut» oder «schlecht» zu kategorisieren. Aber wir sind nicht entweder das eine oder das andere – wir alle legen gute und schlechte Verhaltensweisen an den Tag, und das zu verstehen, kann tatsächlich vielen unserer täglichen Irritationen den Stachel nehmen.

Ich gebe dir ein wunderbares Beispiel, von dem mir eine buddhistische Meditationslehrerin einmal erzählt hat. Diese Lehrerin arbeitete jeden Tag mit einer Frau, die sie in den Wahnsinn trieb, weil sie schwierig und unausstehlich war und es keine Freude machte, mit ihr zusammen zu sein. Der Meditationslehrerin begann sogar vor den gemeinsamen Unterrichtsstunden zu grauen. Es wurde so schlimm, dass sie ihre Aufmerksamkeit auf jede Schwäche richtete, die die Frau besaß, und ihre hässlichen Schuhe wurden zum Symbol ihrer inneren Hässlichkeit.

Da die Lehrerin aber Buddhistin war, wusste sie, dass die Arbeit in ihr selbst stattfinden musste, daher beschloss sie, ihre Einstellung zu ändern und dieser Frau von nun an Komplimente zu machen. Am nächsten Tag lobte sie die Schuhe der Dame und sagte ihr, sie stünden ihr ausgezeichnet. Binnen eines Augenblicks veränderte sich die negative Schülerin – ihr Gesicht hellte sich auf, sie lächelte und erzählte ihrer Lehrerin, dass sie die Schuhe in einem Urlaub mit ihrer kürzlich verstorbenen Mutter gekauft habe – und obwohl sie etwas abgetragen seien, würden sie sie trösten und seien mit so schönen Erinnerungen verknüpft.

An diesem Tag erkannte die buddhistische Lehrerin, dass jeder mehr als nur eine Seite hat. Wir sind nicht schwarz oder weiß, und jeder muss mit Dingen fertigwerden, von denen wir anderen keine Ahnung haben. Die Lehrerin und ihre Schülerin wurden nie beste Freundinnen, aber die Begegnung auf Augenhöhe half der Lehrerin, mit den irritierenden Anteilen ihres Gegenübers umzugehen.

Lass uns jetzt meine «toxische Aufstellung» negativer Typen betrachten und eine Runde «Toxische-Leute-Bingo» spielen. Hast du auch solche Exemplare in deinem Leben? Später werden wir noch herausfinden, wie wir mit ihnen umgehen sollen.

- **Der Bulldozer.** Er ist auf der emotionalen Ebene nicht verfügbar, schroff, hat ein dickes Fell und die Einstellung, dass das Glas immer halbleer und ihm alles egal ist. Er nimmt sich selbst ziemlich wichtig, ist arrogant und gibt seine Habachtstellung nur selten auf, für den Fall, dass die Leute das dann ausnutzen könnten. Er tut nur, was ihm Nutzen bringt, und man kommt ihm nie wirklich nah.

- **Die Dramaqueen.** Abwertend, neidisch, kritisch und theatralisch, wie dieser Typ ist, klatscht und tratscht er sich über andere durchs Leben und macht immer ein «Drama» aus seinem eigenen Dasein. Wenn es gerade nichts über ihn selbst zu berichten gibt, kannst du darauf wetten, dass er dich beim Brunchen mit der jüngsten Story über ein Missgeschick von jemand anderem unterhält.

- **Das Opfer.** Nichts in seinem Leben geht gut (zumindest wird das von ihm so wahrgenommen), und die gemeinsame Zeit, die ihr miteinander habt, besteht daraus, dass dieser Typ

Mensch ständig «mit dir reden» und bei dir abladen muss, weshalb er sich ungerecht behandelt fühlt.

- **Der Diktator.** Er ist ein Kontrollfreak, herrisch, dominant und manipulativ sowie extrem kritisch anderen gegenüber. Außerdem denkt er, dass die anderen die Dinge niemals so tun, wie er sie tun würde, und sie alle Dummköpfe sind. Der Diktator ist energisch und brüllt andere nieder, ohne sich darum zu scheren, wie sie sich dabei wohl fühlen mögen. Solange er am Ruder ist und alles auf seine Art gemacht wird, spielt nichts anderes eine Rolle.

Wie zum Kuckuck sollen wir mit negativen Menschen umgehen?

1 Ziehe Grenzen. Du magst ihr Verhalten nicht ändern können, aber du kannst bestimmen, was akzeptabel und was nicht akzeptabel für dich ist. Hast du mit dir selbst genug zu tun und kannst wirklich nicht dasitzen und dem Klagemonolog des Opfers lauschen? Dann tu's nicht. Nicht in der Stimmung, dir den neuesten Tratsch der Dramaqueen anzuhören? Dann erkläre ruhig, dass du gerade übst, dich mehr auf positive Dinge zu konzentrieren, und lenke das Gespräch auf ein anderes Thema. Wenn Menschen deine Grenzen überschreiten und nicht damit aufhören wollen, dann sollst du wissen, dass du gehen darfst. Dein Leben, deine Regeln.

2 Überprüfe, ob sie dich irritieren, weil sie Züge an sich haben, die du auch selbst zu haben glaubst (oder dich zumindest sorgst, dass es so sein könnte). Manchmal sind solche Leute wie ein Spiegel, die uns unsere eigenen Defizite zeigen, und das ist verdammt noch mal ziemlich unerfreulich. Sollte das der Fall sein, wird es Zeit für deine eigene innere Arbeit.

3 **Denk daran: Sie halten sich selbst nicht für negativ,** weil jeder sein Bestes gibt, richtig? Außerdem: Jeder tut das, was er tut, aus dem Glauben heraus, das Richtige zu tun. Das bedeutet nicht, dass sein Verhalten korrekt ist, es bedeutet nur, dass er von seiner eigenen Angst, seinem eigenen Stress oder geringen Selbstwertgefühl aus agiert und bis hierher ein ganzes Leben gelebt hat, über das du nichts weißt. Er schlägt sich durchs Leben auf dem besten Weg, den er kennt – deshalb kannst du deinen Unmut über sein Verhalten schmälern, indem du diesem Menschen voll Empathie oder sogar Mitleid begegnest.

4 **Erkenne die Lektionen.** Was lehrt dich die Gesellschaft dieser Menschen? Widerstandskraft, Geduld – oder lässt es dich vielleicht deine eigenen Grenzen klarer ziehen und lernen, für dich selbst einzustehen?

5 **Nimm Abstand.** Manchmal müssen wir einfach davon Abstand nehmen, Zeit mit jenen zu verbringen, in deren Gesellschaft wir uns (aus welchem Grund auch immer) schlecht fühlen. Gib dir selbst die Erlaubnis, deine kritische Schulfreundin oder deinen herrschsüchtigen Bruder nur für kurze Zeit zu sehen oder wenn du emotional dazu in der Lage bist.

« *Jeder gibt sein Bestes, selbst wenn dieses ‹Beste› nicht das ist, was wir von ihm brauchen oder wollen.* »

#20

GEFAKTE
SOCIAL-MEDIA-LEBEN
DURCHSCHAUEN

Allein diese Woche war ich zweimal im Frühstücksradio der BBC und dreimal in Podcasts zu hören, wurde in zwei überregionalen Zeitungen zitiert und für einen Preis nominiert.

Ich hatte außerdem ein schreckliches Wochenende mit meinen beiden Töchtern: Sie waren traurig über den Tod ihres Vaters, wollten nicht schlafen gehen, dazu das ganz normale Kindergezänk. Ich habe geweint, weil ich überfordert und all dem nicht gewachsen bin, musste mich um kaputte Gerätschaften kümmern und habe meine Kinder in schmutzigen Jacken zur Schule geschickt. Beide Ausgaben meiner selbst entsprechen der Wahrheit, aber ohne das Wissen um Letztere würde Erstere dir vorgaukeln, mein Leben sei hochglanzpoliert, glamourös und perfekt.

Ich lernte die Heuchelei der Medien und ihre Vertuschung angeblicher «Unvollkommenheiten» kennen, als ich noch sehr jung war. Ich könnte zahllose Geschichten über Promifreunde erzählen, deren Onlinewelt himmelweit von ihrem wahren Leben entfernt war. Aber lass mich dir von meiner eigenen Erfahrung mit der ganzen Trickserei berichten ...

Mit etwa 19 Jahren (ganz genau erinnere ich mich nicht, wann das war) unterschrieb ich bei einer Plattenfirma einen

Vertrag als Sängerin; ich lebte noch immer in Newcastle upon Tyne bei meinen Eltern. Ich pendelte nach London und war im ganzen Königreich zu Aufnahmen, Auftritten und Interviews in TV, Zeitschriften und Radio unterwegs. Ich verbrachte die meiste Zeit im Zug, daher war ziemlich viel zu faken, als *Elle Girl* und *Top of the Pops* (damals zwei populäre Teeniemagazine) eine Homestory über mich machen wollten.

In der Woche vor meinem Interview mit der Journalistin bezahlte die Plattenfirma mir und einem Mitglied meines Musikmanagementteams den Aufenthalt in einer Wohnung irgendwo in London. Ich brachte Sachen von zu Hause mit – Bilder, Poster und anderes Zeug, das es aussehen lassen sollte, als würde ich dort wohnen. Dann bereitete ich mich auf die Interviews vor.

Ich wurde fotografiert, wie ich Blumen in Camden und CDs in einem Plattenladen kaufte (jep, das hat man damals noch gemacht) und auf eine «Vernissage» in einer Kunstgalerie ging. Alles sah sehr schick und glamourös aus. In Wirklichkeit hatte ich noch nie Blumen in Camden gekauft, und in der Kunstgalerie war niemand außer mir und dem Team, das mir für die Fotos ein Glas Sekt in die Hand drückte, um die Illusion perfekt zu machen.

Die extremen Anstrengungen, die Influencer*innen und überhaupt alle unternehmen, die in den sozialen Medien Klicks nachjagen, gehen weit über das hinaus, was die meisten von uns sich vorstellen können. Leute täuschen Reisen vor, machen Fotos in fremden Wohnungen (so gibt es in Manhattan ein Apartment, das man für 15 000 Dollar mieten kann, um dort zu shooten) oder heuern sogar «Freunde» an, damit sie mit ihnen auf echten oder inszenierten Events abhängen. Und all das nur, um Fotos aufzunehmen und bei ihren Followern FOMO zu wecken (*fear of missing out*, also die Angst, etwas zu verpassen) oder vielleicht ihrem Ex zu zeigen, dass es ihnen super geht.

Um diese Vorgänge zu enthüllen, verließ 2015 ein australischer Social-Media-Star, deren Instagram-Account über eine halbe Million Abonnenten hatte, die Plattform. Zuvor hatte sie alle Bildunterschriften ihrer ach so «fantastischen» Fotos geändert, um die Wahrheit hinter den Bildern zu entlarven. Sie sprach über die Ewigkeiten, die es gedauert hatte, um diesen «entspannten und überraschten» Blick einzufangen, über die Einsamkeit, das Hungern, die Bearbeitung mit Bildprogrammen. Der Druck, den diese junge Frau spürte, ist unglaublich traurig, und doch können wir alle in die Falle tappen, etwas besser aussehen lassen zu wollen, als es ist. Mehr Beispiele dazu findest du unter «Vergleiche» ab S. 232.

Auf Fotos immer happy aussehen zu müssen, belastet uns sehr. Eine meiner Klientinnen zeigte mir kürzlich vier verschiedene «glückliche» Fotos, die sie gepostet hatte. In Wahrheit war ihr nur auf einem davon wirklich so zumute gewesen, bei zweien war sie sogar zutiefst deprimiert. Sie hatte sie nicht aus Imagegründen oder um Aufmerksamkeit zu erregen hochgeladen – man hatte ihr nur beigebracht, dass wir uns, selbst wenn wir traurig sind, immer fröhlich präsentieren sollten.

Das ist doch wirklich Wahnsinn. Was macht es mit unserer fragilen geistigen Gesundheit, diese verlogene Welt der sozialen Medien zu betrachten und an ihr teilzuhaben? Wir bringen uns selbst bei, dass wir nicht genug sind und nicht genug haben, indem wir in dieser erweiterten Realität leben, in der die Leute aussehen, als wären sie soundso, aber eigentlich genau das Gegenteil davon sind oder zumindest anders. Selbst wenn wir etwas genießen, machen das permanente Fotografieren und die Vorstellung davon, wie ein Video davon in den sozialen Medien aussehen wird, viele von uns total verrückt.

Die Menschen fühlen sich ausgebrannt, weil sie ständig herauszufinden versuchen, was real ist und was nicht, und ich für mein Teil sehne mich nach ungeschöntem, authentischem und ehrlichem Content. Ich würde lieber hören: «Ich habe Jahre gebraucht, um dieses Unternehmen aufzubauen, und ohne Engagement, harte Arbeit und einen festen Willen wäre es nicht gegangen», als: «Verdiene eine Million in zwölf Monaten mit dieser Geheimformel, mit deren Hilfe ich vom Bankrott zum Lamborghini gekommen bin.»

Menschen brauchen echte Verbundenheit, und ein leeres, vorgetäuschtes Hochglanzleben hat nichts damit zu tun.

Wie kannst du dich schützen und dem verlogenen Selbstdarstellungsspiel verweigern?

1 **Nimm dir vor, mehr «echten» Content zu posten.** Das bedeutet: Benutze keine Fotofilter, bearbeite deine Bilder nicht und sprich auch über das, was man nicht auf den netten Fotos sieht, die du bei dieser oder jener wirklich aufregenden Tätigkeit irgendwo gemacht hast. So fühlt es sich an, in die Neunziger zurückzukehren, als wir nur eine einzige Chance hatten, dieses eine Foto zu schießen, und dann auf seine Entwicklung warten mussten – nur um anschließend zu entdecken, dass wir auf allen Fotos rote Augen hatten und unser Reißverschluss offen stand. Es war etwas Ehrlicheres an dieser Zeit, auch wenn ich nicht sagen will, dass sie besser oder schlechter war. Ich will einfach sichergehen, dass wir uns nicht in einem Weichzeichnerfilter verlieren.

2 **Stimme mit deinen Füßen ab.** Wenn du online Accounts folgst, die dieses Scheinleben propagieren, entfolge sie zugunsten von Accounts, die dir mehr bringen. Wenn wir als Kollektiv zusammenarbeiten, können wir vielleicht den Fokus verschieben. Ruft es hinaus: Wir wollen mehr Echtheit!

3 **Nimm dir Auszeiten.** Auszeiten von den sozialen Medien, um eine Pause einzulegen und über deine echte Welt nachzudenken, sind wichtig und erden dich. Wenn du das Gefühl hast, wie Alice im Wunderland in ein Kaninchenloch hinabzufallen, ist es Zeit, die Geräte abzustellen und wieder in Einklang mit dir selbst zu kommen. Triff dich im wahren Leben mit einem Freund, mach mit den Kindern einen Ausflug oder einen Urlaub, ohne Fotos davon in Social Media zu teilen. Ich weiß, dass das für viele von uns hart ist, aber es ist die Sache wert. Es ist etwas elementar Liebenswertes daran, einen Teil seiner Welt geheim und sicher für sich zu behalten.

4 **Denk daran: Du musst nicht die ganze Zeit über glücklich sein.** Fotos von dir zu posten, auf denen du so tust, als wärest du glücklich, werden nur dafür sorgen, dass es dir schlechter geht. Gib dir selbst Zeit, einfach nur zu «sein». Du brauchst das nicht: im Hamsterrad der ständigen Selbstdarstellung weiterzuhetzen.

《 Menschen brauchen echte Verbundenheit, und ein leeres, vorgetäuschtes Hochglanzleben hat nichts damit zu tun. 》

#21

SAG JEMANDEM, DASS ER SICH VERZIEHEN SOLL

Als du dieses Buch gekauft hast, hattest du vielleicht den Eindruck, du würdest hier ein paar friedliche Ratschläge bekommen, wie du mehr Ruhe und Glück in dein Leben bringen kannst. Vielleicht hast du dir unter dem Urheber eine mönchsähnliche Gestalt mit einem langen Bart vorgestellt, deren weitgereistem Geist Weisheiten entströmen. Was du kriegst, ist eine etwas vulgäre Frau, die weiß – obwohl sie in Bezug auf die Stille ganz bei dir ist –, dass man manchmal im Leben auf dicke Hose machen und jemandem die Meinung geigen muss.

Zornig zu sein oder wichtiger noch: diesen Zorn zu zeigen, kann ein Abgrund voller Peinlichkeiten sein, von dem sich viele von uns unbedingt fernhalten wollen und den sie verdrängen. Die meisten von uns spüren bei dieser oder jener Gelegenheit Wut in verschiedenen Schweregraden hochkochen, und doch verbergen wir sie oft und drücken sie weiter unter die Oberfläche, aus Angst, dass man uns, wenn wir sie ausdrücken, meiden wird.

Natürlich haben wir manchmal das Bedürfnis dazu. Als Erwachsene versuchen wir, jenen sensiblen Punkt zu finden, der es uns ermöglicht, direkt und klar zu kommunizieren, was wir zu akzeptieren bereit sind, während wir den Drang unterdrücken, wie ein Kleinkind mitten im Supermarkt auszurasten, weil die

Frau an der Kasse nicht aufhören will zu reden und wir sowieso schon zu spät dran sind für unsere Verabredung.

Das ist anstrengend und kann dazu führen, dass sich der Stress aufstaut. Stell dir einen riesigen Eimer vor. Jedes Mal, wenn du die Wut verdrängst, fällt ein weiterer Tropfen in den Eimer. Eine Zeit lang ist das in Ordnung – du wirst jenseits des Moments, in dem du wütend geworden bist, glücklich sein und weitermachen können. Am Ende aber, da jeder einzelne Tropfen in deinem «Wuteimer» landet, wird er überlaufen.

Der Auslöser wird oft nicht der sein, mit dem du gerechnet hast. Was dich ausflippen lässt, wird wahrscheinlich etwas ganz Harmloses sein: die spontane Bemerkung eines Kollegen, die gar nicht gut bei dir ankommt, jemand, der versehentlich seinen Drink über dein tolles neues Outfit schüttet, oder der Idiot, der dich in der Bahn zur Arbeit von der Seite anmacht. Etwas wird passieren, das die Hölle auf den Übeltäter loslassen und dir die Selbstbeherrschung rauben wird.

Das ist nicht die konstruktive Wut, die wir uns wünschen. Diese wüste Explosion wird nicht dazu führen, dass du hocherhobenen Hauptes davongehst, voller Stolz, weil du für dich eingestanden bist. Stattdessen wirst du dich schämen und peinlich berührt sein. Die gegenteilige Situation ist aber auch nicht gut: Wenn du fortwährend deinen Zorn zügelst und dich überhaupt nicht in der Lage fühlst, dich frei von der Leber zu äußern, könnte es damit enden, dass du ausgenutzt wirst.

Mein Fokus liegt darauf, das Gleichgewicht zwischen beidem zu finden. Du sollst wissen, dass du dich einerseits über die Niederungen des blinden Zorns erheben und deine Schlachten klug wählen kannst, andererseits aber auch imstande bist, deinen inneren Löwen anzuzapfen und dich zu behaupten, wenn die Situation es verlangt. Ich meine damit, deine Wut zu zeigen, ohne rot zu sehen und zu explodieren.

Wenn du von Natur aus eher klein beigibst, musst du lernen,

zu verhindern, dass die Leute deine Grenzen niederwalzen und dich herumschubsen. Du musst dafür nicht einmal eine andere Person werden. Ein ruhiges Selbstvertrauen und Stärke sind alles, was du brauchst; sie werden sehr viel effektiver dazu beitragen, das Ergebnis zu erzielen, das du dir wünschst, als laut und unausstehlich zu sein.

Eines Tages wirst du feststellen, dass jemand sich nicht fair verhalten hat – er hat etwas getan, das vollkommen inakzeptabel für dich ist, und kümmert sich einen feuchten Kehricht um deine Gefühle. Bei einer dieser Gelegenheiten wirst du dich hinstellen, dich in die Brust werfen und dieser Person sagen, sie möge sich verpissen, in Worten, die mehr oder auch weniger salonfähig sind. Wenn du dann davongehst, wirst du dich wie ein Champion fühlen und wissen, dass es das Selbstvertrauen enorm befeuert, für sich selbst einzustehen.

Als ich jünger war, wollte ich es den Leuten immer recht machen. Ich hasste die Vorstellung, dass ich jemandem auf die Füße treten könnte, und erlaubte den Leuten immer, mich zu schikanieren. Ich erinnere mich noch daran, wie ich mich an dem Tag fühlte, als ich meine Stimme fand. Ich drehte gerade einen kleinen Low-Budget-Film. Ich tat damit einem Freund einen Gefallen, und man sagte mir, dass man für meine Reisekosten und meine Verköstigung an diesem Tag aufkommen werde. Ich war schon eine bekannte Schauspielerin und brachte dem Film Aufmerksamkeit ein. Sie wussten das, und ich wusste es, obwohl ich nicht im Traum daran dachte, es auszuspielen. Und doch übernahm man nach dem Dreh meine Fahrtkosten nicht. Es waren etwa 60 Pfund. Ganz offenbar hatten sie ihr Budget schon ausgegeben und versuchten, aus der Nummer herauszukommen, meine Spesen übernehmen zu müssen. Mein altes Ich hätte nachgegeben, den Verlust heruntergeschluckt und meine Wut für mich behalten, aber da war ein neues Ich, und es beschloss, dass ich das nicht akzeptieren würde.

Mir war speiübel, als ich den Produzenten anrief. Alle Gründe, warum ich es einfach gut sein lassen sollte, schwirrten in meinem Kopf herum – aber ich wusste, dass ich bis in alle Ewigkeit diesen Mist akzeptieren würde, wenn ich das jetzt nicht tat.

Ich rief an (die Notizen vor mir, die ich mir für den Fall gemacht hatte, dass ich unsicher werden würde). Ich konzentrierte mich auf einen ruhigen Atem und sagte dem Produzenten, dass ich verärgert und sein Verhalten respektlos sei. Ich verlangte mein Geld und teilte ihm mit, dass ich bei der Schauspielergewerkschaft Beschwerde einreichen würde, wenn er den Vertrag nicht erfülle. Er bezahlte und entschuldigte sich wortreich. Die anderen Schauspieler wurden ebenfalls bezahlt, und ich war in Hochstimmung.

Im Leben gibt es immer wieder Zeiten, in denen du mit großer Geste einen Job hinter dir lassen, dich von einem Partner trennen, eine Freundschaft aufkündigen und deine Stimme erheben musst, um gehört zu werden. Tu all das sehr sparsam und bedacht, aber sei dir bewusst, dass du, wenn es nötig ist, deinen Mund aufmachen kannst und es nicht dulden wirst, herablassend mit dir reden zu lassen.

Wie du deine Meinung sagst und trotzdem freundlich bleibst

1 Bleib ruhig. Hol tief Luft, entspanne deine Schultern, sag, was du sagen musst, und lass das Ergebnis los. Erlaube niemandem, dich fix und fertig zu machen oder einzuschüchtern, erlaube dir nicht, dich in ein kleinliches Hin und Her aus kindischen Anschuldigungen hineinziehen zu lassen. Du entscheidest, wie das hier abläuft.

2 **Verwende Affirmationen.** Vor einer Konfrontation welcher Art auch immer kann das mantraartige Aufsagen eines der folgenden Sätze dir dabei helfen, in der Spur und ruhig zu bleiben. Wiederhole die Affirmation, die du dir aussuchst, mindestens fünfmal, während du tief atmest:

- «Ich bin ruhig und ganz bei mir.»
- «Ich sage klar, worum es mir geht.»
- «Meine Argumente sind stichhaltig.»
- «Ich verdiene es, angehört zu werden.»
- «Ich bleibe auch unter Druck ruhig.»

Mehr dazu siehe unter «Affirmationen» ab S. 130.

3 **Übung macht den Meister.** Übe schwierige Unterredungen, bevor du sie führst, auch solche, bei denen du vermutlich deine Stimme erheben und wütend werden wirst. Übe den Moment, in dem du jemandem sagst, dass er sich vom Acker machen oder zur Hölle fahren soll, und desensibilisiere dich selbst für diese Wörter und dafür, wie es sich anfühlt, sie auszusprechen.

4 **Denk daran, dass die betreffende Person sich vielleicht nicht einmal bewusst ist, dass sie dich verärgert hat** oder du eingeschüchtert bist oder dich ausgegrenzt oder angegriffen fühlst. Sie hat womöglich keine Ahnung, dass sie eine deiner Grenzen überschritten hat. Es ist deine Aufgabe, sie darüber zu unterrichten. Wenn das nächste Mal jemand sein Glück bei dir versucht, eröffne das Feuer und sag ihm mit unmissverständlichen Worten: «Bis hierher und nicht weiter!» Was als Nächstes passiert, wird sich zeigen, aber es gibt kein besseres Gefühl, als die eigene ehrliche, ungefilterte Wahrheit zu sagen.

« Mach dich groß, wirf dich in die Brust und wisse: Es gibt kein besseres Gefühl, als ehrlich und ungefiltert deine Meinung auszudrücken. »

#22

MEHR NATUR, WENIGER NETFLIX

Die WhatsApp-Gruppe piepst unentwegt vor sich hin, ich bekomme eine Textnachricht (leider nur von Domino's Pizza und nicht von einem meiner echten Freunde), die E-Mails laufen auf, und auf meinen sozialen Kanälen stapeln sich die Benachrichtigungen. Ich höre meine Kinder über FaceTime mit ihren Freunden reden, und ich sehe mir ein YouTube-Video an, während ich mir meinen Morgentee mache. Mein Tag ist erst ein paar Minuten alt, und schon herrscht so viel Lärm, dass ich mich kaum konzentrieren kann.

Ich liebe Technik, versteh mich nicht falsch, und ich bin die Erste, die Spaß daran hat, eine Serie auf Netflix «wegzugucken» und mich online mit Menschen zu verbinden. Aber wenn das Pendel zwischen Technik und Natur zu sehr Richtung Technik ausschlägt, dann weiß ich, dass ich das furchtbar finde.

Der Wissenschaft zufolge ist unser Gehirn nicht dazu gemacht, die ganze Zeit so hochfrequent stimuliert zu werden. Untermauert wird diese Hypothese durch die Tatsache, dass seit der «Geburt» des Internets Burn-outs und Überforderung rasant zugenommen haben.

Ich bin in Newcastle aufgewachsen, einer pulsierenden Stadt, und erinnere mich noch lebhaft an ein Gespräch mit meinem Vater. Er sah einmal wehmütig aus dem Fenster unseres Wohnzimmers und sagte: «Ich will mehr, als aus diesem Fenster nur wieder auf eine weitere Häuserfront zu schauen. Ich will Grün, Natur, etwas Echtes.»

Ich war 16, und alles, worauf ich mich freute, war, dass ich in einigen Jahren mit meinen Freunden zusammen würde ausgehen können. Ich sah meinen Dad an, als wäre er ein Alien, und schüttelte seine Bemerkung als die eines «alten Mannes» ab (erschreckenderweise war mein Vater damals nicht weit von meinem jetzigen Alter entfernt).

Heute verstehe ich vollkommen, warum er sich von der freien Natur so angezogen fühlte, und ich teile dasselbe Verlangen mit meinen Töchtern, wenn ich sie von ihren iPads wegzerre und im Park einen Baum umarmen lasse (und ja, darauf bestehe ich buchstäblich, so eine Mama bin ich).

Wir sind Teil der Natur.

Frische Luft, grüne Bäume und die Seebrise tun etwas mit unserer Psyche und schenken uns neue Energie auf eine Art, wie es der Kauf von iPhone-Ladegeräten auf Amazon nicht kann (ernsthaft, wohin verschwinden all die Ladegeräte in meinem Haus?). Ob du nun eine Stadtpflanze oder ein Mädel vom Land bist, wir alle brauchen mehr Grün und weniger Bildschirm. Und wenn du noch Zweifel haben solltest: Abgesehen von unseren eigenen anekdotischen Erfahrungen damit, wie belebend es ist, zwischendurch «frische Luft zu schnappen», gibt es auch naturwissenschaftliche Studien, die stützen, was wir instinktiv selbst wissen.

Bei einer japanischen Studie zum Beispiel wurden die Teilnehmenden aufgefordert, im zubetonierten städtischen Umfeld oder in üppigen grünen Wäldern spazieren zu gehen; es zeigte sich, dass sich bei den Waldgängern im Vergleich zu den Stadtspazierern eine signifikante Senkung der Herzfrequenz und des Blutdrucks einstellte. Tatsächlich verringern sich die Stressparameter schon nach 20-minütigem Aufenthalt im Grünen –

draußen unterwegs zu sein, kann unseren Fokus verschieben helfen, uns kreativer und vitaler machen. Alles in allem kommt die Forschung zu dem Schluss, dass der Aufenthalt in der Natur eine wertvolle Methode ist, uns ein wenig glückseliger im Herzen und im Kopf werden zu lassen.

Du fragst dich jetzt vielleicht, ob mein Dad je seinen Traum von weniger Beton und mehr Hügeln leben konnte. Ich freue mich, berichten zu können, dass das tatsächlich der Fall ist. Er lebt jetzt an einem Ort, an dem er von Mutter Natur umgeben ist und sich wie ein Kind darüber freut.

Führe mich in den Garten, ich will glücklich sein!

1 **Lausche den Geräuschen der Natur.** Es gibt online jede Menge Playlists, die dich im Handumdrehen akustisch an einen Strand oder in einen Regenwald versetzen. Was den Einfluss auf unsere mentale Gesundheit betrifft, so haben Studien gezeigt, dass es unsere Kampf-oder-Flucht-Reaktion abfedern und unser Nervensystem beruhigen hilft, wenn wir diesen «berauschenden» natürlichen Geräuschen lauschen. Dreh also die Gewitter oder plätschernden Wasserfälle auf und aale dich in deinem ganz privaten tropischen Paradies.

2 **Zeichne.** Sammle auf dem nächsten Spaziergang Blätter, Eicheln, Zweige oder Steine, nimm sie mit nach Hause und zeichne sie ab. Die Natur künstlerisch nachzuempfinden, ist wie eine kleine Therapie und sollte nicht nur ein Zeitvertreib für Kinder sein (obwohl auch sie es lieben werden). Außerdem musst du keineswegs wirklich gut darin sein, um etwas davon zu haben: Es geht um deinen Fokus und um die Freude daran und nicht darum, der nächste große Naturkünstler zu sein.

3 **Werde zum Touristen.** Wahrscheinlich gibt es dort, wo du lebst, viele Orte, die du noch erkunden musst. Es ist leicht, irgendwohin zu reisen, wenn wir Trost und Ruhe suchen, doch wunderbare Plätze gibt es auch zu Hause. Zieh dir die Trekkingschuhe an und geh dieses unentdeckte Juwel direkt vor deiner Nase suchen. Vielleicht nimmst du dir auch ein kleines Picknick mit ...

4 **Genieße den Sonnenuntergang.** Sonnenuntergänge sind vielleicht mein absolutes Lieblingsding. Da bin ich eigen, die Färbung und Weite des Himmels machen mich einfach sofort glücklich. Ich sehe einen Sonnenuntergang als Geschenk des Universums an mich (und ich weiß, dass ich damit in der Hippieschublade lande, aber genauso enthusiastisch reagiere ich eben, wenn mir ein Sonnenuntergang in die Quere kommt). Finde heraus, wann die Sonne bei dir untergeht, und begib dich an einen nahen Ort in der Natur, um zuzusehen, wie der Tag zur Nacht wird (ich verspreche dir, dass es das wert ist).

5 **Veranstalte eine Schnitzeljagd.** Es gibt tonnenweise vorgefertigte Schnitzeljagden im Internet, dabei muss es gar nicht einmal allzu ausgefeilt werden. Schreib dir zwanzig Dinge auf, die man draußen in der Natur entdecken kann, und dann geh raus und such sie. Es macht achtsam und ist schön, wirklich bei jedem Schritt in der Natur genau hinzusehen, und es macht großen Spaß, dieses spielerische Element in einen Spaziergang einzubauen.

« *Wir sind selbst Natur,*
also geh raus und verbinde dich
wieder mit dir selbst. »

#23

AFFIRMATIONEN

Wenn du in der Welt der Persönlichkeitsentwicklung das Wort «Affirmation» fallen lässt, kann es auf zweierlei Art verstanden werden. Die erste: «Ich habe keine Ahnung, wovon du redest, Holly.» Bei der zweiten stellt sich der Zuhörer vor, wie ich auftauche, in weißes Leinen gehüllt und bedeckt mit «bedeutsamen» Tätowierungen aus Bali, und über meine «weiblichen Kräfte» rede.

Lass mich dir daher erklären, was Affirmationen wirklich sind, und dabei ein paar Missverständnisse und Klischees aus dem Weg räumen.

Affirmationen (oder Mantras, wie man sie auch nennen könnte) sind positiv formulierte Sätze in der Gegenwartsform. Sie sollen dein Gehirn darauf polen, sich auf bestimmte Bereiche deines Lebens zu konzentrieren und negative Gedanken infrage zu stellen. Wenn du zum Beispiel einen neuen Job suchst, könntest du dir sagen: «Ich sehe überall Möglichkeiten.» Oder wenn ich in Eile bin und meine Töchter sich Unmengen von Zeit lassen, könnte ich sagen: «Ich habe Zeit dafür», damit ich nicht ausflippe. Die Aufgabe einer Affirmation ist es, deinem Gehirn die Dinge zu bestätigen, die du gern verwirklicht sehen würdest, es für die Möglichkeit zu öffnen, sie Wirklichkeit werden zu lassen, und am Ende dich selbst dahingehend zu ermutigen, etwas dafür zu unternehmen, dass sie Wirklichkeit werden können.

Affirmationen sind kein hochtrabender Schnickschnak, und ehrlich gesagt, ist das einer der Gründe, warum ich sie so gern benutze. Sie versprechen einen leichten Sieg und sind etwas, das jedermann anwenden kann. Du kannst sie laut aussprechen oder niederschreiben; wie auch immer, der Schlüssel ist die Wiederholung.

Und doch sind Affirmationen umstritten, weil manche Leute sie einfach falsch benutzen. Wenn jemand zum Beispiel in seinem Bett liegt und ruft: «Das Geld kommt ganz ohne Arbeit zu mir», und dann passiert nichts, dann ist das Ende vom Lied vielleicht, dass dieser Jemand frustriert grübelt, warum er noch kein Millionär ist. So funktionieren Affirmationen aber nun mal nicht.

Sie sind keine Magie, kein Hokuspokus oder Wunschdenken. Affirmationen können nur ihr Werk tun, wenn du dein Unterbewusstsein mit einbringst (wenn du also den Glaubenssatz wirklich verinnerlichst) und dich ermunterst, etwas zu unternehmen, um das gewünschte Ziel zu erreichen. Wenn in unserem Beispiel die betreffende Person ruft: «Das Geld kommt ganz ohne Arbeit zu mir», unterbewusst aber glaubt, dass Geld wirklich schwer zu verdienen ist, wird die Kluft zwischen dem alten unterbewussten Glaubenssatz und der Affirmation zu groß sein, um sie überbrücken zu können. Die Person wird nichts unternehmen, um die Affirmation Wirklichkeit werden zu lassen, und deshalb wird sie auch kein Geld verdienen.

Oft musst du dich erst anstrengen, um eine Affirmation zu glauben; der beste Weg dorthin ist, deine Affirmationen so zu formulieren, dass sie nach einem Übergang oder einem Weg zu etwas Besserem klingen. So wird dein Unterbewusstsein keinen kindischen Wutanfall kriegen und deine Bemühungen nicht sabotieren. Hier kommt ein Beispiel aus meinem Leben, um zu erklären, was ich meine.

Da ich sozusagen im Fernsehen aufgewachsen bin und Visagisten hatte, die mein Teenagergesicht «zurechtschminkten», ist es kein Wunder, dass ich eine Körperschemastörung entwickelte. Ich sage das so leichthin, aber damals dachte ich, mein Gesicht und meinen Körper hinter tonnenweise Bräunungscreme und Make-up zu verstecken, sei Teil einer Rebellion.

Wenn mir in dieser Phase meines Lebens ein wohlmeinender «Selbsthilfeguru» geraten hätte, «Ich bin schön» zu mir zu sagen, wenn ich nackt vor dem Spiegel stand, hätte ich die Augen so sehr verdreht, bis sie mir aus dem Kopf gefallen wären. In solchen Augenblicken diese Affirmation zu formulieren, wäre ein zu großer Sprung für mich gewesen, und mein Unterbewusstsein hätte mit den Füßen gestampft wie ein dreijähriges Trotzkind. Ich hätte damals von dieser Affirmation nicht profitiert, daher musste ich klein anfangen und mich dann «hocharbeiten».

Deshalb verwendete ich den Satz «Ich bin in Ordnung». Er mag wie eine traurige kleine Affirmation aussehen, aber es war Welten besser als das andere Zeug, das ich in meinem Kopf zu mir sagte. Ich ging dann weiter zu «Manchmal sehe ich ganz gut aus» und *am Ende erst* zu «Ich bin schön» – aber es passierte ganz gewiss nicht über Nacht (und nicht nackt vor meinem Spiegel). Indem ich so mit meinen Affirmationen umging, konnte ich mein Unterbewusstsein allmählich dazu verleiten, mitzugehen und Wege zu einem neuen Denken in meinem Gehirn zu bahnen.

Wie bei so vielem, was uns dem Ziel, uns wohlzufühlen, näherbringt, geht es auch hier darum, die Methoden simpel zu halten und herauszufinden, was für dich funktioniert.

Lässt sich die Wirkweise von Affirmationen wissenschaftlich stützen? Ich freue mich, diese Frage bejahen zu können. Es wurden viele Studien angestellt, die untersuchen sollten, ob Affirmationen funktionieren oder nicht, insbesondere die Studie von Claude M. Steele von 1981. Sie kam zu dem Schluss, dass Menschen, die sich zum Einsatz von Affirmationen entschließen, tatsächlich einen positiven Effekt in Bezug darauf feststellen, wie sie mit alltäglichen Bedrohungen und Problemen umgehen – was bedeutet, dass Affirmationen als wertvolles Instrument in unserem «So werde ich glücklich»-Werkzeugkasten verwendet werden können.

Aus zwei Gründen scheinen Affirmationen zu wirken: Erstens mögen wir es, über das, was von großem Wert für uns ist, zu reden und es uns selbst zu bestätigen. Und zweitens: Wenn wir uns bedroht fühlen, als hätten wir versagt oder wären kritisiert worden, können Affirmationen unseren Selbstwert steigern.

Das Wiederholen von Affirmationen hilft uns dabei, unser Gehirn dahingehend zu polen, dass es das Gesagte/das Gewünschte als neue Realität erkennt (lies gern unter «Wie das Gehirn arbeitet» ab S. 19 nach, als Erinnerung daran, wie das ARAS funktioniert). Affirmationen, die wir vollkommen verinnerlicht haben, ermutigen uns dazu, etwas zu unternehmen, um das Gewünschte zu erreichen.

Jedes Mal, wenn ich vor Hunderten oder auch Tausenden Menschen spreche, sage ich mir: «Ich genieße es, neue Leute zu treffen» oder «Es fällt mir ganz leicht, meine Geschichte zu erzählen» – was mir dabei hilft, genau das konkret in meinem Kopf Gestalt annehmen zu lassen. Auch du kannst Affirmationen in jedem Lebensbereich einsetzen und sozusagen zuschauen, wie sie dir helfen, dich mit der besten Ausgabe deiner selbst zu verbinden.

Ich habe voll Bock auf diese Affirmationen – und wie fange ich jetzt an?

1 **Wähle einen Lebensbereich, auf den du dein Augenmerk richten willst,** und schreibe zehn Affirmationen auf, die sich in positiver Weise darauf beziehen. Je kürzer und knapper, desto besser – formuliere jede Affirmation in der Gegenwart, als wäre sie schon eingetreten: «Ich bin selbstsicher und stark», «Ich bin genug», «Mir widerfährt Gutes». Ich wähle immer eine oder zwei Affirmationen aus, auf die ich mich an dem jeweiligen Tag konzentriere.

2 **Halte dir einen Zeitraum frei, um an deinen Affirmationen zu arbeiten.** Du könntest dir einen Alarm im Smartphone einrichten, sodass du zu verschiedenen Zeiten am Tag daran erinnert wirst. Alternativ kannst du deine Affirmationsarbeit auch mit bestimmten Gelegenheiten im Tagesablauf verknüpfen – vielleicht wiederholst du sie dir im Auto, unter der Dusche oder beim Morgenkaffee. Immer, wenn du die entsprechende Tätigkeit ausübst, wirst du daran denken, deine Affirmationen zu sprechen, und es wird dir helfen, dein Gehirn dahingehend zu polen, dass es so zu denken beginnt, wie du es gern hättest.

3 **Äußere die jeweiligen Affirmationen mindestens fünfmal.** Formuliere sie nicht nur im Geiste, sondern sprich sie laut aus.

4 **Schreib sie auf Haftzettel oder auf ein Whiteboard.** Ich bin ein großer Fan des Whiteboards, denn ich kann am Vorabend meine Affirmationen daraufschreiben und sehe sie dann gleich nach dem Aufwachen vor mir.

5 **Unterstreiche deine Affirmationen mit einer besonderen Geste.** Ich weiß, dass du dich jetzt schon bei dem Gedanken daran windest, aber ich sage ja nicht, dass du das in deinen Meetings am Arbeitsplatz machen sollst, sondern ganz gemütlich in deinen eigenen vier Wänden. Zum Beispiel könntest du einfach sagen: «Ich werde geliebt» und dabei deine Hände auf dein Herz legen.

«Ich bin tüchtig und widerstandsfähig, und jetzt ist meine Zeit zu glänzen.»

#24

WAS DIE ANDEREN DENKEN, IST NICHT DEIN PROBLEM

Ich halte mich – zumindest die meiste Zeit über – nicht für eine Person, die ihre Entscheidungen auf der Grundlage dessen fällt, was andere von mir denken. Ich habe ein hohes Selbstwertgefühl und weiß, wer ich bin – und trotzdem, wenn ich wirklich darüber nachdenke, treffe ich täglich Hunderte winzige Entscheidungen, die darauf fußen, was andere von mir halten werden.

Ich bin heute Morgen aufgewacht und habe mich für ein bestimmtes Outfit entschieden, weil ich wusste, dass ich heute meine Töchter zur Schule bringen und an einem Meeting in einem Hotel teilnehmen werde. Daher trage ich jetzt keine Jogginghose und Sportschuhe und habe ein bisschen mehr Zeit aufs Frisieren verwendet – eine Entscheidung, die (ob mir das gefällt oder nicht) der Tatsache geschuldet war, dass ich andere Leute treffen würde.

Ich kann damit leben. Wir sind eine soziale Spezies, die das Bedürfnis hat, sich anzupassen und zu überleben, daher bereitet uns die moderate Sorge, was die anderen denken könnten, wenig Probleme. Doch einige von uns fixieren sich ein wenig zu sehr darauf, was die anderen über sie sagen werden, und geraten in den Teufelskreis einer Abhängigkeit von Zustimmung. Das kann dazu führen, dass wir bei jeder Entscheidung zwischen

Sorge, Anspannung, Bedürftigkeit und Unsicherheit hin- und herspringen.

Ich werde oft gebeten, auf Veranstaltungen und Konferenzen als Gast zu sprechen, und während ich da oben auf diesen Bühnen stehe und über meine Reise oder mein Wissen spreche, hat jede einzelne Person, die mich beobachtet, eine eigene Meinung. Manche werden denken, dass ich eine großartige Rednerin bin, und das Outfit lieben, für das ich mich entschieden habe; andere werden meinen nördlichen Akzent irritierend und meinen Kleidergeschmack scheußlich finden. Beide Meinungen haben ihre Berechtigung. Keine dieser beiden Meinungen hat etwas mit mir zu tun.

Wenn wir uns eine Meinung bilden, dann auf Grundlage eigener Urteile, bisheriger Erwartungen, Vorlieben, Abneigungen und Ängste. Wir alle haben unterschiedliche Dinge in unserem Leben erfahren und unseren einzigartigen Blick auf die Welt ausgeprägt. Das bedeutet, dass zwei Menschen Zeuge genau desselben Vorfalls werden und ihn doch völlig anders sehen können, und diese beiden Menschen können auch dich vollkommen unterschiedlich sehen.

Nicht jeder wird dich mögen.
Nicht jeder wird dich verstehen.
Nicht jeder wird denken, dass du unglaublich in dem bist, was du tust.
Manche Menschen sind Idioten.
Manche Menschen tun ihre Meinung kund, wenn niemand danach fragt.
Manche Menschen werden immer etwas Negatives zu sagen haben.
Andererseits ...
Du magst nicht jeden.
Du verstehst nicht jeden.

Du denkst nicht, dass jeder unglaublich in dem ist, was er tut.

Du bist manchmal ein Idiot.

Du tust manchmal deine Meinung kund, wenn niemand danach fragt.

Du sagst manchmal grundlos negative Dinge.

Herzlich willkommen in unserem Leben als Mensch.

Wir müssen lernen, dass wir die Macht haben, uns zu entscheiden, ob wir zulassen, dass die Meinung von jemand anderem über uns Teil unserer eigenen Identität wird, oder ob wir meinen Lieblingssatz äußern, wenn uns jemand mitteilt, was er über uns denkt: «Hm, das ist interessant.»

Dieser kleine Satz erlaubt es mir, selbst aktiv zu werden und mir einen Moment Zeit zu lassen, um über das nachzudenken, was da gerade gesagt wurde. Er versetzt mich in die Lage, mich von den verwendeten Wörtern zu distanzieren und herauszufinden, ob ich irgendetwas daraus zu lernen habe oder ob ich sie ignorieren sollte.

Im Wesentlichen müssen wir darauf achten, von wem die Botschaft kommt. Handelt es sich um eine Person, an die du dich ratsuchend wenden würdest? Ist es eine Person, die über besonderes Wissen in dem Bereich verfügt, in dem sie Kritik übt? Ist dieser Hinweis konstruktiv und hilfreich? Wenn du immer mit Ja antworten kannst, musst du vielleicht ein bisschen Arbeit investieren, hier und da an einer Stellschraube drehen, oder vielleicht hast du es auch total verpatzt (aber das wäre auch okay!). Wenn nichts davon zutrifft, dann solltest du dich selbst daran erinnern, dass das Gesagte nur eine Einzelmeinung über dich darstellt und nicht wirklich den Tatsachen gerecht wird.

Wenn wir uns in Grübeleien darüber verstricken, welche Meinung andere Leute über uns haben könnten, hindert uns das am Weiterkommen. Du brauchst die Zustimmung von anderen nicht immer, und wenn du dich darauf polst, an dich selbst zu glauben und dein eigener bester Cheerleader zu sein, dann wird dieses Verlangen, Bestätigung vonseiten anderer zu erhalten, rasch nachlassen.

Mein Mann Ross, der eine Störung aus dem autistischen Spektrum hatte und deshalb extrem ehrlich war und offen seine Meinung sagte, bekam oft zu hören, dass er jemanden mit seinen Worten verletzt hatte. «Er hat sich doch verletzen lassen», sagte er dann regelmäßig. Einige von euch, die das lesen, könnten nun so reagieren: «Nein, *du* hast mich verletzt, *du* hast mich wütend gemacht», und obwohl ich verstehe, warum ihr zu diesem Schluss kommt, liegt der Schlüssel darin, dass ihr lernt, euch die eigenen Reaktionen auf eine Situation einzugestehen.

Du warst wütend oder verletzt oder traurig oder inspiriert aufgrund der Bedeutung, die du den Geschehnissen gegeben hast. Ganz ähnlich können andere von deinem Verhalten verletzt werden, doch das fußt wiederum auf ihrem Modell von der Welt und hat in Wahrheit nichts mit dir zu tun.

Natürlich hat dein Verhalten hier und da durchaus Konsequenzen – ich spreche also nicht davon, dass du das Recht oder offizielle Verhaltenskodizes brichst oder jeden an deinem Arbeitsplatz oder in deiner Familie auf die Palme bringst, indem du absichtlich alles daransetzt, unausstehlich zu sein. Ich will vielmehr sagen, dass wir uns ganz allgemein weniger Sorgen darüber machen sollten, was die Leute denken. Und obwohl du nie in der Lage sein wirst, diese Sorge ganz auszuklammern, lass uns jetzt einmal sehen, wie du sie minimieren kannst.

Ich will nicht zulassen, dass die Meinung der anderen mein Leben kontrolliert – was soll ich tun?

1 **Lerne dich selbst besser kennen:** deine Werte, deine Vorlieben, Abneigungen und Ängste. Je besser du weißt, wer du bist, desto unwahrscheinlicher ist es, dass dein Selbstwert zusammenschrumpelt, sobald dich jemand infrage stellt.

2 **Kümmere dich um deine eigenen Probleme.** In den meisten Fällen ist die Meinung einer Person über dich ihre eigene Angelegenheit. Die Tatsache, dass Chrissie aus der Arbeit eine negative Grundeinstellung hat, ist ihr Problem. Die Tatsache, dass deine Mama nie pünktlich zu Essensverabredungen erscheint – ihr Problem. Was *dein* Problem ist: wie du auf die Herausforderungen des Lebens reagierst, sie interpretierst und sie durchstehst. Bleib in deiner eigenen Spur.

3 **Es interessiert niemanden.** Niemanden kümmert dein Leben so sehr wie dich. Niemand nimmt deine Fehler unter die Lupe oder grübelt darüber nach, ob du als Mensch gut genug bist. Denk einmal darüber nach: Analysierst du andere Leute wirklich so, wie du selbst annimmst, dass sie dich analysieren? Natürlich nicht, und wenn du denkst, dass sie dir so viel Zeit widmen, dann setzt du dich selbst nur unnötig unter Druck (außerdem ist es auch ziemlich egozentrisch). Mehr dazu kannst du unter «Wie du dein Ego in Schach hältst» ab S. 108 lesen.

4 **Verpatze es, das ist okay.** Dich zum Narren zu machen, ist wirklich nicht das Schlimmste auf der Welt. Scheitern ist – auch wenn es wehtut – ein wichtiger Teil des Lebens, und du musst keineswegs perfekt sein (tatsächlich wäre das wirklich ein bisschen zu viel verlangt). Denk darüber nach, wie das Worst-Case-Szenario für dich aussieht (das hattest du rasend schnell vor Augen, oder?), und dann male es dir in allen Farben des Regenbogens aus. Ich denke, dir wird selbst auffallen, wie extrem diese Vision ist. Erinnere dich daran, dass du damit fertigwerden wirst, wie du bisher bereits mit allem fertiggeworden bist – und zwar egal, was passiert (dass es so schlimm wird, wie

du es dir gerade vorgestellt hast, ist übrigens recht unwahrscheinlich).

**《 *Lebe dein Leben, als würde niemand*
darauf achten, was du tust, denn so ist
es ja auch. 》**

#25

WAS DICH DURCH HARTE ZEITEN BRINGT

Ich habe neulich mit einer Frau gesprochen, die, um sich ihrem Mann nah zu fühlen, im ersten Jahr nach seinem Tod seine Kleider und sein Aftershave trug und auf seiner Seite des Bettes schlief. Was wir tun, um durch schwere Zeiten zu kommen, ist ganz individuell, ehrenwert und wichtig. Wir sollten weder unsere Bedürfnisse in diesen herausfordernden Phasen ausblenden noch die Bedeutung unserer Rituale herunterspielen.

Ich könnte nun endlos Tipps und Ideen anführen, die dir vielleicht dabei helfen, deine Situation zu meistern – aber am Ende geht es doch darum herauszufinden, was ganz persönlich für dich funktioniert, und darauf zurückzugreifen, wenn du es brauchst. Ich stelle fest, dass die Leute sich oft für ihr Verhalten entschuldigen und meinen, ihre schrullige Art, harte Zeiten zu überstehen, mache sie zu Sonderlingen. Das stimmt nicht, sie macht sie menschlich. Dein Gehirn gibt sein Bestes, das Trauma zu bewältigen und zu überleben.

Dein Gehirn ist ohnehin ein Überlebenskünstler. *Du* bist ein Überlebenskünstler, und dein erfinderischer Geist wird nach allen möglichen, innovativen Wegen suchen, wie du diese schweren Zeiten meistern kannst. Vielleicht ertappst du dich dabei, wie du Dinge tust, die du noch nie getan hast, und neue, unkonventionelle Strategien anwendest, wie du dich aus dem Bett zwingen und motivieren kannst. Solange du dir keinen Schaden zufügst oder andere in Gefahr bringst, sind diese improvisierten, eigenartigen neuen Angewohnheiten total in Ordnung.

Ich bin in traumatischen und harten Phasen eine Macherin, denn ich bleibe lieber aktiv und produktiv. Ich mag es, ein Ziel zu haben, auf das ich hinarbeiten kann, und für gewöhnlich steht am Ende das große Ziel, damit irgendwie auch anderen Menschen zu helfen. Viele werden mein Verhalten während meiner gut dokumentierten «Scheißzeiten» sehen und auf der Grundlage ihres eigenen Modells von der Welt denken, dass ich eher mal langsam machen sollte. Das ist in Ordnung, denn es ist nicht ihre Sache, damit klarzukommen.

Vielleicht bist du auch ein Macher? Vielleicht hast du nach jener Trennung plötzlich den Drang verspürt, das ganze Haus umzugestalten. Hast besessen an jedem einzelnen Raum getüftelt und zur Inspiration endlos Pinnwände auf Pinterest kreiert. Oder hast du dir nach dem Tod deines Bruders auf die Fahnen geschrieben, Geld für den Sportgerätefonds an der Schule deines Kindes zu sammeln? Auf ein Ziel hinzuarbeiten, kann die Aufmerksamkeit des Geistes vom Schmerz ablenken.

Eine Freundin von mir, Jess Mckee, meldete sich nach dem Tod ihrer Eltern zu einer Sportveranstaltung an und fand sich vor Hunderten von Zuschauern auf einer Bühne wieder. Außerdem zog sie aus ihrer Heimatstadt weg und nahm am London Marathon teil. Währenddessen trauerte sie, lebte mit ihrem Kummer und arbeitete sich durch den Schmerz. Ging es ihr dabei gut? Nein. Weinte sie? Sturzfluten. Doch daneben trugen die Dinge, die sie in Angriff nahm, zu ihrer Heilung bei.

Als ich auf meinem Instagram-Account meine Follower nach ihren Methoden fragte, Schmerz zu bewältigen, las ich viele unterschiedliche, heitere, wunderbare und auch ganz ähnliche Antworten. Taylor James, ein Vorkämpfer in Sachen mentale Gesundheit und Gastgeber des Podcasts *The Waffle Shop*, hat seine eigene Strategie zum Stressabbau verraten: Er sieht sich Videos von Chiropraktikern auf YouTube an. Mir war nicht bewusst, dass es so etwas überhaupt gibt, aber wenn es hilft, dann ist es einfach nur großartig.

Keines dieser Beispiele mag deiner Vorstellung davon entsprechen, wie ein Trauma aussieht oder sich «verhält», aber all diese Bewältigungsstrategien haben ihre Berechtigung und sind perfekt dazu geeignet, harte Zeiten zu meistern.

Während du das liest, magst du denken: «Ich kann mir nichts Schlimmeres vorstellen!» Vielleicht ist der Gedanke, etwas zu «tun», wenn du dich wie ausgekotzt fühlst, für dich das Gegenteil von dem, was du brauchst. Vielleicht musst du dich zurückziehen, still werden und nachdenken. Ich habe Freunde, die sich Gott oder irgendeiner Religion zuwenden, und andere, die schreiben oder malen. Ich kenne Leute, von denen ich nichts mehr höre, während sie ihren «neuen Alltag» suchen, und das sagt mir, dass wir alle anders verarbeiten.

Es gibt unter uns auch einige, die versuchen, sich von ihrem Trauma ein bisschen (oder ein bisschen zu sehr) zu distanzieren. Vielleicht veranlasst euch die Krise, umzuziehen, euren Job zu kündigen, in ein anderes Land auszuwandern oder auf Weltreise zu gehen.

Was auch immer du tust, all das sind Bewältigungsstrategien. Sie alle haben ihre Berechtigung, und es ist wahrscheinlich, dass du an verschiedenen Punkten deines Wegs eine Mischung aus allem anwendest. Es ist wichtig, dass du dir sehr bewusst machst, was du brauchst, und auf deinen Körper, deinen Verstand und dein Herz hörst.

Es ist mir sehr fremd, dass so viele Werturteile darüber gefällt werden, wie wir durch eine Krise kommen. Wir nehmen Einblick in die Welt anderer Menschen, beobachten sie und vergleichen ihre Entscheidungen damit, wie wir dieselben Situationen meistern zu können glauben (siehe auch «Vergleiche» ab

S. 232). Das ist natürlich menschlich, aber es ist auch unglaublich wenig hilfreich für diejenigen, die gerade mitten im Sumpf stecken.

Versuchen wir am besten, offen für alle Wege zu sein und jenen, die es brauchen, liebevolle Energien zu schicken. Manche gehen ins Fitnessstudio, andere haben viel Sex, die Dritten beschließen, auf einem Boot zu leben, und bahnen sich mit dem Dreisatz «Essen, Beten, Lieben» den Weg vorwärts. Lass dich und sie vom Haken, denn keiner von uns hat wirklich eine Ahnung, wie wir unter denselben Umständen handeln würden.

Wie wir durch stürmische Zeiten kommen

1 **Sei dein eigener bester Freund.** Frag dich selbst, so wie du einen Freund fragen würdest, was du brauchst, und schau dir an, was dein Unterbewusstsein zutage fördert. Stell dir wirklich – entweder im Geiste oder laut – die Frage: «Holly, was brauchst du?» Und dann hör auf deinen Bauch und zerbrich dir nicht zu sehr den Kopf über die Antwort. Wenn für dich heute richtig ist, zusammengekauert auf dem Boden zu weinen, ehre dieses Gefühl und verhalte dich entsprechend. Wenn du heute brauchst, dich für einen Wohltätigkeitsmarathon anzumelden, werde aktiv und tu es.

2 **Lass jedes Urteil über deine Entscheidungen los.** Es gibt kein Richtig oder Falsch. Du kannst nicht schummeln oder scheitern, während du versuchst, durch schwere Zeiten zu kommen. Es geht nicht darum, zu gewinnen oder zu verlieren, es geht darum, zu überleben und dir beim Aufblühen zu helfen (auch an den Tagen, an denen du dich nicht wie das «blühende Leben» fühlst).

3 **Weg mit den Etiketten.** Während wir diese Klippen um-
schiffen, können wir sehr kritisch mit uns ins Gericht
gehen, und das behindert unseren Fortschritt. Du bist nicht dies
oder das, du bist nicht gebrochen, du bist nur ein Mensch, der
eine schwierige Situation durchmacht.

4 **Achte einmal darauf und nimm jedes Urteil wahr**, das du
über andere fällst und darüber, wie sie mit den Tiefen
des Lebens umgehen «sollten». Stell all diese Gedanken infrage,
wenn sie auftauchen, und erinnere dich daran, dass wir alle nur
unseren Weg zu finden versuchen. Und nur weil der Weg eines
anderen sich von deinem unterscheidet, heißt das nicht, dass
sein Weg falsch ist.

> **《 Du kannst nicht schummeln oder
> scheitern, während du versuchst,
> durch schwere Zeiten zu kommen.
> Tu einfach, was dir hilft zu überleben
> und aufzublühen. 》**

#26
SÜCHTIG NACH DRAMA

«Kein Drama mehr in meinem Leben» hast du vielleicht schon einmal zusammen mit deiner inneren Mary J. Blige in einer besonders stressigen Periode deines Lebens gesungen. Ich weiß, dass ich das selbst schon gesungen habe, und ich weiß, dass ich es immer so gemeint habe. Wenn ich ehrlich bin, gab es schon Zeiten, in denen ich groß verkündet habe, dass ich nicht mehr die Dramaqueen geben will, und es trotzdem war.

Wir Menschen sind süchtig nach Drama, womit ich einen Zustand der negativen Aufgekratztheit (mit all der dazugehörigen Existenzangst) meine. Der Thrill, den neuesten Tratsch zu hören, oder das schwindelerregende Gefühl, der Erste zu sein, der jemand anderem etwas erzählt, das man selbst eigentlich gar nicht wissen dürfte, ist berauschend.

Wir kommen in den verschiedensten Lebensbereichen mit Dramen in Berührung. Die Zeitungen verkaufen uns den neuesten politischen Skandal, Klatschblätter berichten aufgeregt von den Skandalen in Hollywood, und unsere Nachbarn, Familie und Freunde halten uns auf dem Laufenden über das Privatleben und die Geheimnisse jener, die uns am nächsten sind. Jeder Berührungspunkt erzeugt eine Rückkoppelung in unserem Gehirn und nährt unser Bedürfnis nach mehr.

Das Problem ist, dass wir nach Drama süchtig werden können, ohne es auch nur zu bemerken, und dann wird es sehr schwer, es sich wieder abzugewöhnen. Ich wette, dass du, bevor du dieses Kapitel begonnen hast, dir nie Gedanken darüber gemacht hast, von wie viel «Drama» du bereits umgeben bist. Die Dramen um uns herum schaffen sicherlich keine Räume zur eigenen Entfaltung.

Vielleicht liest du das hier, nachdem du dich eine Stunde lang durch eine Auseinandersetzung auf Facebook gescrollt oder eine Reality-TV-Serie verschlungen hast, und fragst dich nun, ob du ein Drama-Junkie bist. Ich helfe dir mit ein paar Fragen, die du dir stellen kannst:

- Mischst du dich immer in anderer Leute Angelegenheiten ein?
- Beginnst du Gespräche mit «Das wirst du jetzt nicht glauben!» oder «Hast du gehört, was XY passiert ist?»?
- Schaust du viel Reality-TV oder hochdramatische Filme?
- Postest du aufmerksamkeitsheischende Beiträge in den sozialen Medien und siehst dann ständig nach, ob sie schon jemand kommentiert hat?
- Hast du immer irgendein «Thema»? Gesundheitliche Beschwerden, Jobverlust, Datingdesaster, einen Todesfall oder eine «Krise» – und fühlt es sich so an, als wüsstest du gar nicht, was du tun sollst, wenn mal alles einfach nur wunderbar wäre?
- Neigst du dazu, überzureagieren und dir zu oft den Kopf zu zerbrechen?
- Jammerst du gern?
- Haben andere um dich herum schon einmal gemurmelt: «Mensch, du hast ja gar kein Glück!» oder etwas Ähnliches, nachdem du ihnen einen weiteren Tiefpunkt in deinem Achterbahnleben aufgetischt hast?

Wenn du im Geiste zu jedem dieser Punkte genickt und vielleicht sogar geseufzt hast (weil das ein bisschen dramatisch ist, richtig?), als dir klar wurde, welch großen Anteil das Drama an deinem Leben hat, haben wir Arbeit vor uns.

In diesem Chaoszyklus zu verweilen, während das Adrenalin durch deine Adern kreist, kann kein Dauerzustand bleiben, sonst brichst du am Ende vor Erschöpfung zusammen (um dich dann über all das Drama zu beklagen, das dir immer einfach so passiert).

Ich bin vollumfänglich geständig, dass ich Anzeichen für eine Dramasucht an mir selbst festgestellt habe. Da ich schon vor so langer Zeit aufs Schauspielerkarussell aufgesprungen bin, hatte ich mich an Highlights und Tiefen gewöhnt, an das Bedürfnis, nach Höherem zu streben, und wieder herunterzufallen – daher ist es leicht zu verstehen, wie das Leben in diesem Zustand Gewohnheit werden konnte. Als ich die Entscheidung traf, das Drama aus meinem Leben zu verbannen, fand ich die Stille danach anfangs ohrenbetäubend.

Denn in Wahrheit kann das schnelllebige Wesen des Dramas auch davon ablenken, dass du in der Realität handeln musst – vor allem, wenn es nicht dein eigenes Drama ist, in dem du gerade schwelgst. Die Stille, die du erlebst, wenn du dem Drama entsagst, kann bewirken, dass du die Welt zunächst negativer und einsamer findest, was dich natürlich anfangs weniger glücklich macht. Aber wie um Himmels willen gebieten wir dem Drama Einhalt?

Der erste Schritt besteht darin herauszufinden, woher es kommt und wie du dich von ihm lossagen kannst. Das heißt nicht, dass du nie wieder mit deinen Freundinnen beim Mittagessen über den neuesten Klatsch tratschen kannst, aber es heißt, dass du dich vielleicht vorläufig damit zurückhalten solltest, bis du dir bewiesen hast, dass diese Art Unterhaltung nicht die einzige ist, die du führen kannst. Wenn du glücklich und zufrieden bist, mag es okay für dich sein, Nachrichtensendungen oder eine dramatische Verbrechensdokumentation zu sehen, aber wenn das Leben dich ohnehin schon strapaziert, solltest du dir klarmachen, wo du bestimmen kannst, was du an dich heranlässt und was nicht.

Beginne, deine Energie auf erfreulichere und positivere Tätigkeiten umzulenken. Vielleicht bekommst du dieses «Energiehoch» durch eine Sportart, mit der du anfängst, oder eine körperliche Betätigung, die mit Nervenkitzel verbunden ist. Stille dein Bedürfnis nach Drama durch Bergsteigen oder Surfen. Nimm dir die Zeit, mit Menschen Umgang zu haben, die darauf achten, Positives zu kommunizieren, und erkenne, dass es der kürzeste Weg zu Frieden und Glück ist, wenn du dein Gehirn darauf polst, dem Drama nicht mehr nachzujagen.

Ich bin total ausgelaugt und brauche Ruhe. Was soll ich tun?

1 Kümmere dich um deine eigenen Angelegenheiten. Ich weiß, dass das brutal klingt, aber du musst anfangen abzuwägen, ob du dich wirklich mit diesem oder jenem abgeben musst. Wird es Frieden in dein Leben bringen oder dich in ein Gefühlschaos stürzen, auf das du gut verzichten könntest?

2 Mach eine Drama-Entgiftung. Nimm Papier und Bleistift zur Hand und schreib alle Lebensbereiche auf, die mit inneren Dramen, Kämpfen oder Krisen aufwarten (inklusive der Menschen, die damit verbunden sind). Zu erkennen, woher was kommt, ist ein wichtiger Schritt, und du wirst überrascht über das sein, was sich da zeigt. Ich habe kürzlich entdeckt, dass ich süchtig danach war, mich auf Twitter mit Leuten über Politik zu streiten (wir alle brauchen schließlich ein Hobby, oder?). Ich musste die App deinstallieren, bis ich mein Bedürfnis nach Drama wieder im Griff hatte.

3 **Mach einen kalten Entzug.** Wie bei jeder anderen Sucht gibt es auch hier einen Punkt, an dem du völlig abstinent werden musst, um dem Klammergriff der Sucht zu entkommen. Es heißt, es dauert 21 Tage, um eine Gewohnheit abzulegen, deshalb stelle ich dir die Aufgabe, 21 Tage ohne Klatsch und Tratsch auszukommen, ohne aufregende Filme und ohne Nachrichten (in den Bereichen, die dich am meisten interessieren, oder auch gleich in allen, wenn du bereit bist, aufs Ganze zu gehen).

4 **Werde ruhig.** Oh, Stille und Ruhe, die Erzfeindinnen der Dramaqueen! Dies ist vielleicht deine größte Herausforderung, aber wenn du lernst, still zu werden, zu verstummen, wunderbar tiefe Atemzüge zu machen und all das Aufregende im Banalen zu erkennen (ein Paradoxon, ich weiß, aber vertrau mir), dann wird dir das helfen, einen Ort des Friedens zu erreichen, den du vorher vielleicht nicht gefunden hast.

5 **Lausche.** Ich fordere dich heute auf, deinen Lieblingsplatz im Haus oder draußen aufzusuchen, dich hinzusetzen und entweder Musik zu hören oder einfach nur die Geräusche um dich herum wahrzunehmen. Lass dein Handy irgendwo, wo du in dem Augenblick keinen Zugriff darauf hast, und mach dir selbst das Geschenk der Ruhe.

》 *Dein Gehirn darauf zu polen, dem Drama nicht mehr nachzujagen, ist der kürzeste Weg zu Frieden und Glück.* 》

#27

HÜTE DEINE ZUNGE

In diesem Kapitel geht es um negative Sprache. Für jemanden, der mir in den sozialen Medien folgt oder auf einem meiner Events war oder auch nur einen Meter neben mir gestanden hat, mag sich das wie blanke Ironie anhören, weil ich fluche, dass selbst ein Matrose zusammenzucken würde. Aber das ist nicht die negative Sprache, von der hier die Rede sein soll.

Was ich meine, sind Worte mit negativen Konnotationen und zornige Worte, die sich unmittelbar auf uns auswirken, wenn wir sie hören. Das Frustrierende daran ist, dass wir so sehr daran gewöhnt sind, uns dieser Sprache zu bedienen, dass wir sie nicht mehr als negativ erkennen, und so beeinflussen wir mit unseren Worten unsere Stimmung, ohne es zu bemerken.

Die wissenschaftlichen Belege dafür sind ziemlich überzeugend – zu den Wirkungen von Sprache auf unser Gehirn gibt es die verschiedensten Studien. Eine, die sehr wichtig ist, haben Maria Richter und ihr Team vom Fachbereich Neurologie der Friedrich-Schiller-Universität Jena durchgeführt. Sie konnten Folgendes zeigen: Das Gehirn von Probanden, die mit negativen – sowohl im Stillen als auch laut geäußerten – Worten konfrontiert wurden, schüttete Stresshormone aus. Das beweist, dass Worte auf psychologischer Ebene sehr wohl eine Wirkung auf uns haben.

Der Neurowissenschaftler Dr. Andrew Newberg und der Kommunikationsexperte Mark Robert Waldman stimmen dem zu. In ihrem Buch *Words Can Change Your Brain: 12 Conversations to Build Trust, Resolve Conflict, and Increase Intimacy* (Penguin 2014) kommen sie zu dem Schluss, dass nicht nur negative Sprache den Körper zur Produktion von Stresshormonen anregt, sondern dass positive Sprache auch unser reales Erleben zum Besseren wenden kann.

Ich liebe Worte. Ich bin ein Wort-Nerd, daher hat mich dieses Thema immer schon fasziniert. Ich bin ebenfalls besessen von der Suche nach winzigen Kniffen, die im Alltag das Zünglein an der Waage sein können, ob wir glücklich sind oder nicht. Die Vorstellung, dass du durch eine veränderte Sprache auch verändern kannst, wie du dich fühlst, finde ich sehr spannend. Und du findest das hoffentlich auch!

Schauen wir uns mal an, was wir täglich von uns geben, und denken wir darüber nach, inwiefern es beeinflussen könnte, wie wir unser Leben empfinden.

«Hi, wie geht's dir?» – «Gar nicht mal so übel.»

Das ist mein Lieblingsbeispiel für unsere tägliche Dosis negative Sprache. Wie oft hast du «nicht übel» gesagt, ohne auch nur zu ahnen, welche Botschaft das an dein Gehirn gesendet hat? Dein Gehirn kennt nämlich keinen Unterschied zwischen Real und Vorgestellt und ist ständig auf der Suche nach «Bedrohungen» für dein Wohlbefinden. Dein Gehirn «überhört» also das Wörtchen «nicht» und nimmt nur «übel» als Bestandsaufnahme deines Gemütszustands wahr. Du denkst vielleicht, du hättest gerade deine Verfassung an einem ganz durchschnittlichen Tag beschrieben, aber dein Gehirn hat soeben einen Warnhinweis registriert, dass die Dinge nicht zum Besten stehen.

Bevor du jetzt durchdrehst und für immer verstummst, weil du Angst vor den Worten hast, die aus deinem Mund kommen könnten: Es geht nicht darum, dass du dich sofort mies fühlen wirst, sobald du dies und das sagst. Es geht um etwas, das wir an uns selbst beobachten sollten, um uns dann angemessen selbst zu korrigieren. Es ist so leicht, sich entsprechende Sprachmuster anzueignen, weil es alle anderen ja auch tun, aber du bist nicht alle anderen – du bist ein Mensch, der beabsichtigt, glücklicher zu werden und sich weniger beschissen zu fühlen, und du wirst für Veränderung sorgen und vormachen, wie es geht.

Sehen wir uns noch einige andere gängige Beschreibungen unserer Befindlichkeit an:

- «Es ist ein Albtraum!»
- «Das ist eine Katastrophe!»
- «Ich bin so sauer, dass sie uns in diese Situation bringen!»
- «Ich bin so verzweifelt, weil ich meine Arbeit verloren habe.»
- «Wir haben ein Problem.»

Die Lektüre dieser Liste hat sofort meine Stimmung verändert. Wenn mir jemand etwas als «Albtraum» beschreibt, wandert meine Vorstellungskraft in den Keller zu den dunkelsten Tiefen menschlichen Erlebens. In Wahrheit aber bezieht sich dieser «Albtraum» darauf, dass du deine teure Brille verloren hast, die du erst letzten Monat gekauft hast. Ganz ähnlich erzeugt der Terminus «Problem» das Gefühl, festzustecken und nicht vorwärtszukommen – während bei der Ersetzung durch «Herausforderung» unser Gehirn das Bedrohungspotenzial ganz anders wahrnimmt. Wir können uns «einer Herausforderung stellen» – das fühlt sich so an, als könnten wir sie bewältigen und hinter uns lassen.

Die Worte, die du wählst (und der Duden führt derzeit etwa 148 000 Stichwörter auf), sind der Rahmen, in den du alles einbettest, was du erlebst und erfährst.

Als ich zu meinen beiden kleinen Töchtern heimkehrte, um ihnen zu sagen, dass ihr Papa gestorben war, und sie völlig aufgelöst in meinen Armen schluchzten, während mir das Herz brach, wäre es wohl verzeihlich gewesen, diesen Moment als

«Albtraum» zu bezeichnen. Und tatsächlich haben andere Menschen dieses Wort benutzt, um zu beschreiben, was ich gerade durchmachte. Doch ich wählte andere Worte. Ich wählte andere Worte, nicht um den Schmerz kleinzureden oder zu verdrängen, was passierte, sondern weil ich wusste, dass es dem, was ich erlebte, einen anderen Rahmen geben würde, wenn ich geeignetere Worte verwendete. Und das, was ich erlebte und durch was ich meinen Töchtern hindurchzuhelfen versuchte, war schon schlimm genug, auch ohne es noch schlimmer zu machen.

Wenn ich in dieser Zeit also gefragt wurde, wie es mir ging, log ich nicht und sagte: «Mir geht's super, mein lieber Freund, und wie ist es mit dir?» (hier geht es nicht um toxische, geheuchelte Positivität). Sondern ich antwortete: «Es geht mir so weit ganz gut, ich arbeite mich durch, und es wird wieder werden.» Diese positiven Worte machten mir Hoffnung, erinnerten mich daran, dass alles wieder gut werden würde, und halfen mir gewaltig.

Jetzt bist du an der Reihe

1 **Nimm die negativen Worte und Phrasen wahr, die du aus Gewohnheit verwendest.** Nimm auch die Worte und Phrasen wahr, die die Leute um dich herum verwenden, und suche nach besseren Alternativen. Aus «Kein Problem» könnte werden «Klar, natürlich», aus «Ich bin am Boden zerstört» «Ich bin so enttäuscht». Merkst du, wie düster sich die eine Ausdrucksweise für dich anfühlt, und wie schnell du dich selbst korrigieren kannst?

2 **Schreib so viele positive Wörter auf, wie dir einfallen,** wie etwa «Liebe», «Spannung», «Wunder», «Freude», und führe diese Liste immer weiter fort. Nimm dir vor, am Tag so viele positive Wörter wie möglich zu verwenden.

3 **Vergiss nicht, dass du die Macht hast zu wählen.** Du bestimmst darüber, welche Geschichten du dir selbst erzählst. Nun, da du um die Kraft des Wort-Schatzes weißt, kannst du Wege finden, mehr Positivität in dein Leben zu bringen.

《 *Deine Worte haben Macht,
also wähle sie klug.* 》

#**28**

BITTE UM HILFE

Als standhafte unabhängige Frau (hier denkst du dir eine we-
delnde Handbewegung und zurückgeworfenes Haar à la Beyoncé) hatte ich oft meine Mühe damit, um Hilfe zu bitten. Ich will
autark und stark sein und wissen, dass ich überleben (und einen
Bären in die Flucht schlagen!) könnte, wenn ich im Wald auf
mich allein gestellt wäre.

Ich weiß nicht, wie du dazu stehst, aber ich glaube, dass ich
mir über die Jahre eine Geschichte darüber zusammenfabuliert
habe, dass die Bitte um Hilfe ein bisschen beschämend ist und
irgendwie impliziert, ich hätte versagt oder käme nicht klar.
Dass, sobald ich «Ich brauche Hilfe» ausspreche, die Musik jäh
aussetzt und jeder sich umdreht, um mich anzustarren (einige
werden vielleicht sogar ganz langsam den Kopf schütteln). Dies
ist ein sehr lebendiges Bild in meinem Kopf, das in mir die Angst
davor aufrechterhalten hat, Hilfe von anderen anzunehmen.

Ich sage «annehmen», weil ich glaube, dass viele Menschen
helfen wollen. Ich glaube an die Menschen, ich denke, dass die
meisten ziemlich anständig sind, und manchmal – besonders
wenn klar ist, dass wir einiges durchmachen – fühlen sich unsere Angehörigen und Freunde hilflos und außerstande, uns zu
helfen, obwohl sie es so gern tun würden.

Es war tatsächlich mein Mann Ross, der mir beigebracht hat,
meine Geschichte, dass Hilfe zuzulassen beschämend sei, neu

zu denken. Als man ihm sagte, dass er einen Monat lang Bestrahlungen bekommen würde, wussten wir, dass das bedeutete, jeden Tag einfach 40 Minuten von zu Hause zum Krankenhaus fahren zu müssen. Mit zwei Kindern in Schule und Kindergarten wäre das eine Herausforderung gewesen; und obwohl ich Ross bei jedem Schritt begleiten wollte, wusste ich vom Verstand her, dass das nicht notwendig war. Ross machte mir in dieser Zeit klar, dass Menschen im Allgemeinen helfen wollen und wir unseren Freunden und unserer Familie eigentlich ein Geschenk machten, indem wir ihnen jeweils einen Tag zuwiesen, an dem sie ihn zum Krankenhaus fahren durften.

Ich hatte zuvor noch nicht daran gedacht, so um Hilfe zu bitten, doch dann wechselte ich die Perspektive und stellte mir vor, wie ich mich fühlen würde, wenn einer unserer Freunde das durchmachte, was wir gerade durchmachten, und dass ich geradezu mit den Hufen scharren würde, um eine Aufgabe zu bekommen, die seinen Schmerz linderte. Plötzlich ergab das einen Sinn, und seither habe ich immer wieder diesen Blickwinkel eingenommen, um den spontanen Drang zu bekämpfen, mich zurückzuziehen und diejenige zu sein, die «alles allein schafft».

Denn das ist es doch, oder? Wir schaffen eben nicht «alles allein», und wir müssen es auch gar nicht. Es wird Zeiten in deinem Leben geben, in denen du Hilfe nötig haben wirst, wenn alles zu viel ist und du Verstärkung brauchst. Das sind vielleicht nicht einmal Krisenzeiten an der Belastungsgrenze – vielleicht verfügst du nur nicht über eine bestimmte Fähigkeit, und es wäre eine Verschwendung deiner Zeit und Energie, wenn du sie lernen würdest, nur um zu beweisen, dass du es kannst.

Als zierliche Frau habe ich mich in der Vergangenheit immer wieder dabei ertappt, wie ich sperrige Gegenstände herumgeschleppt habe, nur um zu beweisen, dass ich es konnte. Damit habe ich mir das Leben viel schwerer gemacht, als es hätte sein müssen. Doch in den letzten Jahren habe ich es mir zur Aufgabe gemacht, mich an andere zu wenden und sie um Hilfe zu bitten. Anstatt mir den Hals dabei zu brechen, eine Kommode die Treppe hinaufzuhieven, habe ich lieber gewartet und um die Unterstützung einer der Männer in meinem Leben gebeten. Haben sie mich dafür verurteilt? Nein. Sie waren begeistert, helfen zu dürfen, und froh, nicht voller Sorge daran denken zu müssen, wie ich mich gerade allein abmühte.

Um Hilfe zu bitten, ist eine Heldentat, und als die krass autarke Frau, die du bist, hast du auch die Courage dafür. Um Hilfe zu bitten, macht zudem bescheiden und stellt uns alle auf die gleiche Stufe. Es bedeutet, dass niemand über einem anderen steht und wir alle einspringen können, um einander unter die Arme zu greifen, wenn es nötig ist.

Wenn wir von jemand anderem um Hilfe gebeten werden, stärkt das oft die Bindung, die wir zu ihm haben. Ich habe keinen Zweifel, dass eine deiner freundlichsten Gesten für immer im Herzen irgendeines Menschen aufgehoben ist, und dass dieser Mensch nur darauf wartet, auch dir einmal aushelfen zu können.

Ich scheue mich davor, aber ich bin bereit, um Hilfe zu bitten!

1 Denk an die zahllosen Male, als du anderen geholfen hast. Hast du diese Leute für schwach gehalten? Oder hast du dich privilegiert und geehrt gefühlt, weil sie dich um Hilfe gebeten haben? Hat es dein Selbstwertgefühl vielleicht sogar ein bisschen gepampert? Jedes Mal, wenn du davor zurückschreckst, um Hilfe zu bitten, erinnere dich daran, wie du dich gefühlt hast, als jemand dich um Hilfe gebeten hat.

2 **Löse das Stigma auf, das du mit der Bitte um Hilfe verknüpft hast.** Jedes Mal, wenn die Stimme «Bloß nicht einknicken!» in dir laut wird, hältst du dagegen: «Um Hilfe zu bitten, ist mutig und mein Geschenk an andere.»

3 **Stelle dir selbst die Aufgabe, um Hilfe zu bitten.** Beginne klein, etwa indem du deine Nachbarin um eine Tasse Waschpulver oder jemanden in der Arbeit um einen Gefallen bittest, dann arbeite dich «hoch».

4 **Schaffe dir ein «Unterstützungsteam».** Such das Gespräch mit den Menschen in deinem Umfeld, in dem ihr euch alle der gegenseitigen Unterstützung versichert. Konzentriert euch auf bestimmte Bereiche. Vielleicht stellt ihr ein Elterntaxiteam zusammen – und wenn jemand mal seinen Part nicht erfüllen kann, postet ihr es im Gruppenchat, und jemand anders springt ein und nimmt ihm den Druck. Vielleicht wird es auch ein Unterstützungsteam für berufliche Fragen geben – wenn jemand mit einem bestimmten Problem bei der Arbeit konfrontiert ist, könntet ihr es in der Gruppe besprechen und gemeinsam Lösungen suchen. Du bist nicht allein, das warst du nie, und indem du dich von dieser mutigen neuen Seite zeigst, erinnerst du auch andere daran, dass sie nicht allein sind.

«Um Hilfe zu bitten, ist eine Heldentat.»

#29

VERÄNDERE DEINE BULLSHIT-STORY

Unser Leben ist eine Reihe von Geschichten, Erfahrungen und Erinnerungen, die wir mit unserer Deutung derselben garnieren. Dinge widerfahren uns, wir interpretieren diese Dinge und stützen unsere Entscheidungen auf die Version der Geschichte, die wir uns zurechtgelegt haben.

Doch diese Version ist keine objektive Tatsache, sondern eine subjektive Meinung. Es mag objektive Tatsachen darin geben, aber wie du die Situation interpretierst, beruht auf deiner Wahrnehmung der Welt und darauf, was du bereits über die Welt geglaubt hast, als die Situation eingetreten ist.

Es gibt immer viele Möglichkeiten, auf denselben Moment zu blicken. Wir alle haben Zeiten, in denen wir ein wenig dünnhäutig und emotional sind, und dann macht jemand einen Witz, und er kommt ganz übel bei uns an. Plötzlich weinen wir und streiten vielleicht sogar mit der betreffenden Person. Denselben Witz könnten wir an einem guten Tag zu hören bekommen und ohne Zwischenfälle einen frechen Spruch als Replik raushauen. Die Situation ist beide Male dieselbe, aber wir nehmen sie anders auf, und genauso ist es bei jeder Geschichte, die wir uns selbst erzählen.

Probleme entstehen, wenn unsere Geschichten nicht hilfreich sind, und dann vergiften diese alten negativen Geschichten unsere neuen, frischen Momente und bannen uns in einen unglücklichen Teufelskreis.

Stell dir dein Leben als eine Folge verschiedener Kapitel vor. Jedes Kapitel enthält eine eigene Version von dir und Charaktere, mit denen du interagierst. Einige Charaktere bleiben bei dir, andere verabschieden sich nach dem zweiten Kapitel und erscheinen vielleicht wieder in Kapitel zwanzig.

Manchmal beißen wir uns jedoch an einem Kapitel fest und lesen und erleben es wieder und wieder. Das ist stumpfsinnig und frustrierend, und wenn wir ein Leben führen wollen, das wir lieben, und Geschichten zu erzählen haben wollen, wenn wir alt und grau sind, müssen wir fortwährend Korrekturen vornehmen und dafür sorgen, dass diese Geschichten uns dienlich sind.

Denk jetzt einmal einen Moment lang an dein Leben. Wie beschreibst du es? Wie sprichst du über dich und deine aktuelle Situation? Beziehst du dich häufig auf vergangene negative Geschichten? Entschuldigst du dein derzeitiges Benehmen mit Verweisen auf alte Geschichten?

Vielleicht ist es Zeit, dir neue Geschichten zuzulegen.

Ich weiß natürlich, dass wir nicht alle am selben Punkt starten. Natürlich nicht. Einige von euch, die ihr das hier lest, haben eine schlimme Kindheit hinter sich. Einige haben in ihren frühen Jahren Erfahrungen gemacht, bei denen sich all jenen, die eine schöne Kindheit hatten, die Zehennägel aufrollen würden.

Gibt es etwas, das wir an diesem Ungleichgewicht ändern könnten? Äh, nö! Werden wir uns also darauf konzentrieren? Äh, no!

Wir können zur Kenntnis nehmen, dass einige von uns etwas härter daran arbeiten müssen, alte Geschichten loszulassen (und vielleicht brauchen sie sogar therapeutische Hilfe dabei). Aber wir werden jenen, die nicht dieselben negativen Erfahrungen wie wir hatten, nicht grollen, weil jeder Einzelne seine eigenen Schlachten zu schlagen hat – und weil unser Groll darüber, dass einige andere es leichter haben, nur dazu beiträgt, uns an unserer eigenen Bullshit-Story festzuhalten.

Nach einem meiner Events kam einmal eine junge Frau zu mir. Sie wollte über etwas reden, das sie hinter sich zu lassen versuchte, und brauchte einen Rat. Diese schöne Seele erzählte mir, dass sie schüchtern war und nie den Mund aufmachte und auch nicht viel Selbstbewusstsein besaß. Sie vermutete, dass das vom frühen Tod ihrer Mutter und anderem Kummer herrührte, den sie nicht aufgearbeitet hatte. Mit 28 Jahren hatte sie das Gefühl, von der aktuellen Version ihrer selbst ausgebremst zu werden und auf der Stelle zu treten.

Ich hörte ihr aufmerksam zu, während sie all die Gründe aufzählte, warum sie war, wie sie war. Ich fragte sie nach ihrem Beruf, und sie antwortete, sie sei Lehrerin an der Mittelschule. Sie arbeitete an einer Schule für Kinder, die aus einem schwierigen Umfeld kamen und zusätzliche Unterstützung benötigten. Ich bat sie, mir einen typischen Tag zu schildern – sie berichtete, dass sie sich jeden Tag vor eine Klasse aus Teenagern hinstellen musste, die ständig dazwischenriefen und -grölten, die nicht in der Schule sein wollten und oft ziemlich extreme Gefühlsausbrüche hatten.

Meiner eigenen Version der Welt zufolge war das ein sehr schwieriger Job und erforderte enorm viel Geduld und Stärke. Ich fragte sie, ob Selbstvertrauen nötig sei für das, was sie tat, und sie bejahte und gestand, sie habe in ihrem ersten Monat nicht geglaubt, dass sie das durchstehen würde.

Während wir miteinander plauderten, stand ich einer starken, selbstbewussten und wortgewandten Frau gegenüber, die alles andere als schüchtern und «festgefahren» war. Ich teilte ihr meine Beobachtung mit und fragte sie, welche Version ihrer selbst sie sein wollte. Im Alter von 15 Jahren, als ihre Mutter gestorben war, hatte es für sie Sinn gemacht, sich in sich selbst zurückzuziehen, aber mit 28 Jahren war diese Version veraltet.

Ich wollte von ihr wissen, ob sie das Gefühl habe, ihre alte Geschichte sei ihr noch dienlich, und ob sie vielleicht einen Weg finden könnte, das «schüchterne Mädchen» loszulassen, um der selbstbewussten Lehrerin zu erlauben, entschlossener in Erscheinung zu treten. Ich sah zu, wie sie sich selbst die Erlaubnis dazu gab, und es war wirklich, als wäre eine Glühlampe in ihrem Kopf angegangen. Später schrieb sie mir eine Nachricht, um mir für meinen sanften Schubser zu danken.

Ich teile die Geschichte dieser Frau mit dir, weil ich denke, dass wir alle an alten Versionen unserer selbst festhalten und vergessen, dass wir die Erzähler unserer Geschichten sind und jederzeit verändern können, was passiert.

Ich bin bereit, meine Story zu verändern – was kann ich als Nächstes tun?

1 **Finde heraus, worum es sich bei dieser Geschichte überhaupt handelt.** Sieh dir die kniffligen Bereiche deines Lebens an und werde dir bewusst, welche Geschichte du dir über sie erzählst. Wer bist du in dieser Geschichte? Opfer, Angreiferin, Heldin? Achte darauf, wie du dein derzeitiges Ich und deine aktuelle Situation beschreibst, wie auch auf die Wörter, die du in diesem Zusammenhang häufig benutzt.

2 **Entscheide, wie deine neue Lebensgeschichte klingen sollte,** und schreib sie auf. Vielleicht hattest du eine toxische Beziehung, und was du dir jetzt wünschst, sind Sicherheit, Liebe und Unterstützung. Arbeite diese Version aus, mit dir als der starken Heldin, die feste Grenzen hat und sich selbst liebt.

3 **Schreib deine derzeitigen Glaubenssätze auf, die dich in dieser Geschichte gefangen halten.** Das könnte zum Beispiel sein: «Wenn ich in der Arbeit den Mund aufmache, blamiere ich mich nur.» Dann schreibst du daneben einen neuen Glaubenssatz, der dir helfen würde, der neuen Geschichte, die du dir wünschst, näherzukommen: «Wenn ich in der Arbeit den Mund aufmache, zeugt das von Selbstbewusstsein» oder «Andere Leute sind zu beschäftigt damit zu überlegen, was sie als Nächstes sagen sollen, um darüber nachzudenken, ob ich es wieder verpatzen werde oder nicht».

4 **Stelle dir die Heldin deiner neuen Geschichte vor deinem geistigen Auge vor** und male dir aus, wie sie sich verhalten würde. Schau zu, wie du selbst in diese neue Geschichte und in die neue Version deiner selbst schlüpfst. Während du in der positiveren Geschichte spazieren gehst, danke der alten Geschichte dafür, dass sie da war, als du sie brauchtest (wir erschaffen uns alle unsere eigenen Geschichten, um uns zu schützen, wir vergessen nur manchmal, dass wir nicht daran festhalten müssen). Lächle dir selbst zu, während du dir die Erlaubnis erteilst weiterzuziehen.

《 *Die Geschichte deines Lebens,*
die du entwickelst, ist keine Tatsache,
sondern nur eine Meinung. 》

#30

MACH GAR NICHTS

Wenn du eine Schneekugel schüttelst, bricht einen Moment lang das Chaos aus, aber wenn du sie wieder in Ruhe lässt, wird sich der Schnee beruhigen, und die Kugel wird aussehen wie zuvor. Als Menschen müssen wir uns hin und wieder daran erinnern, dass «nichts» – also die Dinge in Ruhe zu lassen – auch wichtig für uns ist.

Als lösungsorientierte Person bin ich, wenn es hart auf hart kommt, bereit zu handeln und suche immer nach Wegen, mich an die Arbeit machen zu können und mich der Herausforderung, die vor mir liegt, zu stellen. Ich bin in der Welt der Selbstentfaltung und Selbsthilfe unterwegs, mir steht eine Fülle an Werkzeugen zur Verfügung, und ich bin bereit, sie bei jeder sich bietenden Gelegenheit zu zücken. Für viele Situationen ist das eine perfekte Strategie und wird mir helfen, mein jeweils aktuelles Dilemma zu bewältigen. Aber es gibt auch Zeiten, in denen weder Worte noch Instrumente noch Ablenkungen ihr Werk tun werden und Nichtstun der Weg nach vorn ist.

In unserer Kultur bringt man uns bei, vorausdenkende Macher zu sein. Wir loben uns selbst dafür, dass wir aktiv werden, anstatt es den Ereignissen zu erlauben, sich in ihrem eigenen Raum und in ihrer eigenen Zeit zu entfalten. Nichtstun gibt uns das Gefühl, dass wir uns schämen sollten, weil wir faul sind; deshalb lassen wir den Schalter immer auf «An» und sind fortwährend damit beschäftigt, nach etwas zu streben, etwas zu wollen und zu brauchen.

Wann war das letzte Mal, dass du nichts getan hast – also wirklich nichts? Wir sagen, dass wir «nichts tun», während wir ein paar Folgen *Grey's Anatomy* bingen, uns träge durch die sozialen Medien scrollen und unsere Nägel lackieren. Ich rede aber von «nichts-nichts».

Weißt du, «nichts» ist eine Entscheidung. Du kannst dich bewusst für «nichts» an diesem Tag entscheiden, für «nichts» in einer Situation, für «nichts», um etwas zu reparieren. «Nichts» kann oft die geheime Lösung sein, die wir alle brauchen.

Es gibt ein niederländisches Konzept, auf das ich kürzlich aufmerksam wurde. Es heißt *niksen*, was übersetzt «müßig sein, nichts tun oder etwas, das kein Ziel hat» bedeutet. Nachdem ich mich eingelesen hatte, habe ich mich in diese simple Verschiebung des Fokus verliebt. Die westliche Welt gründet ihren Erfolg darauf, dass wir unsere Zeit mit der Vorstellung füllen, Leistung, Umsetzung und Aktivität seien das Wichtigste, während Untätigkeit verachtet und bespöttelt wird.

Was, wenn Nichtstun zu 100 Prozent notwendig ist, um dir zu helfen, glücklicher zu werden? Was, wenn das Gefühl, immer im Drive-Modus zu sein, genau das ist, was dich unglücklich macht? Was passiert, wenn eine Situation eintritt und du dich nicht zum Angriff bereitmachst und den Turbo einlegst, sondern stattdessen die Parkposition wählst, ausrollst und absolut nichts tust, bevor du über die nächsten Schritte nachdenkst?

Ich schätze, es ist eine Portion Vertrauen fürs Nichtstun nötig; es ist schließlich keine vertraute Handlungsmaxime für uns, und deshalb kann es uns das Gefühl geben, weniger proaktiv zu sein, so als würden wir nicht das Kommando übernehmen. Wie wäre es also, wenn wir dem Nichtstun eine neue Bedeutung zuweisen und uns bewusst, sogar geplant einen Moment Zeit nehmen, um nichts zu tun – in dem Wissen, dass selbst in dieser «Aus»-Zeit unser Gehirn immer noch arbeitet (tatsächlich haben Studien mithilfe von MRT-Scans erwiesen, dass auch im «Nichts»-Modus oder beim Tagträumen unser Gehirn genauso viel zu tun hat, als wenn wir aktiv sind).

Ich will ehrlich sein und gestehe, dass sich der Gedanke, nichts zu tun, fremd für mich anfühlt. Zu lernen, mir meinen Weg durchs Leben zu *niksen*, ist ganz neu für mich. Es ist aber auch ziemlich befreiend. Anstatt den Kampf- oder Fluchtmodus anzuwerfen, wenn ein Problem auftaucht, lass uns auf die Stopptaste drücken, nachdenken und der Zeit erlauben, zu vergehen. Anstatt unser Gehirn dazu zu drängen oder zu zwingen, die Dinge sofort anzupacken, sollten wir uns einen Moment Nichts gönnen und darauf vertrauen, dass sich dank dieser «Aktion» neue Lösungen zeigen können.

Manche übersetzen *Niksen* mit «erlaubtes Tagträumen» – das ist also eine Zeit, in der dein Geist schweifen, brüten und die Welt um dich herum betrachten darf. Denk an lange Spaziergänge und das sinnfreie Starren aus dem Fenster, ganz ohne Ziel und Agenda. Wenn wir nichts tun, aktivieren wir eine bestimmte Region in unserem Gehirn, das Ruhezustandsnetzwerk. Es ist wichtig, dieses Netzwerk anzuzapfen, denn es ist der Bereich, in dem unser Gehirn reflektieren, nachdenken und uns helfen kann, die Welt zu verstehen.

Es gibt Studien, die zeigen, dass solche Auszeiten für uns selbst unsere Kreativität fördern und Burn-out verhindern. Ich persönlich erlebe sie als Zeit, durchzuschnaufen und das Leben wieder leichter zu nehmen. Für all die «fleißigen Bienchen» da draußen (ihr seid meine Helden!) mag es der Übung bedürfen, aber auch eine regelmäßige Auszeit kann unsere mentale Gesundheit erheblich verbessern.

In unserem modernen Leben erfährt unsere Aufmerksamkeit von links, rechts, vorn und hinten Ablenkung, und manchmal schwirrt uns regelrecht der Kopf von all den aufmerksamkeitsheischenden Reizen. Die Klickfanglinks auf YouTube, die uns zu Videos mit Promiklatsch führen, die ins Auge springende Schlagzeile, die mich einen Artikel vom Vortag über eine «Gummihuhnhandtasche» hat aufrufen lassen, die der «letzte Schrei» ist. Reklame steht auf Bussen und Plakatwänden, und wir recken die Hälse nach Verkaufs- und Rabattaktionen, die uns glauben machen, dass wir dies und jenes «brauchten». Ablenkung ist überall.

Ich weiß sehr wohl, dass einige von euch jetzt denken: «Ich habe keine Zeit zu *niksen*, also verniks dich!» Aber genau das ist der Punkt. Wir versuchen immer, mit Gewalt die Dinge hinzubiegen und alles durchzudrücken. Vielleicht hast du dieses Buch zur Hand genommen, weil du das Bedürfnis hattest, dich selbst wieder geradezubiegen oder Lösungen zu finden. Nichts zu tun, ist eine davon, die ich dir anbieten kann.

Lass jede Kontrolle fahren, experimentiere damit, dir «Nichtszeiten» zu nehmen, und lass dir auch Zeit fürs Nichtstun, wenn ein Problem auftaucht, bevor du reagierst. Finde heraus, was passiert, wenn «nichts» eine Option ist.

Ich bin bereit, mich durch den Tag zu niksen – aber wie geht das?

1 **Bringe die innere Stimme zum Schweigen, die dir befiehlt, «etwas Nützliches mit deiner Zeit anzustellen»,** und ersetze sie durch eine wohlwollende Stimme, die dich daran erinnert, dass erlaubte Tagträumerei ein wichtiger Teil deiner Selbstfürsorge ist.

2 **Tu bewusst nichts.** Anders als bei der Achtsamkeit (siehe «Achtsamer Autofokus» ab S. 171) geht es hier nicht darum, deinen Geist zurück in die Gegenwart zu bringen, sondern ihn schweifen und fließen zu lassen, wohin er auch will. Das Schöne daran ist, dass du das überall machen kannst. Während du deine Kinder zur Schule bringst, in deiner Mittagspause oder auch in einem schrecklich öden Meeting bist (verrate mich nur nicht an deinen Chef!).

3 **Beobachte.** Beobachte Leute, beobachte Vögel, beobachte die Wellen des Meers oder die Wolken am Himmel. Suche dir ein paar *Niks*-Hobbys, die absolut keinen Input benötigen.

4 **Plane Nichtszeiten ein.** Wenn es dein schlechtes Gewissen erleichtert, trag das Nichtstun in deinen Kalender ein. «Ich habe zehn Minuten Luft vor dem nächsten Meeting und werde nichts tun.» Sorge dafür, dass du einmal am Tag eine Nichtszeit hast, und beobachte, welche Wirkung diese Zeiten auf dich haben.

> **《 Was, wenn Nichtstun zu 100 Prozent notwendig ist, um dir dabei zu helfen, glücklicher zu werden? 》**

#31

ACHTSAMER AUTOFOKUS

Hast du je das Gefühl, dass manche Wörter aus dem Nichts kommen, und plötzlich fallen sie in Gesprächen in Talksendungen und in Zeitungsartikeln, und alle Welt erwartet von dir, dass du weißt, was sie bedeuten? «Achtsamkeit» ist so ein Wort. Versteh mich nicht falsch: Da du dieses Buch liest, ist die Wahrscheinlichkeit groß, dass du schon einmal über das Konzept der Achtsamkeit gestolpert bist. Aber ich finde es immer interessant, wie sich plötzlich etwas etabliert und *das* Wort der Stunde wird.

Doch wenn Dinge Mainstream werden (was in diesem Fall ein großartiger Fortschritt ist), wird ihre wahre Bedeutung oft verwässert oder fehlgedeutet oder geht ganz verloren. Eine Freundin hat mir unlängst von einem «Achtsamkeitsraum» erzählt, der bei ihr in der Firma eingerichtet wurde. Das klingt nach einem sehr fortschrittlichen Arbeitgeber, denkst du jetzt vielleicht – aber das Problem war, dass niemand wusste, was zur Hölle Achtsamkeit sein sollte, und deshalb war es, na ja, eben doch nur ein Raum (und noch dazu ein leerer!).

Der Begriff der Achtsamkeit stammt ursprünglich aus dem Osten und hat seine Wurzeln im Hinduismus und Buddhismus. In den letzten Jahrzehnten ist er in den Westen herübergeschwappt, und eher weltlich orientierte Leute haben die Inhalte übernommen und alles Religiöse weggelassen. Wenn ich in diesem Kapitel über Achtsamkeit spreche, meine ich die westliche

Definition, aber du kannst natürlich deine eigenen religiösen Zutaten hinzufügen (so wie in allen anderen Lebensbereichen auch).

Vereinfacht ausgedrückt, besteht Achtsamkeit daraus, sich darin zu üben, im gegenwärtigen Moment präsent zu sein, achtsam in deiner Umgebung, deinen Gefühlen und diesem Augenblick zu sein. Wenn Achtsamkeit so heruntergebrochen und in so schlichten Worten ausgedrückt wird, könntest du jetzt mit jedem Recht der Welt fragen: «Na, das machen wir doch ohne jede Hilfestellung eh schon, oder?» Und die Antwort wäre traurigerweise: «Nein.»

Wir verbringen einen unverhältnismäßig großen Teil unserer Lebenszeit entweder in der Vergangenheit oder in der Zukunft. Wir schauen wehmütig in Zeiten zurück, die wir vermissen, oder in Momente, die wir bedauern, oder wir hetzen einem künftigen Ich entgegen. Es ist ziemlich selten, dass wir wirklich präsent im Jetzt bleiben.

Als ich 20 war, ging ich in die Schauspielschule (ich wollte endlich als Schauspielerin ernst genommen werden, nun ja). Dort besuchte ich den Achtsamkeitsunterricht, und der Lehrer gab mir das Buch *Jetzt! Die Kraft der Gegenwart* (Kamphausen 1997) von Eckhart Tolle. Es handelt davon, dass das Leben im gegenwärtigen Moment der Weg zu Glück und Erleuchtung ist, während das Leben in der Vergangenheit oder Zukunft dem echten Glück im Weg steht.

Mein 20-jähriges Ich blätterte das Buch mit der Geringschätzung der Jugend durch und fuhr fort, heftig als mein zukünftiges Ich zu leben. Ich hatte es so eilig, in die nächste Phase meines Lebens einzutreten, dass die Vorstellung, in diesem gegenwärtigen Augenblick aufzugehen, mir zutiefst zuwider war. Seither habe ich Tolles Buch viele Male gelesen, und ich verstehe es jetzt viel besser.

Mir gefällt es, Achtsamkeit als die Übung zu denken, in mich selbst hineinzuhorchen, mir bewusst zu werden, wie ich mich geistig und körperlich fühle. Wenn wir nicht in uns selbst hineinhorchen und physischen oder emotionalen Schmerz oder Unrast vermeiden, ist die Wahrscheinlichkeit groß, dass dieser Schmerz, diese Unrast sich uns auf unvorhersehbare Art und Weise Bahn brechen wird.

Hier ist ein Beispiel. Sagen wir, du schluckst seit Wochen deinen Frust über die «nervige Nora» aus der Arbeit herunter, die dir deine Ideen klaut und zu viel Parfum aufträgt. Das funktioniert eine Weile, aber am Ende wirst du gezwungen sein, diese Wut wahrzunehmen, wenn du nämlich Magenschmerzen kriegst oder heimkommst und deinen Mann anschreist.

Wenn wir nicht in unseren Körper hineinhorchen, gelten dieselben Regeln. Für den Fall, dass wir den ganzen Tag über unsere Laptops gebeugt dasitzen, ohne auf unsere Haltung zu achten, ist es wahrscheinlich, dass wir eines Tages mit Rückenweh und Spannungskopfschmerz aufwachen.

Indem wir uns eine achtsamere Lebensweise aneignen, bemerken wir all diese Dinge, lange bevor wir durchdrehen oder einen Arzt aufsuchen müssen.

Achtsamkeit ist nichts Kompliziertes. Das ist einer der Gründe, warum ich dieses Instrument so liebe. Wir alle können Achtsamkeit üben, wo und wann wir wollen, ohne einen «Achtsamkeitsraum» oder spirituelle Anleitung zu brauchen. Tatsächlich ist dies eine wissenschaftlich nachgewiesene Methode, Stress und Angst zu reduzieren und die täglichen Spannungen loszulassen.

Ich will im Jetzt präsent sein – was soll ich tun?

1 **Achtsame Augenblicke.** Leg jeden Tag einen achtsamen Moment ein. Wenn du das noch nie gemacht hast, such dir eine Zeit aus, richte einen Alarm im Handy ein und mach dich an die Arbeit – vielleicht während du deinen Morgenkaffee trinkst oder Mittagspause machst. Wann auch immer du ihn einlegst, dies sind die Schritte, die du befolgen solltest:

1. Mach einen mentalen Bodyscan, vom Scheitel bis zur Sohle, indem du jeden Körperteil bittest, sich zu entspannen. Achte in besonderem Maße auf problematische Bereiche, etwa die Spannung in Stirn, Kiefer, Schultern und Händen.

2. Nach dem Bodyscan werde dir deiner Umgebung und des Moments bewusst, in denen du dich befindest. Was riechst du? Was schmeckst du? Was hörst du? Was fühlst du? Was siehst du?

3. Achte auf deinen Atem, wie er ein- und ausströmt. Versuch nicht, ihn zu manipulieren oder ihn zu verändern, mach ihn dir nur bewusst.

4. Schließlich fragst du dich: «Wie geht's mir heute?» Nimm wahr, welche Antwort auftaucht.

2 **Iss bewusst.** Für all jene, die oft ein Problem mit dem Essen haben, ist achtsames Essen eine wunderbare neue Angewohnheit. Achte auf Geruch, Geschmack, Beschaffenheit und jeden Bissen deiner Speise.

3 **Dusche achtsam.** Nutze die Zeit am Morgen, um die Empfindung des Wassers auf deinem Körper wahrzunehmen. Ist es heiß oder kalt? Was kannst du beim Duschen hören (bei mir ist es häufig die dezente Klangkulisse meiner Töchter, die sich anschreien und streiten, wer den letzten Rest Müsli kriegt)?

4 **Geh achtsam.** Wie oft bist du schon gedankenlos zu deinem Ziel gehetzt? Wenn ich meine Töchter in die Schule bringe, spielen wir immer «Ich sehe was, was du noch nie gesehen hast». Wir nehmen jeden Tag denselben Weg, aber wir finden immer etwas Neues.

5 **Begreife, dass Achtsamsein nicht das Freisein von Gedanken oder Gefühlen ist.** Es bedeutet nicht, dass dein «innerer Kritiker» nicht auftaucht. Es bedeutet aber sehr wohl, dass du schneller merken wirst, wenn die Stimme in deinem Kopf nicht hilfreich ist, und dann an der Quelle etwas dagegen tun kannst (siehe auch «Du mobbst dich selbst» ab S. 54, wo ich über den inneren Kritiker spreche).

> « *Der Augenblick, in dem du jetzt bist, ist der einzig reale. Sei voll und ganz in diesem Moment.* »

#32

HÖR AUF, SO VERDAMMT «KRITISCH» ZU SEIN

Mein Name ist Holly Matthews, und ich bin eine ehemals sehr «kritische» Frau (die sich alle Mühe gibt, sich zu ändern). Spulen wir nur ein paar Jahre zurück – jetzt sehe ich, dass ich damals extrem kritisch war. Das öffentlich zu äußern, ist ein bisschen beschämend; es ist nichts, was wir gern zugeben, aber ich wage mal die Prognose, dass ich nicht die Einzige bin.

Und doch habe ich mich damals natürlich nicht für kritisch gehalten. Ich habe mich als jemand betrachtet, der starke Meinungen hatte, der keine Angst davor hatte, sie zu äußern und gehört zu werden. Ich hatte *meine* Vorstellung von der Welt, habe die Dinge auf meine Weise gesehen, und wenn jemand außerhalb dieser Parameter lebte, habe ich ihn eben dafür kritisiert.

Offen gestanden, rollen sich mir als offener Person, die gern freiheraus ist, die Zehennägel auf, während ich das schreibe. Es ist peinlich, eingestehen zu müssen, was man nicht richtig gemacht hat, aber ich kann dieses Buch nicht gut schreiben und meine eigene, persönliche Reise außen vor lassen.

Ich kritisierte so viel, weil ich nicht wollte, dass die Leute Dinge auf die «herkömmliche» Weise taten: zur Schule gehen, vielleicht auf die Universität, einen Bürojob mit geregelten Arbeitszeiten haben, fürs Wochenende leben, heiraten und häuslich werden. Ich war damit aufgewachsen, mich gegen die sozialen Normen aufzulehnen, gegen das, was wir zu tun angehalten waren, und obwohl ich versuchte, den Leuten beizubringen, dass sie ihr Leben auf *ihre* Art leben durften, vermittelte ich ihnen eigentlich, dass sie ihr Leben auf *meine* Art leben sollten. Das geschah in bester Absicht – die Leute sollten verstehen, dass es andere Optionen gab, und dazu stehe ich auch heute noch –, aber sehr oft saß ich auf meinem hohen Ross und erzählte ihnen, dass ihre Art, etwas zu tun, falsch war.

Was diese Kritikdauerschleife unterbrach, waren die Krankheit meines Mannes und dann sein Tod. Es erschütterte die Grundfesten dessen, was ich über die Welt für wahr hielt. Ich traf viele Menschen, die Ähnliches durchgemacht haben (und zwar jeglicher Couleur, sowohl angestellt und «konventionell» lebend als auch gegen den Strich gebürstet), oder erhielt Nachrichten von Leidensgenossen. Ich begriff, dass es viele Lebensweisen gibt und wir Krisen auf unsere eigene Art bewältigen. So konnte ich meine kritische Art gegenüber unterschiedlichen Lebensentwürfen loslassen.

Ich weiß, dass einige von euch jetzt denken: «Aber jeder übt doch Kritik, das ist Teil des Lebens.» Und damit habt ihr recht – ein kritischer Blick ist ein fundamentaler Wesenszug des Menschen. Hütet euch dennoch davor, in einen Teufelskreis zu geraten, indem ihr alles und jeden negativ kritisiert, denn es ist schwer, ihn wieder zu verlassen, und ihr polt euer Gehirn darauf, immer nach dem Schlechten und Schlimmen Ausschau zu halten. Wenn wir im Kritikmodus sind, treffen wir spontane Entscheidungen und kanzeln die Welt ab, während wir innerlich auch uns selbst dafür abkanzeln, dass wir so kritisch sind.

Wenn du die aufgeregte alleinerziehende Mama kritisierst, die ihre Kinder zur Schule bringt (das bin dann übrigens ich!), wirst du wahrscheinlich auch den Nachbarn, den Promi der Stunde, die Person aus der Schule, die kryptische Botschaften

auf Facebook postet, deine Freunde, deine Familie und zweifels-
ohne auch dich selbst kritisieren. Kritik an anderen führt oft zu
Kritik an uns selbst und der Annahme, dass alle anderen uns
genauso heftig kritisieren.

Schauen wir uns einmal an, warum du überhaupt Kritik übst.
Was gibt dir das? Für jedes Verhalten, das wir an den Tag legen,
existiert eine Motivation, und es sollte dir die Mühe wert sein
herauszufinden, ob dieser Kritizismus reine Gewohnheit ist
oder ob es einen tieferen Grund dafür gibt.

Kritisierst du, um zum Beispiel eine Beziehung zu einer
Gruppe aufzubauen? Kritisierst du andere, weil es dir das Gefühl gibt, über ihnen zu stehen? Nimm dir einen Augenblick
Zeit, um in dich zu gehen und zu sehen, was du dort aufspürst.
Für gewöhnlich kritisieren wir an anderen, was wir an uns
selbst nicht mögen; und während du mit dem Finger auf andere
zeigst und ihnen damit vor der Nase herumfuchtelst, fühlt sich
dein Ego erhöht, und du wirst abgelenkt von der Notwendigkeit, das zugrundeliegende Gefühl zu bewältigen, nicht gut genug zu sein.

Wäre es nicht schöner, die Bürde abzuwerfen, andere so
schroff kritisieren zu müssen? Wie wäre es, dich beim nächsten
Mal, wenn sich dieser Drang meldet, zu fragen, welche Motivation dahintersteckt, und zu überlegen, ob du stattdessen nicht
etwas Positives sagen könntest (siehe auch «Hüte deine Zunge»
ab S. 152).

Niemand nimmt sich vor, sich zum großen Kritiker auf-
zuschwingen – und ich hoffe, dass du, sofern du bei der Lektüre dieses Kapitels eine Verhaltensweise von dir wiedererkannt
haben magst, bereit für einige Denkanstöße bist, wie du das
ändern kannst …

Das Kritisierenmüssen einstellen

1 **Trotze deinen negativen Gedanken.** Wenn du dich selbst sagen hörst: «Sie hat eine furchtbare Frisur» oder «Warum verbietet diese Frau ihren Kindern nicht, im Restaurant rumzurennen?», halte inne und nimm deine Kritik wahr. Anschließend richtest du deine Aufmerksamkeit auf etwas Gutes an dieser Person oder überlegst, was der Grund für ihr Verhalten sein könnte: «Sie hat ein nettes Lächeln» oder «Vielleicht hat sie es gerade nicht leicht, und ich sollte ihr meine Hilfe anbieten».

2 **Versetze dich einen Augenblick lang in die Lage der betreffenden Person.** Letztes Jahr haben meine Töchter und ich vor dem Haus einer Dame geparkt. Ganz legal, das Recht war auf meiner Seite, aber diese Frau hat an mein Autofenster geklopft und mich aufgefordert wegzufahren. Sie war unhöflich und unverschämt, und meine erste Reaktion war, mich auf einen Streit mit ihr einzulassen und mich zu verteidigen. Durch meine kritische Brille betrachtet, hatte diese Frau mir meinen Vormittag versaut, meine Mädchen zum Weinen gebracht und war einfach ein schrecklicher Mensch. Was ich später durch einen Nachbarn von ihr erfuhr, war, dass der Mann dieser Frau schwer krank war. Erst kürzlich hatte jemand ihre Einfahrt blockiert, der Rettungswagen war nicht durchgekommen. Anscheinend war die Frau besorgt gewesen, das Ganze könnte sich wiederholen, und nun hatte sie ihren Zorn auf mich projiziert, sodass ich es ausbaden musste. Dank meiner eigenen Erfahrungen mit einem kranken Mann konnte ich mich in sie hineinversetzen und ihren Standpunkt verstehen, und das nahm meiner Kritik und Wut den Stachel. In dem Augenblick, da ich meinte, nichts falsch gemacht zu haben, und nicht die ganze Geschichte kannte, stand ich für mich selbst ein und verhielt mich entsprechend. Als ich jedoch die Hintergründe erfuhr, wurde ich krass daran erinnert, dass wir keine Ahnung haben, welche Schlachten andere Menschen schlagen, und ich konnte ihren Wutausbruch nachempfinden.

3 **Bekenne dich zu deinen hässlichen Ecken und dunklen Kanten.** Freunde dich damit an, dass du nicht immer das Richtige tust und wir alle hin und wieder Chaos anrichten und unvollkommen sind, aber unser Bestes geben. Wenn du ehrlich mit deinen eigenen Mängeln und Schwächen umgehst, wird es leichter zu verstehen, dass auch andere Mängel und Schwächen haben, und du kannst ihnen freundlicher begegnen.

4 **Ruf dir ins Gedächtnis, wie es sich anfühlt, wenn man selbst kritisiert wird,** bevor du deine Kritik an den Mann bringst. Wir alle kennen mindestens einen Menschen, der uns Moral-predigten über dies und das hält und Gift und Galle spuckt, während er uns herunterputzt, und es gefällt uns nicht! Es ist in Ordnung, wenn andere ihr Leben anders leben, wenn dir nicht gefällt, was sie tun, und du dir deine eigene Meinung darüber bildest – aber wenn du zu nah an den Strudel des Kritisierens schwimmst, wird er dich verschlingen, und du wirst dich wie durch den Wolf gedreht fühlen.

5 **Sei neugierig.** Denke darüber nach, warum du diesen Drang zu kritisieren hast. Was fühlst du tief drinnen? Sind da Neid oder Eifersucht, bist du wütend über etwas, hast du Angst? Vielleicht fühlst du dich nicht gut genug, und bei näherem Hinsehen sorgt deine Kritik dafür, dass du dich über den anderen erhaben fühlst?

« *Es ist in Ordnung, wenn andere ihr Leben anders leben.* »

#**33**

SEI LANGWEILIGER

Lebensziele sind sexy.

Sie sind laut, auffällig und bringen das Versprechen auf Belohnung und Feierei mit sich. Lies Anfang Januar eine Zeitschrift deiner Wahl, und sie wird voller Tipps für gute Vorsätze sein und dir zeigen, wie du die Motivation findest loszulegen.

Kühne Ziele anzupeilen, ist herrlich – ich habe sogar ein Kapitel darüber geschrieben (siehe «Setz dir große, fette Ziele» ab S. 48). Doch ohne das, was wir in diesem Kapitel besprechen werden (Spoileralarm: Gewohnheiten), wirst du viel länger brauchen, um deine Ziele zu erreichen (wenn du's überhaupt je tust).

Gewohnheiten sind nicht sexy.

Gewohnheiten sind geistlos. Aber es wird ihre eintönige Regelmäßigkeit sein, die einen Vorsatz von deiner Neujahrsliste Wirklichkeit werden lässt.

Wenn ich auf mein bisheriges Leben zurückblicke, sehe ich, dass ich die meiste Zeit damit verbracht habe, außerhalb der vorgefertigten Schablonen zu malen: ein unkonventioneller Job, die Spannung, nicht zu wissen, was ich als Nächstes tun werde, und immer aus dem Vollen meiner Schrägheit schöpfend. Das kann Spaß machen und – mit ein bisschen jugendlichem Draufgängertum gespickt – bedeuten, dass du mit Pauken und Trompeten durchaus einige deiner großen Ziele erreichst.

Als junge Erwachsene habe ich begriffen, dass mich Spontaneität bis zu einem gewissen Punkt bringt, aber nicht weiter. Neben all dem Guten, das ich auf diese Weise erreicht habe, habe ich auch einen Haufen Chaos und Durcheinander erlebt – weshalb ich oft noch einmal einen neuen Anlauf nehmen musste, um endlich dort zu landen, wo ich hinwollte. Hier können Gewohnheiten helfen.

Gewohnheiten sind Winzigkeiten, die wir jeden Tag tun, die aber Einfluss auf das große Ganze unseres Lebens haben. Das könnte etwas Positives sein – oder aber der Grund, warum du in den letzten paar Monaten fünf Kilo zugelegt und trotzdem diesen einen Auftrag noch nicht beendet hast.

In der Vergangenheit hätte ich mich gegen einen Terminplan, Gleichförmigkeit oder Systeme gesträubt, weil es sich öde angefühlt hätte; aber ich hatte unrecht. Wenn wir ein ordentliches Fundament legen – Dinge, die wir im Schlaf beherrschen –, dann machen wir damit tatsächlich Raum verfügbar, um spontan und wild sein zu können, ohne das größere Bild in Unordnung zu bringen und uns von den Zielen zu entfernen, die wir erreichen wollen.

Ich habe lange gebraucht, um die Wirkung der Dinge zu verstehen, die wir bereits ohne nachzudenken können; aber da ich seit Kurzem geradezu besessen davon bin, mir Gewohnheiten anzutrainieren, und die Ergebnisse gesehen habe, bin ich jetzt an Bord.

Ich bin zum Beispiel unordentlich. Ich habe Jahre damit verbracht, Chaos zu hinterlassen, wo ich gehe und stehe, um mich dann so darüber zu ärgern, dass ich einmal im Monat großen Frühjahrsputz mache und mir immer wieder verspreche, dass ich es danach besser machen werde. Ich habe es nicht besser gemacht. Ich führe dieselben schlechten Angewohnheiten fort, und im nächsten Monat liegt die Hälfte meiner Garderobe wieder überall auf dem Boden herum.

Da ich das von mir wusste, begann ich, mit Mikroangewohnheiten zu experimentieren, die im Lauf des letzten Jahres meine ganze Lebensweise von Grund auf verändert haben. Das Gröbste aufzuräumen, bevor ich schlafen gehe, und mich dahingehend besser zu organisieren, wann ich putze oder wohin ich was räume, hat mir Erleichterung verschafft und das Gefühl, das Chaos zu beherrschen.

Aber wie gewöhnen wir uns etwas an?

Gewohnheiten werden in einem Bereich des Gehirns herausgebildet, den man die Basalganglien nennt, Entscheidungen werden in unserem frontalen Kortex (also im Frontalbereich des Gehirns) getroffen. Wenn wir anfangen, eine Tätigkeit zu erlernen, müssen wir sie sehr bewusst ausführen, aber mit der Zeit und durch Wiederholung wird dieses Verhalten zur Gewohnheit, und der für die Entscheidungen zuständige Bereich unseres Gehirns kann ein Nickerchen machen (während die Basalganglien im Hintergrund übernehmen).

Stell dir vor, du müsstest noch einmal Autofahren lernen. Am Anfang denkst du über jede Bewegung beim Schalten nach, über das Bedienen der Pedale und des Blinkers, und es ist sooo anstrengend. Als ich meine Prüfung bestand (zweiter Versuch), war ich sehr schwanger und musste am nächsten Tag in Essex sein, um die Rolle der Jasmin in einer pantomimischen Aufführung von *Aladdin* zu spielen. Dafür musste ich 160 Kilometer von zu Hause in Coventry über die M1 und M25 fahren. Für diejenigen, die diese Autobahnen nicht kennen: Sie sind sehr voll, und es wird sehr schnell gefahren. Zu sagen, dass ich «aufmerksam» fuhr, ist eine schamlose Untertreibung, und als ich die Ausfahrt nach Essex sah, schrie ich «Ja!», während mir der kalte Schweiß in Strömen den Körper hinunterrann …

Ich bin diese Autobahnen seither Hunderte Male gefahren. Das regelmäßige Fahren ist zur Gewohnheit geworden, deshalb denke ich längst nicht mehr so intensiv darüber nach, was mir

Freiräume gibt, mit meinen Kindern hinten im Wagen Alicia-Keys-Songs zu singen und mich relativ mühelos im dichten Verkehr fortzubewegen.

Seien es nun gute oder schlechte Gewohnheiten, wir bilden sie immer auf dieselbe Weise aus. Wir haben einen Auslöser, der uns dazu bringt, etwas zu tun (zum Beispiel in den Pausenraum zu gehen und Kaffee zu riechen), der eine Routine oder Handlung triggert (wir machen uns selbst einen Kaffee), und schließlich bekommen wir eine Belohnung (wir trinken einen Kaffee, das Koffein tut seine Wirkung, und wir legen einen Zahn zu).

Das gilt für jedes gewohnte Verhalten. Der Weg, Gewohnheiten zu verändern, die uns nicht recht sind, führt also darüber, die Belohnung zu identifizieren, die wir für die Gewohnheit bekommen, und eine gesündere oder zuträglichere Belohnung für denselben Auslöser zu finden.

Sagen wir, der Auslöser, deinem Ex eine Nachricht zu schreiben, besteht darin, dass du betrunken heimkommst, und die Belohnung für die Routine, die Nachricht zu schreiben (die du am nächsten Morgen bereuen wirst), besteht darin, deinen Wunsch nach Aufmerksamkeit und Aufregung zu befriedigen und dich begehrt zu fühlen. Vielleicht liegt der Schlüssel, wie du aus diesem Kreis ausbrechen kannst, darin, einen anderen Weg zu finden, um die erwünschte emotionale Unterstützung und Aufmerksamkeit zu erlangen – indem du etwa die neue Routine etablierst, in solchen Situationen deiner besten Freundin oder deiner Schwester zu schreiben, bis der Auslöser oder die Begehrlichkeit, die am Anfang der Routine steht, sich in Wohlgefallen aufgelöst hat.

Das Wichtigste am Ausbilden neuer Gewohnheiten sind winzige Verhaltensänderungen an jedem Tag. Tatsächlich wird es aber lange Zeit brauchen, bis wir Ergebnisse der neuen Gewohnheiten sehen. Vorher müssen wir entscheiden, wer wir sein wollen.

Wenn ich beschließe, eine gesunde Frau zu sein, die regelmäßig Sport treibt und aufhört, so viele Kekse zu essen, muss ich mir die Gewohnheiten anschauen, die ich bereits habe, und prüfen, wo sie justiert werden können. Ich muss mich damit beschäftigen, wer der Mensch ist, der ich sein will, und jedes Mal daran denken, wenn ich das Gefühl habe, in mein altes Verhalten zurückzufallen.

Wenn du dich eingehender mit diesem Thema beschäftigen möchtest, empfehle ich dir das Buch *Die 1 %-Methode: Minimale Veränderung, maximale Wirkung* (Goldmann 2020) von James Clear, das sich besonders mit dem Implementieren neuer Gewohnheiten beschäftigt. Oder wenn du *jetzt* etwas verändern willst, findest du im Folgenden meine Tipps dazu.

Okay, ich wünsche mir gute Gewohnheiten – wo fange ich an?

1 **Entscheide, wie dein Leben aussehen soll und wer du sein willst.** Vielleicht willst du jemand werden, der regelmäßig liest oder der sozialer eingestellt ist – oder du wünschst dir eine bessere Work-Life-Balance? Zensiere deine Entscheidungen nicht, entscheide einfach. Dann liste die Gewohnheiten auf, die dich deinen Zielen näherbringen werden, sowie die Gewohnheiten, die dich derzeit davon abhalten. Kumuliere dabei Gewohnheiten: «Wenn ich dies tue, dann tue ich auch das.» Zum Beispiel: «Wenn ich Wasser aufsetze, mache ich zehn Liegestütze.»

2 **Schreib dir alternative Belohnungen für die derzeitigen schlechten Gewohnheiten auf** – sie sollten leicht zu haben und naheliegend sein. Eine meiner Klientinnen hatte keine gute Balance, was die Nahrungsaufnahme betraf: Jedes Mal, wenn sie heimkam, aß sie eine Scheibe Schinken aus dem Kühlschrank (manchmal auch eine ganze Packung auf einmal). Sie hatte sich angewöhnt, sich ihre Belohnung zu holen, sobald sie ihre Tasche auf dem Tisch abstellte. Als ihr das klar wurde, stellte sie ein paar gesündere Alternativen bereit und verbannte den Schinken aus ihrer Reichweite. Die Tatsache, dass sie immer noch *etwas* essen durfte, genügte als Unterstützung bei der Veränderung der Gewohnheit.

3 **Erspare dir Entscheidungen.** Stelle einen «Uniform»- oder Dresscode auf, einen Speiseplan, der sich wiederholt, und halte dich an dieselben Zeiten für die Dinge, die du jeden Tag verrichtest. Je öfter wir Dinge wiederholen, desto weniger muss unser Gehirn dabei denken (denn genau das strengt uns an und überfordert uns). Mark Zuckerberg trägt jeden Tag das gleiche T-Shirt, weil er sich so wenige Entscheidungen wie möglich zumuten will, damit er seine ganze Energie bei der Arbeit dem Dienst an der Gemeinschaft widmen kann.

4 **Beginne klein mit neuen Gewohnheiten und mache kontinuierlich weiter.** Es geht hier nicht um Riesenschritte, sondern darum, die Person zu werden, die du sein willst. Mach weiter, bis du aufhörst, dich zu deinem Verhalten zu beglückwünschen. Das ist der Zeitpunkt, an dem du weißt, dass du «das» jetzt wirklich bist.

« *Der ‹langweilige›*
Wiederholungscharakter einer
Gewohnheit schafft Raum
für Spontaneität und Spannung. »

#34
SEI SCHONUNGSLOS MIT DEINEM FREUNDESKREIS

Ich habe nicht viele Freunde.

Das könnte nun klingen, als wäre ich einsam, aber ich sehe das nicht negativ. Die Menschen, die ich in mein Leben zu lassen beschlossen habe, sind wirklich großartig, und ich schätze mich unglaublich glücklich, sie zu haben.

In Bezug auf unsere mentale Gesundheit und unser Wohlbefinden ist es keine schlechte Sache, wählerisch zu sein, mit wem man Zeit verbringt. Tatsächlich gibt es viele Studien dazu, ob wir der «Durchschnitt der fünf Menschen sind, mit denen wir die meiste Zeit verbringen» – ein Zitat, das dem amerikanischen Unternehmer Jim Rohn zugeschrieben wird. Die Studienergebnisse zeigen, dass der Einfluss unseres Umfelds auf uns beträchtlich ist und auf viel mehr Menschen zurückgeht als nur auf die fünf uns am nächsten stehenden Leute, denn selbst das Glückslevel der Freunde der Freunde unserer Freunde kann bis zu uns durchdringen und sich auf uns auswirken.

Das bedeutet, dass wir nicht nur ein Auge darauf haben müssen, mit wem wir den Großteil unserer Zeit verbringen, sondern auch, mit wem unsere Freunde ihre Zeit verbringen. Ich muss realistischerweise zugeben, dass das schwer zu beeinflussen ist, aber es lohnt sich natürlich, zumindest zu verstehen, wie wichtig es uns sein sollte, unsere Freunde klug zu wählen.

Jene, die wir in unseren innersten Kreis einladen, haben den meisten Einfluss auf unser Verhalten. Eine Studie von 1999 hat das als den «Michelangeloeffekt» bezeichnet: Genau wie Michelangelo seine Kunstwerke formte – so hat die Studie herausgefunden –, kann ein Partner, der dich unterstützt, dir dabei helfen, der Mensch zu werden, den er in dir sieht. Ein Partner, der dich vor dir selbst verteidigt, in dem er dir zum Beispiel sagt, wie schlau du bist, kann dir sehr wohl die Ermutigung zuteilwerden lassen, die du brauchst, um den Abschluss zu machen, den du immer wieder aufschiebst. Die Schönheit, die dein Partner in deinem Körper nach der Schwangerschaft sieht, kann anfangen, dein Denken zu beeinflussen, und dir erlauben, sie auch zu sehen, wenn du in den Spiegel schaust.

Natürlich birgt diese Studie, andersherum gelesen, auch eine Warnung. Wenn dein innerer Kreis oder jemand, der dazugehört, nicht an dich glaubt, oder Zweifel an deinen Fähigkeiten hat, wirst du wahrscheinlich auch diese Botschaften aufsaugen und anfangen, daran zu glauben. Zum Beispiel hatte eine Klientin von mir einen Partner, der ihre Geschäftsideen jahrelang kleingeredet hatte, zumeist aufgrund seiner eigenen Ängste, und das schreckte meine Klientin davon ab, ihren Träumen zu folgen. Seine Zweifel sind auf sie übergegangen. Doch als sie sich trennten, lüftete sich der Schleier der Angst, und sie gründete genau die Firma, die auf die Beine zu stellen er ihr die Fähigkeit abgesprochen hatte.

Positive Einflüsse können uns tatkräftig dabei unterstützen, die beste Ausgabe unserer selbst zu sein. Sie können uns inspirieren, und verändern unsere Herangehensweise an die Dinge. Die Weggefährten, die dich ermuntern und ermutigen, helfen dir, dich zu motivieren – Studien zufolge kann man sogar Jahre länger leben, wenn man einen stabilen Freundeskreis hat. Teil einer Gruppe zu sein, ist gewissermaßen ein sehr menschliches Bedürfnis – und wenn ich so auf mein bisheriges Leben zurückblicke, sehe ich ganz deutlich die positiven wie auch die negativen Gruppen, von denen ich ein Teil war.

Im Alter von 14 Jahren haben sich meine Freundinnen und ich immer gleich angezogen. Es war die bewusste Entscheidung, sich einer Gruppe zugehörig zu fühlen, und so trug unser kleiner «Club der Eingeweihten» Fake-Burberry-Röcke und dazu passende Blusen. Ich weiß, ich weiß, es war ein eigenwilliger Look, und wir haben ihn uns zu eigen gemacht. Er vermittelte uns ein Zusammengehörigkeitsgefühl und beeinflusste wiederum, wie ich von der Außenwelt wahrgenommen wurde. Wäre ich mit den «Grunge-Kids» (ganz in Schwarz und voller Piercings) abgehangen, hätte ich zweifellos angefangen, mich ihrem Stil anzupassen, und die Welt hätte wiederum mit anderen Augen auf mich gesehen.

Unsere Kleidung und die Tatsache, dass wir uns in «Eingeweihtenzirkeln» miteinander verbinden, mag eine triviale Beobachtung sein, aber es ist ein gutes Beispiel dafür, wie schnell wir anfangen, auf urtümliche Verhaltensmuster zu verfallen, weil wir Teil einer Gruppe sein wollen. Und es zeigt auch, wie es die Reaktion der Welt auf uns und auf die Entscheidungen, die wir treffen, beeinflusst.

Nicht jeder will oder braucht viele Freunde, und das ist auch in Ordnung. Bei Freundschaft kommt es auf Qualität an, nicht auf Quantität: Es ist viel besser, ein paar wunderbare Freunde zu haben als einen Haufen toxischer Kumpel, die nicht zu der Person passen, die du sein willst.

Sieh dir deinen derzeitigen Freundeskreis an und überlege, ob sie zu deinem jetzigen Ich passen. Vielleicht hast du dich auch schon von ihnen entfernt und nicht mehr viel mit ihnen gemeinsam? Das heißt nicht, dass es nie wieder so sein wird wie früher, nur, dass dies womöglich nicht der fürsorgliche und unterstützende Kreis ist, den du im Augenblick brauchst.

Ich bin bereit, mir meinen Kreis inspirierender Weggefährten aufzubauen – wie fange ich an?

1 **Leg eine Checkliste von Eigenschaften an, die dir bei einem Freund wichtig sind.** Viele Leute tun das, wenn es um Liebesbeziehungen geht, vergessen aber, dass dieselben Regeln auch für Freundschaften gelten. Eine Eigenschaft könnte sein «er/sie sollte Interesse an meinem Leben und den Dingen haben, die ich mag», «sollte nicht werten», «akzeptiert mich, wie ich bin» oder «muss *Sex and the City* so lieben wie ich». Deine Entscheidung, deine Checkliste.

2 **Nimm deinen derzeitigen Freundeskreis unter die Lupe.** Ich sage nicht, dass du sie nie wiedersehen sollst, aber an diesem Punkt deines Lebens ist es Zeit, in dich hineinzuhorchen, um festzustellen, mit wem du mehr oder weniger Zeit verbringen möchtest. Frag dich: «Bin ich in der Lage, mit diesem Menschen an meiner Seite die beste Ausgabe meiner selbst zu werden?», «Bin ich nach einem Treffen mit dieser Person in Hochstimmung oder gedrückt, fühle ich mich unterstützt oder abgestraft?», «Vertraue ich diesem Menschen, respektiere ich ihn und werde von ihm respektiert?»

3 **Pfleg die wichtigen Freundschaften.** Auch ich werde diesen Satz wieder und wieder lesen und ihn wirken lassen, weil es so leicht ist, Tag um Tag vergehen zu lassen und dann festzustellen, dass du mit den Leuten, die dir wichtig sind, wochenlang keinen Kontakt hattest. Schick ihnen eine WhatsApp, schreib einen Brief, vereinbare ein Treffen und lass die Freude in eurer Freundschaft wieder aufleben.

«Dein innerer Kreis hat Einfluss auf deine Stimmung. Augen auf bei der Wahl deiner Freunde!»

#35

GROSSE MÄDCHEN
WEINEN DOCH

Ich bin eine Heulsuse.

Ich heule über Werbespots und Filme. Ich schluchze unkontrolliert bei *Grey's Anatomy* und weine, wenn ich traurig bin. Ich bin bei Hochzeiten immer die mit den glasigen Augen und den Taschentüchern. Ich flenne, wenn ich unglaublich fantastische Sänger höre (in *Sister Act 2* gibt es eine Szene, in der Lauryn Hill zum Klavier singt, und selbst jetzt schnürt es mir schon wieder die Kehle zu). Und ich weine, wenn ich glücklich bin.

Ich bin eine große Verfechterin des Weinens, ja sogar ein Fan.

Leider ist das Weinen mit so vielen negativen Konnotationen verknüpft, dass viele Leute meinen Standpunkt nicht teilen. So hat man uns zum Beispiel vermutlich als Kind beigebracht, «es herunterzuschlucken» und dass Weinen ein Zeichen von Schwäche ist, und so bringt es manche Menschen dazu, sich ihrer Tränen zu schämen und peinlich berührt zu sein.

In Gesprächen über mentale Gesundheit wird oft mit der Phrase «Es ist okay, nicht okay zu sein» um sich geworfen. Aber oft fühlt es sich nicht so an, als wäre es «okay, nicht okay zu sein», wenn wir unsere Emotionen zeigen.

Ich habe einmal meiner damals achtjährigen Tochter den Rat gegeben, aus dem Unterricht auf die Toilette zu gehen und ein bisschen zu weinen, wenn sie in der Schule einmal traurig wäre.

Ihre Antwort lautete kategorisch: «Auf keinen Fall, nie im Leben!» Schon in diesem zarten Alter hatte sie gelernt, dass andere es als «peinlich» abstempeln würden.

Kannst du das nachempfinden? Fühlst du dich bei der Vorstellung zu weinen unbehaglich? Wenn ja, ist es mein Ziel, dir bis zum Ende dieses Kapitels zu zeigen, dass Weinen gut für deine mentale Gesundheit ist und du es als Katalysator nutzen kannst, um dich wieder besser zu fühlen.

Fangen wir mit den Grundlagen an. Was sind eigentlich Tränen?

Wir sprechen im Wesentlichen von drei Arten von Tränen:

1. **Körperflüssigkeit:** Als solche halten sie die Augen feucht. Tränen sind proteinreich und keimtötend (ich komme mir gerade wie ein Presenter auf QVC vor, der versucht, dir Tränen zu verkaufen).

2. **Reflex auf Reize:** Du hast eine Zwiebel geschält – und schon geht's rund in deinen Augen! Das ist eine Reaktion deines Körpers, mit der er alles, was deine Augen reizen könnte, ausspült.

3. **Gefühlsausdruck:** Das Leben passiert, die Tränen fließen. Diese Tränen enthalten Stresshormone, was bedeutet, dass wir beim Weinen buchstäblich den Stress wegweinen.

Als ich das erfahren habe, hat es mich umgehauen. Warum sagt man uns das nicht? Unsere Tränen helfen uns, mit dem Stress fertigzuwerden, und wenn wir sie uns verbeißen, heißt das, dass der Stress bleibt. Ehrlich, wenn das in der Schule auf dem Lehrplan gestanden hätte, hätte es mir definitiv mehr geholfen, als steinharte Brötchen in Hauswirtschaft backen zu lernen.

In Japan hat man erkannt, dass die Menschen dabei unterstützt werden müssen, ihren Stress abzubauen und den Tränen ihren Lauf zu lassen. In der japanischen Kultur wird der öffentliche Ausdruck von Gefühlen missbilligt, daher sind in den letzten

Jahren «Weinclubs» wie Pilze aus dem Boden geschossen, um den Leuten beim Weinen zu helfen. Diese Clubs nennt man *rui-katsu*, was sich mit «Tränensuchen» übersetzen lässt. Die Leute versammeln sich und ermuntern einander, heiße Tränen zu vergießen. Man betrachtet das ganz pragmatisch als seelische Reinigung im Sinne der mentalen Gesundheit.

Weinen ist auch deshalb wichtig, weil es den Menschen in unserem Umfeld signalisiert, dass etwas nicht in Ordnung ist. Es hilft uns, Unterstützung zu bekommen, und sorgt für Zuwendung. Deine Arbeitskollegin mag aussehen, als wäre alles in Ordnung, aber wenn du sie schluchzend an ihrem Schreibtisch sitzen siehst, ist das ein klares Signal an dich nachzufragen, was los ist.

Ich weiß, dass einige von euch jetzt wahrscheinlich denken: «Holly, ich werde niemals am Schreibtisch sitzen und weinen, krieg dich wieder ein» – und das ist auch genau der Grund, warum wir dem Weinen mit einem ganzen Spektrum an Gefühlen begegnen. Manche Leute stehen auf dem Standpunkt: «Ich weine nie, ich bin eine Festung», während andere immer dann weinen, wenn sie Hilfe brauchen. Wie bei den meisten Dingen ist der Mittelweg der Schlüssel. Wenn das Weinen außer Kontrolle gerät, nicht enden will und wir jedes Mal andere Leute brauchen, damit sie die Scherben aufsammeln und uns wieder zusammensetzen, werden unsere Tränen uns nicht viel Kraft spenden. Und wenn wir nie weinen und unsere Gefühle runterschlucken, werden wir feststellen, dass uns das gleichermaßen, nur auf andere Weise, Kraft raubt.

Wie sieht es bei dir beim Thema Weinen aus? Hast du deine Eltern je weinen sehen? Fühlst du dich wohl beim Weinen? Durftest du bei dir zu Hause früher getrost weinen? Was empfindest du, wenn du andere weinen siehst?

Ich hatte das Glück, sehen zu dürfen, dass meine beiden Eltern weinten und verletzlich waren. Ich fand es nie schräg, dass mein Vater zu Weihnachten bei *Ist das Leben nicht schön?* schluchzend dasaß, und man hat mich nie kleingemacht für meine Gefühlsausbrüche. Außerdem musste ich als Schauspielerin auf Kommando weinen, und dabei habe ich begriffen, was die zugehörigen Emotionen in mir triggern.

Noch werden nicht alle von euch Weinen als positives Instrument betrachten können, doch hoffentlich werdet ihr nach diesem Kapitel seine Vorteile verstehen. Weinen ist eine Technik unseres Körpers, uns zu helfen, und so werden wir uns mitten in einen Haufen Kummer hineinmanövrieren und eine natürliche Ressource verschwenden, die unser Wohlbefinden wiederherstellt, wenn wir diesen Bewältigungsmechanismus aufgrund irgendwelcher gesellschaftlicher Zwänge, «stark» zu wirken und ein «geordnetes» Leben zu führen, unterdrücken. Lasst uns zusammen Widerstand leisten und unsere Tränen akzeptieren.

Bring mir die Taschentücher, ich bin bereit zu weinen

1 Hab Verständnis für deine eigene Geschichte. Beantworte dir die Fragen, die ich in diesem Kapitel gestellt habe, und mache dich mit deiner persönlichen «Weingeschichte» vertraut. Je mehr Anhaltspunkte wir haben, wie wir an diesen Punkt hier gelangen konnten, desto schneller kommen wir dahin, wo wir hinwollen.

2 Sei freundlich zu dir, wenn du weinst. Anstelle von Sätzen wie «Ich bin zu empfindlich», «Das ist doch keine große Sache, warum heule ich denn schon wieder?» oder «Ich bin einfach jämmerlich» versuch es doch einmal mit «Weinen ist mutig», «Ich bin stark genug, um verletzlich zu sein» und «Wenn ich weine, sorge ich gut für mich», um dich selbst zu stärken.

Wenn wir uns beim Weinen selbst kleinmachen, kann es sein, dass wir gar nichts davon haben. Hör dir gut zu, wenn sich das nächste Mal die Schleusen öffnen.

3 **Manipuliere deine Tränen.** Sollte es dir schwerfallen, deinen Gefühlen freien Lauf zu lassen, können dir «Stellvertretertränen» helfen, wenn du einen traurigen Film anschaust, entsprechende Musik hörst oder von der Traurigkeit eines anderen Menschen liest. Und es wird dir trotzdem guttun.

4 **Denk daran: Du darfst sehr wohl über verschüttete Milch weinen.** Es ist dir erlaubt, aus Gründen zu weinen, die «klein» zu sein scheinen. Wenn du ohne schlechtes Gewissen weinst, weil das Leben gerade ein bisschen hart ist (wie groß oder klein das Problem auch sein mag), helfen dir die Tränen, dich anschließend erfrischt und in der Lage zu fühlen, es wieder neu anzupacken.

> *« Tränen enthalten
> Stresshormone.
> Wir weinen den Stress also
> buchstäblich weg. »*

#36

FEIERE DEINE SIEGE

Wie ich schon erwähnte, habe ich mit 19 Jahren einen Vertrag bei einer Plattenfirma unterschrieben. Ich stand in ihrem Londoner Büro, und mein Manager, Matt, jubelte. Ich setzte meine Unterschrift unter das Schriftstück und bekam ein Glas Champagner in die Hand gedrückt.

Ich weiß nicht mehr allzu viel von jenem Tag, aber ich erinnere mich genau daran, wie ich mich fühlte: leer. Keiner der Menschen, die mir am nächsten standen, war bei mir, und ich konnte nur denken: «Ich habe bisher doch noch gar nichts getan, was man feiern könnte.»

Ich hatte etwas erreicht, und doch hatte ich ein schales Gefühl. Hört sich das vertraut an?

Einerseits hatte ich irgendwie recht, denn ich hatte noch gar keinen Song veröffentlicht und stand erst ganz am Anfang meines Weges zum «Musiksuperstar». Doch andererseits entgingen mir dabei einige Dinge, die ganz offensichtlich auf der Hand lagen.

Einen Plattenvertrag zu unterschreiben, ist tatsächlich eine große Sache, zumal bei einer der größten Plattenfirmen der Welt. Auch nur einen Termin dort zu bekommen, ist eine gewaltige Leistung.

Ich hatte mich mit zahlreichen anderen Plattenfirmen getroffen und viele Meetings gehabt, um bis zu diesem Augenblick zu gelangen. Ich war außerdem schon über zehn Jahre als Künstlerin tätig gewesen und hatte in Hunderten von Unterrichtseinheiten und in zahllosen Arbeitsstunden an Fernsehsets an meinen Fertigkeiten gefeilt. In Wahrheit hatte ich also viel Zeit investiert und hätte es sehr wohl verdient gehabt, mir in diesem Augenblick selbst auf die Schulter zu klopfen.

Natürlich weiß ich, dass das ein Sonderfall und kein alltäglicher Erfolg ist (das ist es auch für mich nicht). Aber ich möchte an diesem Beispiel zeigen, dass es, selbst wenn uns diese nicht-alltäglichen Höchstleistungen gelingen, doch immer wieder eine Herausforderung für uns ist, sie vor uns selbst zu würdigen und anzuerkennen.

Auf meiner Reise erreichte ich nie den musikalischen Olymp, weshalb mir meine Einstellung an jenem Tag einen wichtigen Moment verdarb. Über die Jahre hat sich dieselbe Geschichte bei jedem meiner Erfolge wiederholt. Als ich zum Beispiel mein erstes Haus kaufte oder meinen ersten Klienten bekam, habe ich diese Augenblicke nicht auf mich wirken lassen. Warum nicht? Aus denselben Gründen, mit denen wir alle unsere liebe Not haben:

- Der aktuelle Erfolg ist nicht das große Ziel, das wir anpeilen. Du hast das Gefühl, dass es Zeitverschwendung wäre, diesen winzigen Sieg zu feiern, solange du nicht das große Ziel erreicht hast.
- Du meinst womöglich, dass es egoistisch und protzig wäre, deinen Erfolg zu feiern und in die Welt zu schreien. Vielleicht wurdest du zur Bescheidenheit erzogen und dazu, nicht mit deinen Leistungen hausieren zu gehen.
- Du findest nicht, dass du Zeit zu feiern hast, denn du bist schon bei der nächsten Hürde, nachdem du dir kaum eine Verschnaufpause gegönnt, geschweige denn dir selbst zu deinem flüchtigen Triumph applaudiert hast.

Was auch immer der Grund dafür sein mag, dass du dir jegliches Eigenlob verwehrst, ich möchte dir helfen zu erkennen, warum du das ändern musst.

Zunächst einmal, da ich versuche, dich für das Feiern deiner Leistungen zu begeistern, bitte ich dich, dass du unter anderem über Folgendes nachdenkst: Die großen Ziele im Leben erreicht man selten über Nacht. Damit dir nicht die Motivation flöten geht, wenn es mal schwierig wird, ist es hilfreich, jeden Meilenstein zu würdigen und eine Art Sucht nach dem Fortschritt zu entwickeln. Stell dir ein sportliches Ziel vor: Du trainierst für diesen einen Marathon – etwas, das Vorbereitung und Übung erfordert und nicht vom Himmel fällt. Unsere großen Ziele, wie auch immer sie aussehen mögen, werden dieselbe Verlaufskurve haben. Es wird uns wahrscheinlich etwas Mühe kosten, eine Traumkarriere zu machen oder eine bestimmte Fertigkeit zu entwickeln – wir erarbeiten sie uns Schritt für Schritt, wobei wir uns zu jedem Meilenstein beglückwünschen, und blicken zurück, um zu sehen, wie weit wir schon gekommen sind, uns auf dem Weg über die Ziellinie selbst anzufeuern.

Du siehst: Der Weg zum Ziel ist schon der Sieg. Wir können große Leistungen nie voll auskosten, wenn wir nicht auch die Strapazen auf dem Weg erlebt haben. Wir müssen uns daran erinnern, dass der Prozess für das große Ganze eine Rolle spielt.

Deine Erfolge anzuerkennen, bringt dich auf ganz natürliche Weise in den gegenwärtigen Augenblick, was sich – wenn du schon «Achtsamer Autofokus» ab S. 171 gelesen hast – vorteilhaft auf unsere Glücksgefühle auswirkt. Wenn du dir deine kleinen täglichen Durchbrüche bewusst machst, wird dir das Augenblicke der Freude und Wertschätzung bescheren, die einen großen Einfluss auf deine Stimmung haben.

Ich sage natürlich nicht, dass du dich immer in der Öffentlichkeit feiern musst (das meiste davon wird wohl ohnehin nur in deinem Kopf stattfinden), aber wenn du der Außenwelt

mitteilst, worüber du dich so freust, kann das auch andere inspirieren, sich daran ein Beispiel zu nehmen. Gerade diese Woche
hat eine Frau aus der The-Happy-Me-Project-Gruppe erzählt,
wie stolz sie sei, dass sie mit dem Rauchen aufgehört habe, und
fünf andere gründeten sofort eine Gruppe, um sich gegenseitig
dabei zu unterstützen, dasselbe zu erreichen. Egal, wer du bist,
du hast keine Ahnung, wie wichtig deine Worte und Erfolge sein
können, um andere zu eigenen Erfolgen zu motivieren.

Wenn wir über unsere Siege sprechen, werden dabei reichlich
Glückshormone wie Oxytocin, Serotonin und Dopamin aus-
geschüttet, was unsere Stimmung hebt und uns dazu motiviert,
darauf hinzuarbeiten, noch mehr davon zu bekommen.

An diesem Punkt sollten wir uns ins Gedächtnis rufen, dass
ich hier nicht nur die «großen», sondern auch die alltäglichen
Erfolge meine. Es kommt wirklich darauf an, an welchem Punkt
du in deiner Welt zum gegenwärtigen Augenblick bist.

Wenn das Leben in letzter Zeit schwer und ein bisschen beschissen war, könnte es für dich schon ein kleiner Sieg sein,
eine ordentliche Mahlzeit zu dir zu nehmen und dir etwas über-
zuwerfen. Wenn du es geschafft hast, dir die Haare zu waschen
und eine Hose anzuziehen, schaffst du es vielleicht auch noch,
im Garten klar Schiff zu machen oder jemanden zu bitten, mit
dir auszugehen. Siege sind Siege, und wir müssen aufhören, sie
kleinzureden, indem wir sie mit den Erfolgen von jemand anderem vergleichen (siehe auch «Vergleiche» ab S. 232).

Es versteht sich ziemlich von selbst, dass wir die richtig großen Erfolge zelebrieren müssen. Aber hey, ich weiß, dass einige
von euch gerade etwas getan haben, das die meisten als gewal-
tigen Erfolg betrachten würden – nur ihr seid einfach darüber
hinweggegangen, als wäre es eine Kleinigkeit. Ich weiß es, weil
ich das auch getan habe. Und das ist noch nicht das Ende der
Fahnenstange, denn ich arbeite noch immer daran, mir selbst
Beifall zu klatschen.

Rede nicht mehr klein, wie herausfordernd es ist, erwachsen zu sein. Heute hörst du damit auf. Von heute an werden wir uns selbst laut applaudieren, aus jedem Grund, den wir uns wünschen. Wir müssen üben, unser Gehirn darauf zu polen, sich auf das Gute zu konzentrieren, damit es mehr davon anstrebt, und Erfolge zu feiern ist eine wichtige Methode auf dem Weg dorthin.

Bring mir Konfetti, ich bin bereit, mich selbst anzufeuern!

1 **Das Buch der Erfolge.** Besorge dir ein Notizbuch. Ich will, dass du jeden Abend vor dem Schlafengehen drei Dinge aufschreibst, die du an diesem Tag getan hast und die bedeuten, dass du auf der Gewinnerstraße bist.

2 **Sprich mit den Menschen um dich herum über deine Erfolge.** Gewöhnt euch unter Freunden an, euch gegenseitig eure «Wochensiege» zu erzählen. Es wird dir gefallen, in den Erfolgen deiner Freunde zu schwelgen und ihr positives Feedback auf deine eigenen Erfolge zu bekommen. Es wird dir auch helfen, deine Aufmerksamkeit auf deine Leistungen zu richten, sodass sich wiederum mehr solcher Leistungen einstellen können.

3 **Belohne dich auch für die kleinen Meilensteine.** Schreib eine Liste mit Dingen, die du gern tun würdest, und wenn du einen weiteren Erfolg verbuchen kannst, such dir einen Preis von der Liste aus. Wir denken häufig, das sei ein eher kindlicher Zeitvertreib, aber in Wahrheit lieben wir Trophäen, Sticker und Lollys doch genauso, wie Kinder es tun (auch wenn Sticker inzwischen vielleicht Kinobesuche und Lollys Cocktails mit Freunden sind).

« *Applaudiere dir selbst für jeden kleinen Erfolg, damit du schneller zu den großen Erfolgen kommst.* »

#37

SICH WIE EIN
HOCHSTAPLER FÜHLEN

Irgendwann im Jahr 2004 stand ich auf einer leeren Bühne und blickte in eine Menge aus ein paar tausend Gesichtern. Lichter, Kameras und Erwartungen. Ich sollte auf einer großen Charity-Veranstaltung eine meiner ersten Vorstellungen als Solosängerin geben. Damals hatte ich mich als Sängerin noch nicht gefunden und fühlte mich ziemlich unbehaglich.

Eine Woche zuvor hatte ich mit einem Top-Choreografen und Performance-Coach in den Pineapple Dance Studios in London geprobt. Obwohl ich schon viele Jahre als Schauspielerin arbeitete, war das Singen immer eine sehr vulnerable und persönliche Erfahrung für mich gewesen. Die Karriere als Sängerin hatte ich nicht aktiv verfolgt, sie war eher von selbst gekommen, nachdem die Figur, die ich in einer Fernsehserie spielte, zu singen begonnen und man mich als Talent entdeckt hatte. Das wahre Leben kopierte die Kunst.

Während der Proben war ich unglaublich nervös und legte immer wieder Pausen ein, um Dampf abzulassen (und manchmal auch zu weinen). Ich fühlte mich so unwohl und zweifelte so heftig an mir, dass ich fast krank geworden wäre. Ich habe erst neulich meiner Familie und meinen Freunden davon erzählt, und sie gestanden, sie hätten nie geahnt, dass ich mich damals so schlecht gefühlt habe.

Vor dieser Menschenmenge zu stehen, war wie einer jener schrecklichen Albträume, in denen man sich nackt auf einer Bühne wiederfindet, und jeder, den man kennt, sitzt im Publikum. Mein Gesicht war rot, und mein Herz hämmerte so laut, als läge es außerhalb meiner Brust. Ich hatte das Gefühl, die schlechteste Vorstellung meines Lebens zu geben, und fühlte mich total fehl am Platz.

Es war nicht das einzige Mal, dass ich mir so vorkam. Meine Karriere war sehr instabil, und es gab definitiv Zeiten, in denen ich sehr viele Anläufe brauchte, bis etwas klappte. Ich habe viele Dinge versucht, und so kam ich zu der Überzeugung, dass ich von allem ein bisschen konnte, aber nichts richtig beherrschte. Noch bis vor zwei Jahren schleppte ich mit mir das Selbstbild herum, dass ich immer nur improvisierte und all das, was ich geschaffen hatte, irgendwie gar nicht verdiente.

Ich konnte einen Preis gewinnen, zu renommierten Events mit hochkarätigen Leuten eingeladen werden (neben denen ich sogar saß), und trotzdem dachte ich, dass ich nicht in der Lage war, ihnen das Wasser zu reichen.

Ich weiß, dass ich nicht allein mit diesem Gefühl dastehe, denn es zeigt sich bei fast jedem Klienten, mit dem ich arbeite. Es hat einen Namen: das Hochstaplersyndrom.

Du hast vielleicht auch schon einmal gedacht: «Ich sollte gar nicht hier sein, ich bin doch gar nicht gut genug dafür» – bei der Arbeit, in der Ausbildung oder sogar als Elternteil oder Partner. Ich wette, dass die meisten Menschen Phasen der Verunsicherung und des Selbstzweifels erleben.

Das Hochstaplersyndrom ist eine innere Erfahrung, bei der du nicht glaubst, so gut zu sein, wie andere dich wahrnehmen – das Gefühl, ein Betrüger oder Scharlatan zu sein oder etwas nicht zu verdienen. Du stellst dir vor, dass man dich jeden Moment entlarven wird und die Leute begreifen werden: Du solltest nicht sein, wo du bist, oder du solltest nicht haben, was du hast.

Wie alle einschränkenden Glaubenssätze wird auch dieser dein Leben und dein Glück gewaltig beeinflussen, und genau wie jeder andere einschränkende Glaubenssatz wird er – selbst wenn du dir seiner bewusst geworden bist – da und dort auftauchen, wenn ihn etwas antriggert.

Meiner wurde erst vor kurzer Zeit wieder angetriggert, und was war ich überrascht von seiner Heftigkeit. Mir wurde von einer Freundin eine E-Mail weitergeleitet – die Anfrage eines Radiojournalisten, der mit einer «Geschäftsfrau» sprechen wollte, die 2020 erfolgreich gewesen war. Ich bin ziemlich regelmäßig in Radiosendungen zu Gast, und diese Anfrage war überhaupt nichts Ungewöhnliches, also schrieb ich dem Journalisten und bot mich als Gesprächspartnerin an.

Die Antwort, die ich bekam, haute mich um und stürzte mich in den Abgrund des Hochstaplersyndroms. «Danke für Ihr Angebot, aber wir sind auf der Suche nach einer Geschäftsfrau.»

Sofort fiel ich zurück in alte Gedankenmuster, die durch meinen Kopf schwirrten: «Siehst du, du bist gar keine Geschäftsfrau, du bist nur mit viel Glück so weit gekommen» und «Niemand wird dich je ernst nehmen» und «Du gibst doch nur vor, eine Geschäftsfrau zu sein».

Zum Glück hatte ich dieses Gefühl nun durchschaut und konnte einen Schritt Abstand von diesem Affront nehmen, bei dem mir erst einmal die Luft weggeblieben war, und tief durchatmen. Ich sah mir die Fakten an:

1. Ich habe eine Firma.
2. Ich bin eine Frau.
3. Ich betreibe eine Gesellschaft mit beschränkter Haftung.
4. Ich werde für meine Arbeit bezahlt.

Ich schloss daraus, dass ich die Kriterien für eine Geschäftsfrau erfüllte, und erkannte, dass meine Gedanken nur Symptome des Hochstaplersyndroms waren, das aus seinem Dornröschenschlaf geweckt worden war – und zwar von einem schlecht informierten Journalisten.

Diejenigen unter uns, die das Gefühl haben, ein Scharlatan zu sein, sind in guter Gesellschaft. Tatsächlich galt das Hochstaplersyndrom in der Vergangenheit als eine «Krankheit» vorzugsweise höchst erfolgreicher Frauen. Zu unseren Hochstaplerschwestern, die öffentlich eingeräumt haben, davon betroffen zu sein, gehören Michelle Obama, Lady Gaga, Emma Watson, Tina Fey, Meryl Streep, Jennifer Lopez und Natalie Portman. Ich beende die Liste hier, aber du kannst schon sehen, dass sie voller Frauen ist, die, wie wir ruhigen Gewissens festhalten können, ziemlich erfolgreich sind.

Das bedeutet, dass es, wenn wir nicht gegen dieses hinterhältige Hochstaplersyndrom anarbeiten, keine Rolle spielt, wie viel Lob wir erhalten oder wie laut der Applaus ist – wir haben trotzdem womöglich das Gefühl, einfach nicht gut genug zu sein.

Ich will meinen inneren Scharlatan abschütteln – wie gehe ich das an?

1 **Sieh der Tatsache ins Auge, dass sich das Hochstaplersyndrom auch bei dir zeigt.** Nimm es zur Kenntnis und bring es ans Licht.

2 **Ordne es neu ein.** Nicht alles daran ist schlecht. Wenn du das Gefühl hast, dass du noch nicht zur Höchstleistung aufläufst, wirst du wahrscheinlich härter arbeiten und mehr lernen als jeder andere um dich herum. Wahrscheinlich wirst du auf Wachstum aus sein (was bedeutet, dass du lernwillig bist, dich weiterentwickeln möchtest und optimistisch bleibst) und weniger «festgefahren» als all jene, die sich nicht wie Hochstapler fühlen. Vielleicht ist das Hochstaplersyndrom deine Superkraft. Verändere deine Haltung ihm gegenüber.

3 **Fakten versus Fiktion.** Wenn sich diese Gefühle zeigen, konzentriere dich auf die Fakten und vergiss die emotionale Tretmine, die angetriggert worden sein mag. Fakten, keine Gefühle. Schreib alle Gründe nieder, warum du in dem Bereich hervorragend bist, in dem deine innere Hochstaplerstimme laut wird. Halte diese Liste als Erinnerung für den Fall des Falles bereit.

4 **Handle.** Jedes Mal, wenn du für dich selbst einstehst, dazulernst und dein Leben schöner machst, zeigst du deinem Gehirn, wer du wirklich bist. Am Ende werden die Fakten so offensichtlich sein, dass selbst der geübteste Hochstaplersyndromveteran sie nicht mehr ignorieren könnte.

《 *Jedes Mal, wenn du handelst und für dich selbst einstehst, zeigst du deinem Gehirn, wer du wirklich bist.* 》

#38

MANCHE TAGE SIND EINFACH BESCHISSEN

Heute habe ich ein paar Toastscheiben verbrannt. Das hat mich wirklich geärgert. Ich hatte keine Lust, auf frischen Toast zu warten, daher habe ich die schwarze Kruste abgeschabt, die sich dann für gewöhnlich überall verteilt, sodass man sie am Ende sogar von der Butter klauben muss (und sich wünscht, man hätte den Toast einfach weggeworfen).

Anschließend trat ich auf ein Legosteinchen, während meine Kinder im Hintergrund darum stritten, wer den restlichen Joghurt bekommen würde. Ich weiß, das blanke Klischee. Trotzdem ist es mir passiert, und da stand ich jaulend in meiner Küche – und in meiner ganz persönlichen Morgensatire.

Manche Tage sind einfach beschissen.

In der Selbstentfaltung geht es nicht darum, einen andauernden Zustand seligen, roboterhaften Glücks zu erreichen – wenn das dein Ziel ist, wirst du leider enttäuscht werden. Es ist dagegen sehr hilfreich, die Hochs und Tiefs des Lebens zu erkennen und seine Absurditäten zur Kenntnis zu nehmen (und vielleicht sogar darüber zu lachen).

Der Schlüssel, wie wir unsere miesen Tage überstehen, liegt darin, die Hoffnung nicht zu verlieren. Wir dürfen den schwierigen Momenten oder Tagen nicht erlauben, sich zu Wochen oder Monaten auszudehnen.

Wie ich in «Gib nicht auf» ab S. 64 darlege, ist Hoffnung sehr wichtig. Der Begriff «falsche Hoffnungen» nervt mich. Hoffnung ist das, was unser armes Ich an den Tagen durchs Leben bringt, die einfach nur schwer sind. Hoffnung hat nichts mit wahnhaftem Wunschdenken und gedrückten Daumen zu tun, sondern damit, zu wissen, dass du dir etwas wünschst, und offen für die Möglichkeit zu sein, dass es tatsächlich wahr werden könnte.

Du kennst das Gefühl, wenn du heftige Kopfschmerzen hattest und sie sich verflüchtigen, nachdem du genug getrunken, eine Tablette eingeworfen und zum Gott des Kopfwehs gebetet hast? Es ist ein Moment des Glücks, wenn du endlich wieder schmerzfrei bist und das Leben sich einfach toll anfühlt.

Wenn du in den beschissenen Momenten feststeckst, ist es wichtig, daran zu denken, dass du in einer nicht allzu fernen Zukunft wieder freier wirst atmen können. Du wirst erleichtert aufseufzen, dass das «Kopfweh» vorüber ist und sich am Horizont wieder Gutes abzeichnet.

Natürlich wird es auch irgendwann in der Zukunft ganz sicher wieder einen beschissenen Tag geben, aber wir müssen sofort aufhören, daran zu denken, denn das Gegenteil trifft ebenfalls zu – auch gute Tage werden kommen.

Wir sollten uns keinesfalls auf diese miesen Tage fixieren, um nicht in jene schlüpfrige Schieflage zu geraten, aus jedem Stau, jedem verpassten Zug oder jeder zerdepperten Tasse eine Katastrophe zu machen – denn wir schlittern nur allzu leicht in die Gewohnheit, uns ausschließlich auf die täglichen Ärgernisse zu konzentrieren.

Du kannst diesem Muster entrinnen, indem du einen Schritt zurücktrittst, wenn du einen schlechten Tag hast, und einen Moment innehältst, bevor du weitergehst. Wenn du jetzt gerade deinen Tag des Jüngsten Gerichts erlebst, mach zehn tiefe Atemzüge und rühre sonst keinen Muskel. Zehn, neun, acht, sieben, sechs, fünf, vier, drei, zwei, eins. Richte deine Achtsamkeit wieder auf den Raum um dich herum, stehe fest mit beiden Beinen auf dem Boden. Und nun entscheide: Was musst du als Nächstes tun?

Es ist nicht tabu, einen schlechten Tag zu haben. Frag jeden beliebigen Menschen auf dem Planeten, und er wird dir seine schlimmsten Geschichten dazu um die Ohren hauen. Das wird dir helfen zu erkennen, dass es okay ist, wenn manche Tage nicht das Gelbe vom Ei sind. Das ist Teil des Lebens, und unsere einzige Aufgabe ist herauszufinden, wie wir mit ihnen umgehen. Zu deinem Glück kommen hier meine Toptipps.

Mein Tag ist beschissen – wie kriege ich die Kurve?

1 **Hab Mitgefühl mit dir selbst.** Leg deine Hand auf dein Herz und sag dir: «Es ist okay, dass du einen schlechten Tag hast, du gibst dein Bestes.» In diesen Augenblicken liegt der Schlüssel darin, dass wir freundlich zu uns selbst sind. Du wirst dich mit einer Schimpftirade nicht zum Glück zwingen können. Uns selbst die Erlaubnis zu geben, angefressen zu sein, ist tatsächlich eine große Erleichterung für viele von uns.

2 **HALTE INNE und ändere den Lauf der Dinge.** Die schlechten Momente, die wir im Leben haben, stellen uns vor Entscheidungen. In dem Augenblick, nachdem du gerade ein Arbeitsdokument gelöscht hast, ohne es zu sichern, und die Kollegin einen Schreibtisch weiter dich mit Geschichten über ihre Katze langweilt, kannst du dich entscheiden, innezuhalten und den Tag wieder ins Lot zu bringen – oder den Computer zu schrotten und die Katzenfrau anzubrüllen. Du hast die Wahl, aber eine der beiden Entscheidungen wird die Stressspirale definitiv weiter anheizen. Uns selbst daran zu erinnern, sehr wohl verschiedene Wahlmöglichkeiten zu haben, zeigt uns, dass es Licht am Ende des Tunnels gibt und sich Lösungen finden lassen.

3 **Reg dich ab.** Ich sage keine Sekunde lang, dass du nicht doch gelegentlich mal den Kopf verlieren wirst – deshalb kann es eine große Unterstützung sein zu wissen, was dir helfen wird, dich abzuregen, bevor du explodierst. Musst du fiese Flüche in ein Kissen brüllen, dir den Ärger runterrennen oder zornigen Hip-Hop in einem dunklen Raum hören? Bei der Recherche für dieses Kapitel bin ich auf eine Website gestoßen, die einigen von euch gefallen wird (https://shitday.de), denn dort könnt ihr zusehen, wie Dinge explodieren (wenn ihr das liebt, werde ich euch nicht dafür verurteilen!).

4 **Sei realistisch.** Es mag angenehm und beruhigend wirken, dich in die Gereiztheit hineinzusteigern, wenn etwas Schlechtes passiert, und dann alles, was darauf folgt, in schlechtem Licht zu sehen und aufzubauschen. Anstatt es dir so leicht zu machen, sprich laut aus, was passiert ist – «Ich bin auf ein Legoteil getreten» –, wieder und wieder, bis es seine Bedeutung verliert und vielleicht sogar ein bisschen absurd zu klingen beginnt. Eine veränderte Perspektive kann uns helfen, mit den kleinen Herausforderungen des Alltags umzugehen.

5 **Zähle die winzigen Freuden.** Wenn der Tag all seine Schrecken vor dir ausbreitet, musst du die winzigen Momente der Freude auskosten. Ich fordere dich dazu auf, an diesen Tagen dem ganzen Mist zu trotzen, indem du den angenehmen Dingen deine volle Beachtung schenkst. Das ist generell ein wichtiges Werkzeug, aber an den schlechten Tagen ein absolutes Muss. Führe Buch über jede einzelne Sekunde der Freude, Liebe und Harmonie (du könntest sie sogar in den Notizen auf deinem

Smartphone festhalten), als Erinnerung daran, dass an diesem Tag nicht alles schlecht war.

« *Es ist nicht tabu,
einen schlechten Tag zu haben,
sondern absolut okay,
wenn manche Tage
nicht das Gelbe vom Ei sind.* »

#39

DIE KUNST DER GRÜBELEI

Albert Einstein hat viel und oft gedacht.

Einstein ist schon lange tot, und wir können ihn nicht mehr fragen, wie genau sein Gehirn arbeitete, doch aus seinen Aufzeichnungen und seiner (aktenkundigen) obsessiven Natur können wir definitiv schließen, dass der Mann, der (nach vielen Fehlversuchen) die Relativitätstheorie entwickelte, ein Grübler war. Und egal, wohin wir auch blicken, überall, wo es um Erfolge geht, finden wir Menschen, die so lange in der Theorie über etwas nachdachten, bis es Realität wurde.

Im täglichen Leben jedoch meinen wir, wenn wir das Wort «grübeln» benutzen, etwas Negatives – dann schwingen Überforderung, Unentschlossenheit, Zweifel und Selbstzweifel mit. Wenn du dich als Grübler bezeichnest, bist du wahrscheinlich selbst schon zu diesem Schluss gekommen – erschöpft, ausgelaugt, wie du nach stundenlangem Brüten über einer Situation warst, sodass am Ende nichts erledigt war (weil du zu eifrig jedes mögliche Resultat bedenken wolltest).

Kommt dir das bekannt vor?

Natürlich gibt es Phasen, in denen wir alle viel mehr nachdenken, als wir es normalerweise tun würden – zum Beispiel, wenn wir unsere Hochzeit planen oder uns auf ein Vorstellungsgespräch vorbereiten. Wir wollen es richtig machen, deshalb schmieden wir Pläne und brüten darüber.

Das ist normal und wird wahrscheinlich keinen nachhaltigen Einfluss auf dich haben. Wenn du es dir allerdings unversehens angewöhnt hast, über *alles* nachzugrübeln, dann kann es ziemlich schwierig werden, Entscheidungen zu fällen (und selbst, wenn du aktiv wirst, wirst du länger als üblich über dem «Was wäre, wenn» deiner Entschlüsse brüten).

Manchmal, wenn wir alles bis ins Kleinste durchdenken (und ich sage «wir», weil das auch für mich gilt, das hier ist meine Welt), sind wir überzeugt, dass wir doch nur schlau und vorausschauend sein wollen und Probleme lösen, indem wir die Dinge im Kopf durchspielen. Aber es gibt einen Unterschied zwischen Problemlösung und Grübelei:

Grübeln: «Jenny hat noch nicht auf meine Einladung zum Geburtstagsessen reagiert. Ich muss aber wissen, ob sie kommt, weil es nur eine begrenzte Anzahl an Plätzen gibt. Wenn Jenny nicht kommen kann, wird am Tisch ein Platz leer bleiben, und ich muss trotzdem dafür bezahlen und habe dann Katie immer noch nicht eingeladen. Vielleicht hat Jenny nicht geantwortet, weil ich etwas gesagt habe, das sie genervt hat. Was habe ich denn eigentlich gesagt, als wir uns das letzte Mal gesprochen haben? Ich habe sie letzten Monat nicht gefragt, ob sie mit Gemma und mir essen gehen will – vielleicht hat sie über jemand anderen davon erfahren und hält mich jetzt für unhöflich. Mein Geburtstagsessen wird ein Debakel. Es wird eine einzige Peinlichkeit sein, weil Jenny nicht kommt und alle sich fragen werden, warum. Vielleicht sollte ich das Ganze einfach abblasen.»

Problemlösung: «Jenny hat noch nicht auf meine Einladung zum Geburtstagsessen reagiert. Ich muss aber wissen, ob sie kommt, weil es nur eine begrenzte Anzahl an Plätzen gibt. Ich werde Jenny anrufen und fragen, ob sie Zeit hat. Wenn nicht, könnte ich Katie einladen oder mich umhören, ob jemand von den anderen eine Begleitung mitbringen möchte.»

Probleme wieder und wieder durchzukauen, wird sie nicht lösen, es kostet uns nur Kraft. Am Ende dieses Kapitels habe ich deshalb ein paar Tipps für dich, wie du den negativen «Nebenwirkungen» des Grübelns zu Leibe rücken kannst.

Aber bevor ich das tue, will ich auch auf seine positiven Seiten hinweisen. Zu Beginn des Kapitels habe ich Einstein erwähnt, einer der größten Vordenker, der je gelebt hat. In seinem Fall führte die Grübelei wie gesagt zu geistigen Höhenflügen. Das gilt auch für andere Menschen, vor allem im akademischen Umfeld, wo es extrem beeindruckende Ergebnisse erzielen kann, sich den Kopf zu zerbrechen.

Auf die Allgemeinheit bezogen kann man sagen, dass Grübler introvertiert und sehr selbstkritisch sein können. Wenn man diese Tendenzen in die richtigen Bahnen lenkt, können sie in eine Geisteshaltung münden, die auf lebenslanges Lernen und Wachsen ausgerichtet ist. Klingt gut!

Wir Grübler sind auch kreativ. Eine Studie des Londoner King's College kam zu dem Schluss, dass all jene, die viel denken, einen hohen kreativen IQ haben. Im Wesentlichen haben wir Grübler eine lebhafte Fantasie und können uns viele verschiedene Resultate vorstellen.

Wir sind auch gut im Planen und Anlegen von To-do-Listen. Wir sind auf fast jede Eventualität vorbereitet. Man kann den Grübler nicht überraschen, denn er hat schon alles bedacht, sowohl die positiven als auch die negativen Folgen.

Schließlich und endlich können besessene Grübler sehr leidenschaftliche und engagierte Menschen sein, die das große Ganze *und* die Details sehen. Wir suchen immer nach Antworten, und das kann zu Abenteuern führen, die wirklich Spaß machen.

Wie du siehst, ist die Grübelei, die dich manchmal in den

Wahnsinn treiben mag, auch eine Superkraft, die, wenn du sie positiv kanalisierst, deinen Stern leuchten lassen wird.

Ich bin ein bisschen mit der Grübelei versöhnt, aber sie nervt mich schon noch – was kann ich tun?

1 **Werde dir automatisierter negativer Gedanken bewusst.** Bei den Grüblern unter uns ist gemeinhin eine hohe Reaktivität der Amygdala zu verzeichnen. Das ist das Gehirnareal, das auf Bedrohung reagiert – was bedeutet, dass Grübler dazu neigen, etwas als Bedrohung wahrzunehmen. Versuch herauszufinden, wann du ins Grübeln gerätst. Was ist der Auslöser dafür? Und wann weißt du, dass eine gute Zeit zum Grübeln ist? Dieses Wissen gibt dir die Möglichkeit, der Brüterei Einhalt zu gebieten oder sie zu deinem Vorteil zu nutzen.

2 **Zücke Papier und Bleistift.** Wenn du dich zu sehr ins Grübeln verstrickst, schreib deine Gedanken nieder. Hol sie aus deinem Kopf und bring sie zu Papier, und dann finde heraus, welches Gefühl sie alle miteinander verbindet. Sagen wir, es sei Angst. Du würdest dann darüber nachdenken, wovor du Angst hast, und einen Satz dazu festhalten: «Ich befürchte, dass ich keinen guten Job bekomme.» Wenn das Grübeln wieder anfängt, kannst du dir sagen: «Diese Gedanken sind die Angst davor, keinen Job mehr zu kriegen.» Und dann frag dich: «Was kann ich unternehmen, um mir selbst in dieser Sache zu helfen?»

3 **Unternimm etwas.** Grübeln hält uns im Denken fest und lässt uns weniger ins Tun kommen. Um gegenzusteuern, möchte ich, dass du etwas *tust*. Bleiben wir bei dem Beispiel, bei dem du dich fragst, ob du jemals wieder einen Job bekommst. Dein grübelndes Gehirn kann den ganzen Tag über dieser Frage brüten, und bevor du es merkst, verlierst du die Kontrolle. Stattdessen *tu* also etwas. Vielleicht schreibst du deinen Lebenslauf neu, holst Referenzen ein, siehst dir an, welche Jobs zu haben sind, oder legst eine Liste all der Eigenschaften an, die du in einem neuen Job brauchst.

4 **Schärfe deine Sinne.** Raus aus deinem Kopf und rein ins Jetzt, indem du deinen Sinnen Futter gibst. Geh raus, leg deinen Lieblingsduft auf, spritz dir Wasser ins Gesicht, mach zehn Hampelmänner. Tatsächlich hat körperliche Ertüchtigung ganz gewaltige Auswirkungen auf deine mentale Gesundheit und richtet unseren Geist wieder auf den Körper aus. Wenn du das Denken hintanstellst, indem du deine Sinne aktivierst, kann dir das dabei helfen, eine neue Perspektive einzunehmen, und es polt dein Gehirn auf das, was du in diesem Augenblick gerade tust.

《 *Grübelei kann deinen Stern zum Leuchten bringen.* 》

#40

WIR WERDEN ALLE STERBEN!

Als du dieses Buch gekauft hast, hast du bestimmt nicht gedacht, dass wir hier über den Tod sprechen würden, aber leider ist das doch der Fall.

Wir werden alle sterben, und je schneller wir uns mit dieser Tatsache anfreunden, desto mehr können wir es genießen, am Leben zu sein.

Ich habe sowohl Geburten als auch den Tod miterlebt und kann sagen, dass beide Enden der menschlichen Existenz inspirierend sind. Es klingt so schräg, den Tod als «inspirierend» zu bezeichnen, aber ich glaube, dass er das sein kann (wenn wir zulassen, ihn einmal von dieser Warte aus zu betrachten). Ich war bei meinem Mann, als er starb, und das hat in mir den tiefen Wunsch zu leben geweckt – auf eine Weise zu leben, die alles aufsaugt und das Geschenk des Lebens würdigt.

«Leben – es gibt nichts Selteneres auf der Welt. Die meisten Menschen existieren lediglich» – das ist eines meiner liebsten Zitate von Oscar Wilde, und es erinnert mich daran, dass ich nicht einfach nur durchs Leben trotten will, um nichts davon zu haben.

Zweifellos erschreckt das Reden über den Tod viele Menschen, denn dann müssen wir uns der Tatsache stellen, dass wir ein Verfallsdatum haben, und das macht eben Angst. Aber das Sterben buchstäblich «totzuschweigen», heißt, dass viele von uns sich die Kraft entgehen lassen, die in der Beschäftigung mit dem Ende liegt (ich weiß, dass viele Leute an ein Leben oder viele Leben nach dem Tod glauben, aber keine Sorge, das lässt sich vereinbaren mit dem, was ich sage – für diese «Version» des Lebens, die ich meine, gibt es ein Ende, selbst wenn du daran glaubst, dass danach noch etwas kommt).

Musstest du jemals ein Projekt zu einem bestimmten Termin abgeben? Ich garantiere dir, dass die Deadline dich hat härter arbeiten lassen. Du hast dich mehr ins Zeug gelegt, um weiterzukommen. Wie wäre es, wenn wir anfingen, unser Leben als mit einer Deadline versehen zu betrachten, und uns bewusst würden, wie sich unsere Prioritäten dann veränderten?

Die Frage «Was würdest du tun, wenn heute dein letzter Tag wäre?» hat mich immer schon geärgert, zumeist, weil die Antworten der Leute oft weit hergeholt und klischeehaft sind. Sie zählen dann aufregende Sachen auf, zum Beispiel dass sie einen Fallschirmsprung machen oder an einen exotischen Ort fliegen würden, um verrückte Sachen zu tun, die sie normalerweise nie ausprobieren würden, wenn sie mit den Konsequenzen weiterzuleben hätten.

Meine Antwort wäre ziemlich banal. Ich würde meine Liebsten um mich versammeln und wahrscheinlich einfach nur plaudern und etwas Gutes essen. Wenn ich nur noch diesen einen Tag hätte, wäre nicht mehr viel Zeit übrig – aber die meisten von euch, die ihr das hier lest, haben noch viele Tage vor sich, und deshalb ist sehr wohl Zeit, ein bisschen darüber nachzudenken.

Wie nähern wir uns dieser Frage? Nehmen wir an, du wärest gestorben. Was würdest du gern hinterlassen? Wenn die Leute über dich sprächen und darüber, wer du warst – was sollten sie deiner Meinung nach sagen? Welche Spuren möchtest du in der Welt hinterlassen? Es mag etwas ganz Schlichtes sein, wie es bei meinem Mann Ross der Fall war: «Sag ihnen einfach, ich war ein guter Kerl, sag ihnen, dass ich okay war.»

Über diese «Vermächtnisfrage» nachzudenken, kann dir helfen, ein sinnvolleres Leben zu führen, und Sinn ist ein immens wichtiger Faktor, wenn es um unser Glück geht. Ich weiß, dass «Sinn» ein sehr großes Wort ist, deshalb lass dich davon nicht zu sehr beeindrucken. Wenn dein Ziel zum Beispiel ist, ein Vermächtnis der Freundlichkeit zu hinterlassen, denk darüber nach, was du tun musst, um das zu erreichen.

Kommen wir noch einmal auf die Deadline zurück: Eine der wirklich genialen Konsequenzen dieser Betrachtungsweise besteht darin, dass du anfangen kannst, dich von allem in deinem Leben zu trennen, das wirklich nicht wichtig für das große Ganze ist. Was sind die Dinge, die dein Leben nicht bereichern, die du nicht brauchst und die dich vielleicht sogar eher ausbremsen? Wenn dein Tod bevorstünde, worum würdest du dir keine Gedanken mehr machen?

Vielleicht darum, den Schein zu wahren und dich mit anderen um dich herum zu vergleichen? Oder die Sorge, dass du nicht gut genug bist oder ein paar Kilo zugelegt hast? Vielleicht würdest du aufhören, dir zu sagen, dass du dies und das nicht kannst, und anfangen, mehr auszuprobieren. Ich glaube, dass so einiges eine viel untergeordnetere Rolle spielen würde, als du ihm jetzt zugestehst.

Vergänglichkeit kann auch eine sehr befreiende Vorstellung sein. Wenn du weißt, dass wir alle nicht mehr da sein werden, wird es dann noch einen Unterschied machen, ob du öfter mal albern aussiehst oder ein bisschen (oder sehr) unordentlich bist? Unser Leben auf diese Weise in einen neuen Kontext zu stellen, kann uns helfen, die Perspektive zurechtzurücken und aufzuhören, alles bierernst zu nehmen.

Dein Leben ist wichtig, und du hast wichtige Dinge zu tun. Selbst wenn du dich wie ein winziges Sandkorn auf dem Planeten fühlst, ist die Wirkung erstaunlich, die ein einzelner Mensch haben kann, einfach nur, indem er etwas Gutes in die Welt entlässt. Dessen Welleneffekt kann noch Jahre nach dem Tod dieses Menschen anhalten.

Lange Rede kurzer Sinn: Unser Leben hat ein Verfallsdatum. Das anzuerkennen und dem Tod ins Auge zu blicken, kann der Trigger sein, der dich dazu ermutigt, all das zu tun, was du tun willst, und mit allem aufzuhören, was du nicht tun willst.

Ich werde sterben – wie kann ich also jetzt dafür sorgen, dass ich mein Leben wirklich lebe?

1 **Spule zum Ende deines Lebens vor und schreibe einen Tagebucheintrag, in dem du auf dein Leben zurückblickst.** Verwende die Gegenwartsform und lass all das Wunderbare Revue passieren, von dem du hoffst, dass du es bis dahin getan hast. Halte auch fest, wie die Leute über dich denken sollen, wenn du tot bist.

2 **Frag dich selbst regelmäßig: «Würde ich mir um dieses oder jenes Gedanken machen, wenn ich morgen sterben würde?»** An den Tagen, an denen du stundenlang darüber brütest, welches Farbschema du für die Feier deines 40. Geburtstags wählen sollst oder ob dein Chef dich eigentlich leiden kann oder nicht, stell dir diese Frage und werde dir bewusst, wie lächerlich viele deiner täglichen «Sorgen» dann werden.

3 **Schreib jetzt zehn Dinge auf, die dir Freude machen** oder von denen du gern mehr in deinem Leben hättest. Bewerte sie nicht. Mach es auch nicht zu kompliziert und kümmere dich nicht darum, wie das gehen soll – nutze einfach den Handlungsdruck aus diesem Kapitel, dir einzugestehen und bewusst zu werden, was du dir wünschst. Das Wie kommt dann später.

4 **Denk nach und würdige, was du hast.** Der Tod wird irgendwann in unser Leben treten, entweder durch den Tod eines geliebten Menschen oder indem wir einen Freund trauern sehen. Anstatt solche Momente zu überspringen, weil sie dir Angst machen und tragisch sind, nimm dir einen Augenblick Zeit, um über dein eigenes Leben nachzudenken. Sieh dir an, was wirklich wichtig ist, gewinne Klarheit über das, was du dir als Nächstes wünschst, und schätze es wert, dass du am Leben bist.

« Sei voller Leben, solange du am Leben bist. »

#41

SEI NETT

Im Jahr 2004 habe ich einen Tag damit verbracht, in der Hauptniederlassung meiner Plattenfirma Interviews zu geben – unter anderem einer großen britischen Tageszeitung, die als intellektueller galt als die Boulevardblätter, mit denen ich bisher gesprochen hatte. Der Journalist traf während des Mittagessens ein, und als er den Raum betrat, sprang ich auf, schüttelte ihm die Hand und unterbrach meine Mahlzeit. Ich war so erzogen, dass man nicht mit vollem Mund sprach, und wollte ihn ohnehin beim Reden nicht mit Brotstückchen und Suppentröpfchen besprühen.

Wir machten das Interview, und es schien ziemlich gut zu laufen. Als der Artikel veröffentlicht wurde, erstreckte er sich über zwei Seiten und wurde allseits als großer Coup meines Managements gefeiert.

Mein Stil (den mir, das muss ich gestehen, meine Plattenfirma vorgegeben hatte) lehnte sich zu dieser Zeit an das Pop-Rock-Flair einer Avril Lavigne an. Pop mit sanften Kanten. Ich war schon nicht mehr ganz unerfahren, aber immer noch ziemlich unsicher im Großstadtdschungel London und auf der Suche nach meiner eigenen Stimme.

Der Artikel – obwohl die Plattenfirma ihn noch immer als Erfolg betrachtete – berichtete, dass ich keine «Rockattitüde» hätte und so höflich sei, dass ich mit dem Essen aufgehört hätte, um mich mit dem Journalisten zu unterhalten. Mir war der Artikel wirklich peinlich, und ich schämte mich für das Stigma, ein «nettes Mädchen» zu sein. Ich dachte, dass ich vielleicht hätte «liefern» und einen Fernseher zertrümmern sollen, um das Rock-'n'-Roll-Klischee zu bedienen.

Der bissige Artikel flüsterte mir ein, dass man auf keinen grünen Zweig kam, wenn man «zu nett» war, und obwohl ich mich zum Glück nicht allzu sehr davon ärgern ließ und seither begriffen habe, dass das totaler Blödsinn ist, ist das definitiv eine Überzeugung, die immer noch in einigen Bereichen der Gesellschaft vorherrscht.

Am liebsten würde ich den Satz «Nette Mädchen kommen nirgendwohin» und den Irrglauben, dass Freundlichkeit eine Schwäche ist, mit Stumpf und Stiel ausrotten.

2020 beging die wunderbare, talentierte Moderatorin Caroline Flack Selbstmord; ihre Fans standen unter Schock. Wir dachten, wir würden sie kennen – sie hätte unsere Freundin sein können, eine Nachbarin, eine Schwester, und viele, vor allem in Großbritannien, trauerten darum, sie verloren zu haben. Es folgte ein öffentlicher Aufschrei darüber, wie Caroline in den sozialen Medien und von der Mainstreampresse behandelt worden war. Die Leute begannen zu posten «Seid nett zueinander!» und «Wenn du nichts Nettes zu sagen hast, sag besser gar nichts», und ich sprach in verschiedenen Radiosendungen von meiner Wut über die schlechte Behandlung, die Caroline widerfahren war. Carolines Geschichte zeigt, wie wichtig es ist, «Nettsein» als etwas Gutes zu betrachten.

Menschen zu helfen, ist mir in meiner Arbeit extrem wichtig; es ist der Grund, warum ich dieses Buch geschrieben habe, und es gibt mir ein gutes Gefühl. Der Dalai Lama nennt dieses Phänomen «eigennützige Selbstlosigkeit», man kennt es auch als das «Helferhoch». Einfach ausgedrückt: Ich helfe dir, du fühlst dich gut, und dass du dich gut fühlst, führt dazu, dass ich mich auch gut fühle. Was für ein wunderbarer Dominoeffekt der Freundlichkeit. Dieser Effekt wird auch von der Forschung gestützt, die herausgefunden hat, dass er Stress reduziert und uns glücklicher macht, wenn wir nett zu anderen sind.

Aus diesem Grund nehme ich mir oft die Zeit, Kommentare in meinen sozialen Kanälen zu beantworten. Die Leute wenden sich mit ihren Sorgen darüber an mich, dass sie vor der Kündigung stehen oder bei der Arbeit eine Präsentation halten müssen, oder sie fragen mich, wie sie mit ihrem Kummer oder Schmerz umgehen sollen – und ich bemühe mich, diesen Menschen zu antworten, denn ich habe immer den Satz «Lass nie jemanden im Stich» im Hinterkopf, und das motiviert mich. Wenn ich höre, dass ich jemandem in einer schwierigen Zeit geholfen habe, fühle ich mich gut, und es wärmt mir das Herz. Nett zu jemandem zu sein, ist ein Gewinn für beide Seiten.

Ich weiß, dass du mein Buch liest, weil du glücklich sein willst, und nett zu anderen zu sein, ist ein «Schleichweg» zu deinem eigenen Glück, also probiere es mal aus.

Ich will nett sein – wie stelle ich das an?

1 **Sei freundlich ohne Hintergedanken.** Im Klartext: Tu etwas Nettes für jemanden, ohne eine Gegenleistung zu erwarten. Spendier jemandem einen Kaffee, koch für ihn und bring ihm Essen vorbei, verschick Blumen, wasch das Auto eines Nachbarn oder stell seine Mülltonne raus (wie es meine wunderbare Nachbarin Rachel für mich tut, viel öfter, als es ihr wahrscheinlich lieb ist – danke, Rach!). Solche Gesten müssen kein Geld kosten, um eine Wirkung zu erzielen, deshalb: Versuch es doch selbst mal damit.

2 **Verteile Komplimente.** Sie sollten nicht pauschal, sondern authentisch und individuell sein, ehrlich und überraschend. Lobe jemanden dafür, eine gute Mutter, ein guter Vater zu sein (ein Hoch auf die Mama, die gerade im Supermarkt einen kindlichen Trotzanfall zu managen hatte), eine schöne Handschrift zu haben oder Stilgefühl. Mach einer Freundin ein Kompliment dafür, dass sie gerade ihr Unternehmen an den Start gebracht oder eine tolle Website erstellt hat. Mach jemandem ein Kompliment dafür, dass er nett ist.

3 **Unterstütze andere.** Das Leben ist manchmal hart, und wir alle brauchen hin und wieder ein bisschen Hilfe. Unterstütze und feuere andere an (und ich verspreche, du wirst es zurückbekommen!). Wenn du in einem Geschäft am Ort einkaufst, achte darauf, ihm ein Feedback zu widmen und in den sozialen Medien dein Lob über die tolle Arbeit der Mitarbeiter loszuwerden. Kommentiere auf der Facebookseite des Mädchens aus der Schule, auf der sie Champagnerflöten verkauft, und like auch ihre Geschäftsseite. Biete Familienmitgliedern deine Dienste als Babysitter an. Als Mama weiß ich, wie dringend man das hin und wieder nötig hat. Engagiere dich für die Menschen in deiner Umgebung und unterstütze sie nach Kräften. Wenn du nett bist, kommt das immer wieder zu dir zurück.

《 Nett zu sein, ist krass! 》

#**42**

FREUNDE DICH MIT
DER ANGST AN

«Wenn du keine Angst hast, bist du nicht wachsam genug», habe ich neulich im Fernsehen aufgeschnappt, und ich musste schmunzeln.

Das ist so wahr.

Wenn wir unter unseren Decken hervorkriechen und die Augen mit Mühe aufstemmen, sehen wir uns im Schlafzimmer um, und unsere Gedanken springen sofort an. «Ich habe heute diesen superwichtigen Termin mit der Chefin. Bin ich vorbereitet? Ist meine Präsentation gut genug? Vielleicht feuert sie mich ja?»

«Ich habe Tante Megan immer noch nicht angerufen, um ihr zu sagen, dass ich nicht zu ihrer Geburtstagsfeier komme. Wahrscheinlich wird sie sauer auf mich sein und mich für unhöflich halten.»

«Ich habe mir doch geschworen, mit kalten Duschen am Morgen anzufangen, wie dieses Mädel auf Pinterest geraten hat. Das heißt, ich sollte jetzt aufstehen. Mal ehrlich, das wird bestimmt furchtbar – ich habe gehört, dass manche Leute beim ersten Mal fast ohnmächtig werden!»

Und Angst macht sich breit.

Angst ist eine normale menschliche Reaktion und ein Überlebensmechanismus unseres Gehirns. Sobald wir uns unsicher oder verunsichert fühlen, denkt es: «Ich weiß nicht genau, was ich von dieser Situation halten soll. Ich denke, Rückzug ist vorläufig die beste Option, bis ich mehr Informationen habe.» Das ist doch eigentlich ziemlich schlau.

Denn wenn wir keine Angst hätten, nicht ein bisschen, wären wir schnell und ständig in Schwierigkeiten. Wir würden Löwen umarmen, zu nah an Felskanten herangehen und die Hand ins Feuer halten (nichts davon sei zur Nachahmung empfohlen). Angst ist eine Emotion mit einer sehr wichtigen Aufgabe: Sie sorgt für unsere Sicherheit, und deshalb werde ich ihr in diesem Kapitel natürlich auch nicht jedwede Berechtigung absprechen. Die Einschränkung lautet allerdings, nie so ängstlich zu sein, dass wir das Haus nicht mehr verlassen und allerlei spannende Gelegenheiten verpassen.

Wenn ich an die Zeiten in meinem eigenen Leben denke, in denen ich Angst hatte, gab es Unterschiede in Tragweite und Ausprägung der Angst. Als ich zum Beispiel mit meiner ersten Tochter Brooke schwanger war und wusste, dass ich sehr bald Mutter sein würde (auch wenn ich definitiv nicht ahnen konnte, dass sie zu früh kommen würde), bekam ich es mit der Angst zu tun. Ich wusste nicht, wie Mamasein ging, und war nie der Typ gewesen, der die Babys anderer Leute auf den Arm nahm und mit ihnen schäkerte. Doch es war eine schwach ausgeprägte Furcht, denn ich vertraute darauf, dass ich es schon herausfinden würde.

Als mir ein Chirurg mitteilte, dass mein Mann noch maximal 15 Wochen zu leben haben würde, überfuhr mich die Angst wie ein Güterzug. Es war wie ein Faustschlag in den Magen, ich bekam kaum noch Luft. Diese Angst schleuderte mich in eine unbekannte Zukunft hinaus, und mein Gehirn verfiel in totale Panik.

Zum Glück war ich vorher schon in Sachen Angst gestählt, hatte ich mich doch in zahlreiche Situationen begeben, die ziemlich nervenzerfetzend waren. Das half mir, mich schneller von dieser furchtbar beängstigenden Neuigkeit zu erholen und zu begreifen, dass ich mich meiner Angst stellen musste, um mich wieder sicher fühlen zu können.

Schlagen wir den Bogen zu deinem Leben. Sagen wir, du hättest derzeit Angst vor der Präsentation, die du nächsten Monat im Büro halten sollst, oder vor dem ersten Tanz auf deiner Hochzeit. Wie kannst du dir selbst helfen, diese Aufgaben zu bewältigen und die Angst zu überwinden? Vorbereitung, Planung und Übung sind drei großartige Schritte, mit denen du beginnen kannst. Du könntest die Präsentation oder den Tanz zunächst zur Probe vor einer Person deines Vertrauens «trockenüben».

Wenn wir Dinge tun, die zunächst angsteinflößend sind, und dann zum Ziel kommen (was immer es auch sein mag), polen wir unser Gehirn darauf, dass wir es sehr wohl schaffen können. Dann, wenn das eigentliche, angstbesetzte Event ansteht, bei dem sich uns der Magen umdreht, können wir unsere inzwischen gut eingeübte Gewohnheit praktizieren, uns unseren Ängsten offen zu stellen.

Jeden Tag gibt es Gelegenheiten, Angst zu haben, und es gibt auch Gelegenheiten, eine Wahl zu treffen. Du magst dir angewöhnt haben, den leichten Weg zu gehen, dein Angsthirn zum Schweigen zu bringen, unverrückbar in deiner Komfortzone zu bleiben und dich nur selten herauszuwagen. Ich will das nicht abwerten, denn es kann manchmal auch Sinn machen – aber wenn du sichergehen willst, dass du nicht ein paar erstaunliche Möglichkeiten im Leben auslässt, musst du Wege finden, ins kalte Wasser zu springen und die Angst beiseitezuschieben.

Ich habe vor vielen Dingen Angst –
was kann ich tun?

1 **Hör auf, der Angst Nahrung zu geben.** Die Ängste, die du hast, kommen von etwas, das du vorher gehört, gesehen oder erlebt hast. Vielleicht ist es jetzt an der Zeit, dir anzuschauen, woher diese Ängste stammen, und zu überprüfen, ob du dich immer noch denselben Gesprächen, Menschen oder Situationen aussetzen möchtest, die deine Gefühle eventuell nur schlimmer machen. Sagen wir, du hast Angst davor, abgewertet zu werden, und dein derzeitiger Freundeskreis verbringt viel Zeit damit, über andere herzuziehen. Dieses Umfeld wird deine Angst davor befeuern, die eingefahrenen Wege dessen, was dort als «akzeptabel» gilt, zu verlassen, und deine Wahlmöglichkeiten eingrenzen.

2 **Mach die Angst zu deinem Freund.** Wenn du nervös bist oder ein bisschen ängstlich, heißt das häufig, dass du gerade deine Komfortzone verlässt. Sobald wir aufhören, die Angst als unseren Feind zu betrachten, können wir anfangen, ihre Macht zu erkennen. Angst ist der Freund, der prüft, ob du auf dem richtigen Weg bist und ob die Entscheidungen, die du triffst, positive Konsequenzen haben. Das bedeutet nicht, dass die Angst alle Antworten parat hätte – das ist nicht der Fall, weil wir oft einen Sprung nach vorn machen müssen, um an alle Informationen zu kommen. Aber sie wird dich zumindest innehalten und über deine Handlungsoptionen nachdenken lassen.

3 **Steuere die Angst.** Zu wissen, wann du dich durch die Angst kämpfen musst, ist wichtig und läuft auf die Frage hinaus: «Wird es mich dem Leben, das ich mir wünsche, näherbringen oder mich von ihm entfernen, wenn ich mich durch diese Angst kämpfe?» Zum Beispiel fürchtest du dich vielleicht vor einem Bewerbungsgespräch, aber wenn es um deinen Traumjob geht, ist es unerlässlich, dich deiner Angst zu stellen. Sich ein starkes Ziel zu setzen oder einen wichtigen Grund zu haben, das zu tun, was wir so sehr fürchten, kann uns helfen, eine kleine Heldentat zu vollbringen. Wir zittern womöglich immer noch wie Espenlaub, während wir den ersten Schritt machen, aber zu wissen, wohin wir wollen und was wir erreichen möchten, wird uns helfen, mutig genug zu sein, um weiterzugehen.

4 **Stell dir das hier vor:** Du bist alt, liegst in deinem Bett, umgeben von deinen Liebsten, und schaust auf dein Leben zurück. Wirst du glücklich darüber sein, dass die Ängste, die du jetzt mit dir herumschleppst, dich von den Dingen abgehalten haben, die du wirklich wolltest? Wirst du voller Reue in deinem Bett liegen oder lächeln, während du dich daran erinnerst, was für ein Abenteuer alles war? Wenn du es hinkriegst, dass die Angst, etwas nicht getan zu haben, größer wird als die Angst davor, es einfach zu probieren, dann hast du es geschafft.

« *Jeden Tag gibt es Gelegenheiten, Angst zu haben, und es gibt auch Gelegenheiten, eine andere Wahl zu treffen.* »

#43

VERGLEICHE

Vergleicheritis: *Die Kunst, dein Leben wie besessen mit dem von jemand anderem zu vergleichen, sodass es dich richtig runterzieht.*

Als jemand, der gegen Ende des letzten Jahrtausends geboren wurde, habe ich das Glück (und ich halte es wirklich für Glück), vor und mit dem Internet gelebt zu haben. Das erlaubt mir, mit klarem Blick auf die Kultur zu schauen, die wir online erschaffen haben, und darauf, welche Bits uns nutzen und welche nicht.

Vor dem Internet – oder sollte ich sagen: vor den sozialen Medien – hatten wir nur begrenzten Zugriff auf Informationen darüber, was andere Menschen so trieben. Wir wussten zum Beispiel wenig darüber, was unser Nachbar frühstückte oder ob die Frau aus dem Fitnessstudio ein neues Outfit hatte. Wir ahnten nicht, was (oder wie viel!) die Leute ihren Kindern zu Weihnachten kauften, und wir mussten die Leute schon besuchen, um ihre neu gestaltete Küche bewundern zu können.

Heutzutage wachen wir aus einem womöglich nicht sehr erholsamen Schlaf auf (weil wir vor dem Einschlafen noch ein bisschen herumgesurft haben), um sofort nach dem Handy zu greifen und in das Leben eines hochglanzpolierten Fremden im Internet einzutauchen. Ich halte die Hände hoch und erkläre mich des endlosen Surfens für schuldig, weshalb ich diesen modernen Zeitvertreib auch nicht vehement verurteilen kann.

Aber wenn ich es so ausdrücke wie eben, klingt es doch ziemlich lächerlich, oder?

Die Sache ist die: Während wir das Leben anderer Leute studieren, ertappen wir uns oft dabei, dass wir es mit unserem vergleichen. Ich höre dich schon rufen: «Ach komm, Holly! Das machen wir doch immer schon. Das ist normal und Teil der menschlichen Natur.» Das stimmt, aber das Problem ist, dass der Onlinevergleich mit dem Leben anderer Leute hinkt. Es ist kein fairer Kampf.

Frag dich mal, was du in den sozialen Medien teilst. Den Streit, den du gestern Abend mit deinem Freund hattest? Als du ihn einen «Idioten» genannt und gesagt hast, dass du seine Lieblingsschuhe hasst? Dass du dich auf dem Junggesellinnen-abschied deiner Freundin betrunken und den ganzen Abend geheult hast? Teilst du den riesigen Stapel Bügelwäsche vor der fleckigen Wand, die du streichen willst, seitdem du eingezogen bist ... vor vier Jahren?

Himmel, ich könnte mir vorstellen, dass dein Feed voller Bilder ist, die du kurz nach dem Aufwachen gemacht hast, mit einem neuen fetten Pickel im Gesicht, Schlaf in den Augen und zerzaustem Haar!

Ach nein, so doch nicht? Oha, das schockiert mich jetzt aber!

Natürlich nicht. Niemand tut so etwas. Jeder postet die Version seines Lebens, von der er will, dass die Welt sie zu Gesicht bekommt. Man postet das Beste, das Herzeigbare, das funkelt und von dem du insgeheim hoffst, dass alle anderen dich darum beneiden werden.

Das, meine Freunde, ist die Welt der sozialen Medien, und sie bringt uns nirgendwohin. Aber all das ist ja nicht nur auf die sozialen Medien beschränkt. Vielleicht hast du dich schon einmal mit jemandem aus deinem Kollegenkreis verglichen, bei dem es so scheint, als hätte er oder sie alles, oder mit der Frau aus deinem Bekanntenkreis, von der du über deine Tante gehört hast, dass sie einen tollen Job in London hat. Die Vergleiche sind schier endlos.

Das Problem dabei: Wir vergleichen das Schlechteste aus unserem Leben mit dem Besten aus dem Leben anderer Leute. Und dann wundern wir uns, warum wir mit unserem Leben nicht sonderlich zufrieden sind.

Du kennst deine schrecklichen Momente, die Peinlichkeiten, und du hast keine Ahnung davon, wie es bei anderen damit aussieht. Selbst wenn ihr Leben hochglanzpoliert ist, bist du kein Gedankenleser, und sie zeigen dir ja nur den Teil ihres Lebens, den sie dir zeigen wollen.

Und hier kommt der Realitätscheck mit meinem eigenen Leben in Sachen Vergleiche.

Es ist 2010, ich bin Fernsehschauspielerin und auf dem Weg nach oben, und ich bekomme die aufregende Nachricht, dass ich mit meiner ersten Tochter schwanger bin. Das ist eine wunderbare Überraschung, und ich bin begeistert. Ich habe eigentlich geplant, mit meinem Mann im Januar zu einer Castingtour in die USA zu fliegen, aber da ich jetzt schwanger bin, beschließe ich, es zu verschieben.

Zur gleichen Zeit zieht ein Mädchen, das ich kenne, ein Fotomodell, nach Amerika, um dort zu arbeiten und zu studieren. Ich bin auf Facebook mit ihr befreundet und schaue mit Adleraugen auf die Fortschritte, die sie macht.

Hier bin ich im kalten und grauen Coventry und werde immer dicker, sage Rollen wegen meines Babybauchs ab und sehe dem Fotomodell dabei zu, wie sie Yoga an einem Strand in L. A. macht – braungebrannt, schlank und einfach wunderbar –, Rollen ergattert und auf Promipartys geht.

Das grünäugige Monster erhebt sein Haupt und ist hellwach. Ich bekomme einen Neidanfall und entfolge sie am Ende (weil ich brav tue, was ich selbst predige).

Etwa ein Jahr später schreibt mich dasselbe Mädchen an und bittet mich, sie zu coachen. Während ich ihr sabbernd beim Leben zugeschaut habe, hatte sie dasselbe bei mir getan. Ohne dass ich es geahnt hätte, war sie traurig gewesen, einsam, krank vor Heimweh, hatte unbedingt Kinder haben wollen ... und sich fast zu Tode gehungert!

Ich hatte mir eine Idealversion ihres Lebens – nicht die Realität – aus einigen Fotos in den sozialen Medien zusammengebastelt und mein eigenes Leben damit verglichen. Ich nahm es als Weckruf des Universums, das mir zeigen wollte, wie sinnlos so ein Verhalten ist (siehe dazu auch «Gefakte Social-Media-Leben durchschauen» ab S. 115).

Es liegt wahrscheinlich ein Körnchen Wahrheit darin, dass ich in meinem «Vergleichswahn» weniger Produktives mit meiner Zeit anstellte, sodass ich mehr Zeit dafür hatte, mich auf etwas zu konzentrieren, das nichts mit mir zu tun hatte. Wenn wir konsumieren, aber nichts für uns selbst tun, öffnet das der Selbstkritik Tür und Tor. Umgekehrt habe ich einfach kein Interesse daran, mich in das Leben anderer Leute hineinzusteigern, wenn mein eigenes Leben voller wunderbarer Dinge ist, für die ich mich begeistern kann.

Wenn ein unterbeschäftigtes Gehirn sich etwas sucht, um das eigene Leben damit zu vergleichen und uns dafür zu maßregeln, dass wir nicht jemand anderem gerecht werden, ist es wichtig, sich dessen bewusst zu werden und darüber nachzudenken, welche Faktoren das Vergleichenmüssen bei uns antriggern. Werde dir darüber klar, ob es einen Zusammenhang gibt zwischen dem, was du mit deinem Leben anstellst und wie gut du gerade mit dir selbst zurechtkommst, und dem Maß, in dem du auf das Leben der anderen schielst.

Mach dir auch bewusst, welches Gewicht du diesen Vergleichen beimisst. Was ist zum Beispiel Reichtum oder Erfolg für dich? Handelt es sich um äußerlichen, sozial anerkannten Erfolg wie Geld, Schmuck und Häuser oder um den Reichtum, in dem meine Oma Rita schwelgt? Sie ist von Menschen umgeben, die sie lieben und verehren. Sie hat ein gemütliches Zuhause, das sie so eingerichtet hat, wie es ihr gefällt, ihren lieben Hund Toby und Jahre voller wunderbarer Erinnerungen als Vermächtnis. Es gibt viele Arten, Erfolg, Gesundheit und Schönheit zu messen, und wenn wir sie nur anders beziffern, könnten wir durchaus erkennen, dass wir viel mehr haben als all jene, mit denen wir uns vergleichen.

«Der Vergleich ist der Dieb der Freude», hat Theodore Roosevelt einmal gesagt – und wahrscheinlich ist er auch der Dieb der Zeit, da wir uns so ausgiebig damit beschäftigen.

Wie hören wir also auf, uns mit anderen zu vergleichen, ob nun in den sozialen Medien oder im echten Leben? Denn glaub mir: Das ist eine Angewohnheit, die wir uns wirklich abgewöhnen müssen, wenn wir uns wieder gut fühlen wollen.

Was wir heute tun müssen – also jetzt sofort!

1 **Ruf dir ins Gedächtnis, dass es dich nur einmal gibt.** Niemand kann eine bessere Ausgabe von dir sein als du selbst. Wenn du versuchst, jemand anders zu sein, wirst du nur eine schlechte Kopie dieser Person, während du doch die beste Version deiner selbst sein könntest. Du kannst nicht ich sein, und ich kann nicht du sein, also ist der Versuch allein schon Zeitverschwendung.

2 **Entfolge jedes Social-Media-Profil, das Neid in dir weckt.** Die sozialen Medien sollten Menschen inspirieren und miteinander verbinden und nicht dafür sorgen, dass du dich schlecht fühlst.

3 Denk immer daran, dass du nur einen Schnappschuss von den besten Momenten eines anderen Menschen siehst und keine Ahnung hast, ob ein ach so vollkommenes Insta-Paar nicht gerade einen Streit über eine andere Frau hatte oder ob hinter diesem perfekt arrangierten Avocadofrühstück eine Küche lauert, die aussieht, als hätte eine Bombe eingeschlagen.

4 Sei dir bewusst, dass du, während du dich auf andere Leute konzentrierst, deinen Fokus nicht darauf lenkst, wie du das beste Leben führen kannst, das dir möglich ist. Also solltest du weniger Zeit damit verbringen, die Fotos von der Hochzeit deiner Kollegin (von vor zwei Jahren!) anzuschauen, und mehr Zeit damit, deine eigenen Lebensziele zu knacken. Mit Vergleichen vergeudest du nur Zeit, und sie lenken dich von all den großartigen Dingen ab, die du mit deinem eigenen Leben anstellen könntest.

5 Sieh die Erfolge anderer Menschen als Quelle der Inspiration, nicht des Neids. Anstatt den Leistungen einer anderen Person hinterherzuhecheln und dich selbst zu bemitleiden («Ich bin nicht da, wo sie ist/wo ich sein sollte»), dreh den Spieß um und mach dir klar: Wenn diese Person erreichen kann, was sie erreicht hat, bedeutet das, dass es ein Publikum und einen Raum dafür gibt und dass auch du das schaffen kannst. Der Erfolg einer anderen Person schmälert nicht deine Fähigkeit, Erfolg zu haben.

6 Konzentriere dich auf das Beste, was du hast. Worin bist *du* gut? Wenn du gerade «nichts» gedacht hast, komme ich gleich rüber und rede ein ernstes Wörtchen mit dir! Du bist sehr wohl in etwas gut. Bist du eine gute Freundin? Ein guter Zuhörer? Eine verdammt fantastische Tänzerin? Ein angehender Chefkoch? Es gibt etwas wirklich Wunderbares an dir, und das ist es, auf das du deine Zeit verwenden solltest.

«Es gibt kein besseres Du als dich, und wenn du dich mit anderen vergleichst, verwässerst du deine eigene Magie.»

#44

LIEBE VON GANZEM HERZEN

Ich habe mit neun Jahren geheiratet – Robbie Williams von Take That. Es war 1993, und ich trug einen Kissenbezug als Brautschleier, während meine Freundinnen Eve und Bryony Pfarrerinnen spielten und mich mit Konfetti bewarfen. Ich liebte ihn.

Es war also kein Wunder, dass es mich umhaute, als mein Freund Bryan Robbie für seinen YouTube-Kanal «True Geordie» interviewte und ich erfuhr, dass Robbie mein eigenes Interview mit Bryan gesehen hatte.

Obwohl meine «Liebe» zu Robbie über die Jahre ein ganz klein wenig gelitten hat, ist es wichtig, über all die Dinge und Menschen nachzudenken, die wir geliebt haben, wenn wir danach streben, mehr Liebe und Freude in unser momentanes Leben zu bringen. Ich meine auch nicht nur die romantische Liebe. Ich meine die Liebe zwischen einer Mutter und ihrer Tochter, zwischen einem Mann und seinem Hund und die Dinge in unserem Alltagsleben, die wir so gern sehen, tun, hören, essen und auf Amazon Prime bingen.

In Abwandlung eines gängigen Sprichworts möchte ich behaupten, dass nicht Geld, sondern die Liebe die Welt regiert. Es mag nach New Age und Hippietum klingen, aber von einer höheren Warte aus gesehen, ist Liebe für unser Überleben unerlässlich, denn ohne die Triebkraft der Liebe nehmen wir keine Verbindung zueinander auf, und ohne Verbindung pflanzen wir uns nicht fort. Wenn wir geliebt werden und lieben, produziert unser Körper außerdem einen ganzen Haufen Oxytocin, das «Kuschelhormon», das uns Glücksgefühle und Freude beschert. Zudem hat die Forschung herausgefunden, dass Liebe unser Stresslevel absenkt und sich auch positiv auf die Gesundheit unseres Herzens auswirkt.

Die Welt ist jedoch nicht so gebaut, dass wir immer auf Wolke sieben schweben. Jeden Tag werden wir mit Dingen bombardiert, die wir hassen und die uns missfallen – seien es nun unerträgliche Bilder von Menschen, die ihre Macht missbrauchen oder der Umwelt schaden, oder die abstoßenden Szenen bei Anti-LGBTQ+-Demos. Jeden Tag zeigen unsere Bildschirme Akte des Rassismus und Sexismus, der Gier, Selbstsucht und Intoleranz und des Hasses, die uns auch aus unseren Nachrichtenfeeds entgegenspringen.

Wenn wir zulassen, dass Hass in unser Leben tritt, wird er an uns fressen wie ein Virus, und unser Gehirn wird mehr davon haben wollen (wie wir schon in «Wie das Gehirn arbeitet» ab S. 19 gesehen haben). Wir beginnen, überall Negativität zu wittern, da unser Gehirn lernt, nach dem Schlechten zu suchen und das Gute zu übersehen. Selbst diejenigen unter uns, die mit sich im Gleichgewicht sind, könnten sich ganz leicht angewöhnen, zu viel Angst in ihre kleine Welt zu lassen, und vergessen, was wirklich wichtig ist …

Liebe.

Liebe hat die Macht, Schranken einzureißen und Abgründe zu überbrücken; sie wird uns erheben, wenn wir jede Hoffnung verloren haben, und uns von den Füßen fegen, wenn wir es am wenigsten erwarten.

Wenn wir unsere Einstellung verändern und aktiv danach streben, mehr zu lieben, beginnen wir, die Welt in einem neuen Licht zu sehen. Unsere Erwartungshaltung, noch mehr Liebe anzuziehen, erlaubt es uns, noch mehr Dinge zu entdecken, die wir lieben können. Es ist, als würde ein Licht angeknipst, sodass wir all die Magie und Freude um uns herum sehen können.

Unsere Liebe zu Dingen und Menschen auszudrücken, hat ebenfalls einen Dominoeffekt. Ich sage meinen Kindern ständig, dass ich sie liebe, und im Besonderen, was ich an ihnen liebe. Das gibt ihnen das Gefühl, geliebt zu werden, und sie sagen wiederum anderen dasselbe, machen anderen Menschen Komplimente und sprechen von den Dingen, die sie lieben. Ich erwähne regelmäßig, wie sehr ich Sonnenuntergänge liebe und das kleine Rotkehlchen, das oft in meinem Garten auftaucht. Ich mache permanent Fotos von den Dingen, die ich liebe, und bin erst kürzlich rechts rangefahren, um eine wirklich hübsche Pflanze abzulichten, die über einen Zaun am Ende meiner Straße wächst (ich weiß, das ist ein bisschen schräg, das habe ich schon gewusst, als ich es gemacht habe).

Ich liebe, so fest es geht. Ich bin eine hoffnungslose Romantikerin und kann nicht genug davon kriegen, wenn Leute erzählen, wie sie sich bis über beide Ohren verliebt haben. Ich mag es, wenn Leute Fotos von ihren Babys und Haustieren und hauptsächlich von ihrer Liebe zu sich selbst zeigen. Früher war mir das ein bisschen zu viel des Guten, und ich habe solche öffentlichen Liebesbekundungen verurteilt. Doch nach dem Tod meines Mannes ist mir klar geworden, dass einem die Liebe schnell genommen werden kann, und das ist der Grund, warum es so wichtig ist, die Dinge, die wir lieben, jetzt zu würdigen.

Meine Botschaft an dich ist daher: Liebe von ganzem Herzen. Dann wirst du wissen – selbst wenn diese Liebe erkaltet oder du diesen Jemand oder dieses Etwas nicht länger lieben kannst –, dass es in jener Zeit deines Lebens Freude gab.

Vergifte deine Freude an etwas oder jemandem nicht mit Grübeleien, was andere darüber denken könnten. Das Leben ist zu kurz für diesen Unsinn, und du hast es verdient, dass deine Welt nur so vor Liebe trieft. Nicht jeder wird verstehen, warum du diesen oder jenes liebst, und das ist in Ordnung. Wenn wir Liebe in die Welt entsenden, ist das Leben glücklicher und bunter.

Ich wünsche mir mehr Liebe – wie kann ich sie zu mir rufen?

1 **Rede darüber, wann immer es geht.** Sprich offen über die Dinge, die du liebst, jeden Tag. Teile diese Liebe mit den Menschen um dich herum, in den sozialen Kanälen und mit jedem, der dir zuhört. Sprich über die Dinge, die du liebst, und schau zu, wie weitere Dinge in dein Leben treten. Vielleicht möchtest du Fotos von den Dingen machen, die du liebst. Indem du das regelmäßig tust, kreierst du ein visuelles Verzeichnis der Liebe. An schweren Tagen kannst du dich durchscrollen und dich an all dem Glück wieder aufrichten.

2 **«Bunkere» deine Momente der Liebe.** Wenn du einen Augenblick der Liebe erlebst – sei es durch einen Kuss von deiner Tochter, eine Umarmung vonseiten deiner Großmutter oder indem du mit deiner besten Freundin Tränen über TikTok-Videos lachst –, registriere diesen Augenblick und «bunkere» ihn. Das bedeutet einfach nur, im Geiste einen Schnappschuss davon und von deinen Gefühlen zu machen, den du dir später wieder ansehen kannst, um dich an diese gute Zeit zu erinnern.

3 **Sag den Leuten, dass du sie liebst.** Man kann es leicht vergessen, aber du musst jenen, die du liebst, sagen, dass du sie liebst. Lass sie wissen, dass du ihr Da-Sein auf diesem Planeten zu schätzen weißt und sie dir wichtig sind. Mach schon, schreib ihnen eine Nachricht, ruf sie an, tagge sie in einem Beitrag oder geh in den Raum, in dem sie sich befinden, und erkläre ihnen deine Liebe. Du weißt nie, wer es gerade braucht, das zu hören.

4 **Fühle mit.** Denk daran, dass jeder mit etwas in seinem Leben zu kämpfen hat und sein Bestes gibt. Bringe Verständnis und Mitgefühl auf, selbst für die, die anders denken als du. Indem du das tust, zeigst du auch Mitgefühl mit dir selbst und wirst im Gegenzug das Mitgefühl von anderen auf dich ziehen.

« *Liebe wird Schranken einreißen und Abgründe überbrücken. Sie wird uns erheben, wenn wir jede Hoffnung verloren haben, und uns von den Füßen fegen, wenn wir es am wenigsten erwarten.* »

#45

STIFTE UNRUHE – BRICH DIE REGELN

Von der Sekunde an, da wir geboren werden, bringt man uns Regeln und Verhaltensweisen bei. Wir gehen zur Schule und wollen dazugehören, um unsere Lehrer oder Eltern zufriedenzustellen, und so fangen wir mit der Zeit an, uns anzupassen. Wir werden gehorsam und zum Schweigen gebracht, und manchmal beginnen wir, unser wahres Ich zu verbergen, ohne es selbst zu bemerken.

Ich hatte das Glück, dass meine Eltern, obwohl sie normale Jobs hatten (mein Papa war Schweißer, und meine Mama arbeitete in der Bank), nicht der Norm entsprachen. In jungen Jahren waren sie Punks und später brachten sie mir und meiner Schwester Beki bei, uns auszudrücken und unsere eigene Wahrheit zu leben. Da ich jetzt selbst Mutter bin, möchte ich, dass meine Mädchen alles infrage stellen (selbst mich, was höchst nervig sein kann!) und Grenzen sprengen.

Ich habe einen Wunsch für meine Klienten und auch für dich: Du sollst erkennen, dass manche Regeln nur eine Richtschnur sind und du persönlich nicht tun musst, was alle tun, nur weil es so aussieht, als *sollte* man sich so verhalten. (Bitte beachte, dass ich *manche* Regeln gesagt habe, nicht *alle* Regeln – wir wollen doch nicht, dass du gegen das Gesetz verstößt!)

Wir haben solche Bedenken, verurteilt oder als schräge Vögel abgestempelt zu werden, wenn wir aus der Reihe tanzen, dass wir oft gegen das ankämpfen, was sich für uns instinktiv richtig anfühlt. Nehmen wir das Beispiel Heirat. Der Druck, der auf manche Menschen ausgeübt wird, eine in der jeweiligen Kultur als traditionell geltende Hochzeit zu feiern, ist gewaltig. Freundinnen haben mir weinend von dem Stress berichtet, den sie bei der Organisation ihrer Hochzeit hatten, die dann nicht einmal so war, wie sie sich das wünschten – sie planten sie so, wie es ihrem Umfeld behagte.

Ich persönlich war nie scharf auf die traditionelle Art zu heiraten, genauso wenig wie meine Eltern, die ihre Eheschließung eher unkonventionell gefeiert haben (meine Mutter trug hellrote Haare zu ihrem Hochzeitskleid und mein Vater einen Anzug mit gelben Schuhen). Ich wusste also schon, dass einige Regeln einfach gebrochen werden wollen.

Ich habe geheiratet, ohne meinen Lieben Bescheid zu sagen, mir einige Kolleginnen als Trauzeuginnen geschnappt (die dann sehr enge Freundinnen wurden) und Turnschuhe zum Kapuzenpulli getragen, während mein Mann ein Fußballtrikot anhatte. Anschließend haben wir in einem Lokal Tee getrunken und Kuchen gegessen. Sehr britisch.

War meine Familie glücklich darüber? Nicht wirklich. Wollte ich sie verärgern? Natürlich nicht. Haben sie ihren Frieden damit gemacht? Klar, und es ist wahrscheinlich sogar eine sehr lustige Geschichte, die sie jetzt herumerzählen können.

Wenn du dir dein Leben so einrichtest, dass es deinen eigenen Bedürfnissen gerecht wird, wirst du ein paar Regeln brechen müssen. Wie ich bereits klargestellt habe: Wenn ich sage, dass du Regeln brechen sollst, meine ich damit nicht, anzufangen, gegen das Gesetz zu verstoßen und Amok zu laufen. Ich rede davon, soziale Konstrukte aufzubrechen. Das sind Regeln, denen wir als Gesellschaft kollektiv folgen, die wir bewusst oder unbewusst akzeptieren als das, «was man eben macht».

Regeln werden oft aufgestellt, um dich zu kontrollieren und einzuschränken – es geht darum, die Ordnung aufrechtzuerhalten und das Boot nicht zum Kentern zu bringen. Um also etwas anders zu machen, musst du rote Linien übertreten und dir den Weg suchen, der dir entspricht.

Glück kann man nicht pauschal definieren. Was ich unter Glück verstehe, deckt sich nicht mit dem, was du unter Glück verstehst, daher ist es verrückt, nach einer Schablone zu leben, die andere für dich entworfen haben, und zu erwarten, dass dich das glücklich macht. Die glücklichsten Menschen der Welt sind oft jene, die als Rebellen, Visionäre und Regelbrecher gelten. Sie sind diejenigen, die sich freimütig äußern, ihre eigene Wahrheit leben, aufstehen und ihre Meinung sagen und sich nicht darum kümmern, wenn sie dafür gerügt werden. Sobald du dich dazu entschließt anzufangen, genau die Person zu sein, die du sein willst, wirst du dich befreit fühlen, als wäre dir eine Last von den Schultern genommen, und alles wird leichter werden. Doch ich muss dich warnen: Zuweilen wird es ein bisschen ungemütlich werden, und manche Leute werden etwas dazu zu sagen haben. Sie werden mit dem erhobenen Zeigefinger herumfuchteln, über dich tratschen, dich verurteilen und all das tun, was dich bisher davon abgehalten hat, deine eigene Wahrheit zu leben. Wenn das passiert – und das wird es –, dann musst du tiefer denn je zuvor graben. Du musst dich selbst daran erinnern, warum dir das, was du da tust, wichtig ist, und stur in deiner eigenen Spur bleiben.

Kurz nach meiner Hochzeit hat jemand, der mir etwas bedeutet, gesagt: «Du wirst es bereuen, dass du so geheiratet hast, es ist einfach nicht so besonders wie eine traditionelle Feier», und damals hat das gesessen.

Bereue ich es?

Absolut nicht. Es war genau das, was ich damals wollte, es hat Spaß gemacht, es stand dafür, wer wir als Paar waren, und es ist eine witzige Geschichte. Ich kann ruhig schlafen in dem Wissen, dass unabhängig davon, dass sich manche Leute mit unserer Entscheidung unwohl gefühlt haben oder vielleicht auch enttäuscht waren, die beiden Menschen, um die es ging und deren Hochzeit es war, glücklich damit waren, und gewiss ist das doch der Sinn dahinter.

Wie man ein wahrer Wahnsinnsregelbrecher wird!

1 **Stell dir einige grundlegende Fragen.** Es ist hilfreich, über dein Leben nachzudenken, so wie es jetzt ist, damit du siehst, wo die Bereiche liegen, in denen du festgefahren bist oder wo vielleicht Raum ist, die Situation zu verändern. Frag dich:

- Wann habe ich je die Regeln gebrochen oder bin gegen den Strom geschwommen?
- Welchen Regeln folgst du jetzt, und inwiefern hilft es dir?
- Wer hat die Regeln für dich aufgestellt?
- Was würde passieren, wenn du ein paar Regeln brichst?

2 **Mach aus deinem Herzen keine Mördergrube.** Deine Stimme ist wichtig, deine Meinung ist wichtig, wir müssen dich hören. Ich möchte, dass du im Verlauf des Tages aktiv deine Meinung kundtust, vielleicht sogar widersprichst, um zu sehen, wie sich das anfühlt (ich weiß, manchmal kann es verlockend sein, mit dem Strom zu schwimmen) – sei ein bisschen mutig und steig über den verbotenen Zaun. Beginne klein wie immer. Anstatt zum Beispiel zu sagen, dass dir *Game of Thrones* gefallen hat (wie offenbar allen anderen), bekenne selbstbewusst, dass du es langweilig gefunden hast. Oder du treibst es ein bisschen weiter und forderst Opa wegen seiner altmodischen Ansichten über Frauen heraus oder brichst eine Lanze für Ananas auf Pizza. Du wirst mit deiner Meinung nicht allein dastehen, selbst wenn das in diesem Moment der Fall ist, und es wird sich toll anfühlen, es dir von der Seele geredet zu haben.

3 **Tu etwas, an das du glaubst.** Beschließe, nur Kleider von nachhaltigen Modelabels zu kaufen, höre auf, dir Zeug zu besorgen, das du nicht brauchst, verzichte auf Zucker (das hättest du mir voraus!), kämpfe gegen soziale Ungerechtigkeit oder arbeite ehrenamtlich fürs Tierheim. Vielleicht ist dir nichts davon wichtig – dann such dir etwas anderes aus. Du entscheidest, wie du deine Zeit verbringst, während du lieber deinem Herzen folgst als den sozialen Normen. Es ist dein Leben, nicht das eines anderen, also mach deine eigenen Regeln und lebe nach ihnen.

« Die glücklichsten Menschen der Welt sind oft jene, die als Rebellen, Visionäre und Regelbrecher gelten. »

#46

DIR LÄUFT NICHT
DIE ZEIT DAVON

Weißt du, was mir wirklich auf die Nerven geht? Wenn Leute sagen: «Unser aller Tag hat genauso viele Stunden wie der von Beyoncé.» Als müssten wir sofort aufspringen und rufen: «Du hast ja so recht! Ich meine, natürlich habe ich kein Team um mich, das mir beim Anziehen hilft, mich frisiert und meinen Tag organisiert, wie es bei ihr der Fall ist, aber na klar, mein Tag hat genauso viele Stunden wie der von Beyoncé, also ran an die Buletten.»

Ich persönlich finde diese Art von Rhetorik demotivierend, denn sie kann mich dazu verleiten, die Dinge auf die lange Bank zu schieben, sodass ich dann Sorge haben muss, die Zeit könnte mir davonlaufen. Damit du dir vorstellen kannst, wie das aussehen würde: Ich würde auf der Couch sitzen, im Schlabberlook, nichts tun, wahrscheinlich eine Tasse Tee in der Hand, wie ein weggetretener Zombie wirken und Panik schieben, dass ich keine Zeit mehr habe. Die Ironie daran ist nicht zu übersehen.

Das Gefühl, dass mir die Zeit durch die Finger rinnt, war immer schon da. Ich erinnere mich, dass ich mit 16 Jahren dachte, die Zeit wäre gegen mich, weil ich noch nicht in einem Hollywoodfilm mitgespielt hatte, und bald wäre ich 18 und auf dem absteigenden Ast. Mit 20 bin ich auf die Schauspielschule gegangen und fühlte mich steinalt neben all den jungen Hüpfern, die geradewegs aus dem College kamen. Ich denke also, dass die Zeit für mich und viele andere ein Problem ist, unabhängig vom Alter. Wir glauben fortwährend, dass wir den Anschluss verpassen und die Dinge nicht schnell genug erledigen.

Wie bei allen anderen Gedanken, die auf Angst fußen, könntest du auch hier weit verbreitete Verhaltensweisen entdecken, wenn du tiefer gräbst. Ich bin extrem streng bei allem, was mit Zeit zu tun hat. Ich organisiere meine Zeit, ich komme nie zu spät, und selbst wenn ich einen Zeitplan aufstelle und ihn zu modifizieren minimale Konsequenzen hätte, fühle ich mich doch nicht gut, wenn das der Fall ist. Als ich herauszufinden versuchte, warum das so war, erkannte ich den Grund: Meine größte Sorge ist tatsächlich, meine Zeit zu verschwenden und mein Leben nicht sinnvoll genug zu gestalten.

Ich bin mir sehr wohl bewusst, dass ich nicht der einzige Mensch mit dieser Panik in Bezug auf «hätte, sollte, müsste» bin. «Ich sollte allmählich Erfolg haben», «Ich hätte den Mann meiner Träume inzwischen schon gefunden haben müssen», «Ich sollte inzwischen Kinder haben» ... Ergänze hier dein eigenes «Ich sollte ...», denn ich weiß, dass auch du ein Lied davon singen kannst. Also packen wir's an und bringen wir diese Stimme zum Schweigen.

Das Gefühl, dass dir die Zeit davonläuft, ist schrecklich. Wir alle wissen, dass unsere Zeit endlich ist, daher lauert weiter im Hintergrund die Eile, selbst wenn wir das Ganze mit dem Verstand wegerklären. Das kann dazu führen, dass wir unnötigerweise dem nächsten Augenblick nachhetzen und das Jetzt nicht würdigen. Das Tempo der Welt kann schnell sein, und zusätzlich sehen wir, dass Menschen, die anscheinend alles haben und alles tun, auf ein Podest gehoben werden – was nicht gerade hilft.

Wenn wir die Meilensteine eines Lebens nicht in der Reihenfolge erreichen, die uns die Gesellschaft vorschreiben will, beschleicht uns instinktiv das Gefühl, wir hätten es vermasselt.

Dieser Gedankengang treibt uns in den Vergleichsmodus und gibt uns das Gefühl, defizitär und nicht gut genug zu sein (siehe dazu auch «Vergleiche» ab S. 232).

Ich glaube, dass wir uns in Wahrheit bei diesem angespannten Umgang mit der Zeit nicht Sorgen darum machen, dass die Zeit fortschreitet, sondern nur darum, dass wir die Zeit, die wir haben, auf Dinge verschwenden, die uns einfach nicht wichtig sind. Der Schlüssel, dem beizukommen, liegt darin, die Zeit, die du hast, so zu organisieren, dass dir Zeit bleibt, all das zu tun, was von großem Wert für dich ist. Dir der Dinge, die du in deinem Leben haben möchtest, bewusst zu werden und dann Platz für sie zu schaffen, sodass du im Rückblick sagen kannst: «Jep, ich habe getan, wozu ich hier war, und ich fühle mich großartig mit den Dingen, mit denen ich meine Zeit verbracht habe.» Wenn du «Wir werden alle sterben!» ab S. 218 liest, kann dir das helfen, herauszufinden, was dir genau jetzt wirklich wichtig im Leben ist. Das Tempo deines Lebens und die Reihenfolge, in der du die Dinge tust, sind nicht gleichzusetzen mit deiner Lebensqualität und deinem empfundenen Glück. Anstatt zu sagen «Ich bin so genervt, dass ich das so lange aufgeschoben habe», sag lieber: «Ich bin so froh, dass ich das jetzt erleben kann.» Die Reihenfolge, in der du tust, was du tust, legst du fest – und nur du.

Ich habe das Gefühl, dass ich den Anschluss verpasst habe – was kann ich tun?

1 **Sei präsent.** Dieser Augenblick ist alles, was real ist. Du schaust nach vorn, und es ist Spekulation, du schaust zurück, und es ist schon vorbei. Je präsenter du in diesem Moment sein kannst, desto weniger Gedanken wirst du dir darum machen, was du hättest tun «sollen». Nimm dir genau jetzt Zeit, um einen schön tiefen Atemzug zu machen (ja, genau jetzt), schau dich um und nimm wahr, wo du dich befindest. Was kannst du hören, riechen, schmecken, fühlen und sehen? Reibe deine Hände aneinander und spüre die Wärme, die du durch die Reibung erzeugst. Lass die Schultern sinken und lockere deinen Kiefer. Mach dich für diesen Moment wach und entschleunige, um dann wieder schneller werden zu können. Siehe dazu «Achtsamer Autofokus» ab S. 171.

2 **Hör auf zu sagen «Mir läuft die Zeit davon» oder «Es ist zu spät».** Verändere die Sprache, die du benutzt, um die Wirklichkeit zu schaffen, die du dir wünschst: «Ich habe die Zeit, die ich brauche» und «Die Reihenfolge, in der ich die Dinge tue, ist die richtige für mich».

3 **Schau auf dein Leben und darauf, womit du deine Zeit verbringst.** Wo sind die Zeitfresser? Es lohnt sich oft, die Zeit zu stoppen, während du dieses oder jenes tust, um zu sehen, wie lange es wirklich dauert. Ich weiß zum Beispiel, dass ich mich in sechs bis sieben Minuten schminken kann, wenn ich dranbleibe, aber so oft dauert es 45 Minuten, weil ich trödle. Das ist ein Zeitfresser. Sich durch die sozialen Medien zu surfen, ist der Gipfel der Zeitverschwendung und zieht definitiv einen Anfall von schlechtem Gewissen nach sich. Wie kannst du etwas «Surfkontrolle» zurückgewinnen und die Menge an Zeit, die du dabei verlierst, begrenzen?

4 **Reserviere dir Zeit für Dinge, die «sinnstiftend» für dich sind** und von denen du annimmst, dass auch die Welt davon profitiert. Ob das nun Zeit ist, um mit deinen Kindern zu spielen, täglich genug Sport zu treiben oder konzentriert an einem bestimmten beruflichen Projekt zu arbeiten: Wenn es dich den Dingen näherbringt, die Kernwerte für dich sind, dann muss es in deine Woche eingeplant werden. Je mehr du das Gefühl hast, dass du der Welt etwas Sinnvolles und Gutes gibst, desto weniger gestresst wirst du sein, wenn sich deine Zeitpläne etwas verschieben.

**« Plane Zeit für Dinge ein,
die wichtig sind. »**

#47

IST DAS EINE GUTE IDEE?

Tu's nicht.

Nein!

Du hast es getan, oder?

Unser Leben wird von den Entscheidungen geprägt, die wir täglich treffen, vom Links- oder Rechtsabbiegen, vom Ja- oder Neinsagen. Die großen Entscheidungen, die kleinen und jene, die wir am liebsten gar nicht fällen würden.

Manchmal hören wir die Phrase «Alles geschieht aus einem Grund», und ich schätze, das macht sich gut auf einem schicken Notizblock oder als Wandsticker im Schlafzimmer deiner halbwüchsigen Tochter. Aber als Erwachsene müssen wir diesen Satz folgendermaßen ergänzen: «Alles geschieht aus einem Grund, und manchmal ist dieser Grund, dass wir eine wirklich schlechte Entscheidung getroffen haben.»

Autsch. Ich weiß, es tut weh, wenn uns einfällt, dass wir nur Menschen sind und unsere Sache nicht immer gut machen. Das Leben ist ein Minenfeld, und hinter jeder Kurve lauert etwas, das zu tun oder nicht zu tun wir entscheiden müssen. Und wenn du nur ein kleines bisschen wie ich bist, kennst du diese Tage, an denen du dich am liebsten ausklinken würdest.

Wenn wir klein sind, wählen unsere Eltern für uns und entscheiden, was wir essen und tragen und sogar mit wem wir abhängen. Uns mögen ihre Entscheidungen nicht immer gefallen, aber die meisten Eltern geben ihr Bestes, um das große Ganze im Auge zu behalten, und beschließen Dinge, von denen sie hoffen, dass sie uns ein wunderbares Leben ermöglichen.

Ich versuche, meinen beiden Töchtern dieses Konzept zu erklären, wenn ich sie dazu «zwinge», etwas zu tun, und natürlich stößt das auf taube Ohren. Deshalb habe ich diese Art der Erziehung neulich infrage gestellt und meiner größeren Tochter etwas erlaubt, mit dem ich nicht einverstanden war.

Stell dir folgende Szene vor: Meine Tochter passt mich ab, als ich gerade unter die Dusche gehen will. «Mama, ich will mir selbst die Haare schneiden.» Meine Spontanreaktion als Mutter: «Auf keinen Fall.» Sie beginnt zu betteln und mir die Gründe aufzuzählen, warum ich es ihr erlauben sollte. Während sie sich kopfüber in einen wortmächtigen Monolog über «Vertrauen» und «ihr eigenes Leben» stürzt, wäge ich im Stillen die Möglichkeiten ab.

Was ist das Schlimmste, das passieren kann? Ein katastrophaler Haarschnitt, der herauswachsen wird.

Was könnte das Beste sein, das daraus entsteht? Eine Lektion, dass man vielleicht auf Mamas Lebenserfahrung und ihre Weisheit hören sollte, und – wahrscheinlich noch wichtiger – die Lektion, dass die Entscheidungen, die wir fällen, Auswirkungen auf unser Leben haben.

Ich sage ihr, ich halte es für eine schlechte Entscheidung, dass sie sich selbst die Haare schneiden will. Ich erinnere sie daran, dass sie keine Friseurin ist und es sehr schwer ist, selbst Hand anzulegen. Ich teile ihr mit, dass ich ihr erlauben werde, sich selbst die Haare zu schneiden, sofern sie gehört hat, dass ich laut und deutlich gesagt habe, es sei meiner Meinung nach kein kluger Schachzug.

Sie hüpft davon, ihre Schwester im Schlepptau, und beim Duschen höre ich die beiden kichern und die Ältere schreien: «Ich habe Fransen!» Wie du dir vermutlich denken kannst, platzt sie kurze Zeit später in mein Zimmer, eine Schale voller Haare in der Hand, und schluchzt über die Vokuhilafrisur, die sie sich gerade selbst verpasst hat.

Freunde und Familie waren entsetzt, als ich diese «lustige» Geschichte erzählte, und man hat mir dafür den Kopf gewaschen. Aber Brooke geht es gut; inzwischen liebt sie ihren «Schopf», und sie hat gelernt, dass Entscheidungen Konsequenzen haben.

In diesem Beispiel ist niemandem ein Schaden entstanden, aber manchmal treffen wir im Leben eine Entscheidung, die uns durchaus schadet: die lustbasierte Entscheidung, den Partner zu betrügen etwa, oder die unüberlegte Entscheidung, alles, was du besitzt, zu verkaufen, um eine Firma zu gründen, die *Doctor-Who*-Merchandise vertickt. Beide werden dich vielleicht auf einen Weg führen, den du eigentlich lieber nicht beschritten hättest. Vielleicht führt die Affäre zu Kummer und Schmerz, und die Firma bringt dir finanzielle Unsicherheit.

Am Ende müssen wir die Verantwortung für unsere Entscheidungen übernehmen. Wir wollen keine Angst vor «riskanten» oder kühnen Entscheidungen haben, aber es ist immer wichtig, die zur Wahl stehenden Optionen zu prüfen, um sicherzugehen, dass unsere Entscheidungen im Einklang mit unseren Werten und mit der Person sind, die wir sein wollen.

In Bezug auf das Glück werde ich dir sicher keine Ratschläge für dein persönliches Leben geben – unsere Entscheidungen sind unsere Entscheidungen, und zwar nur unsere. Aber lass mich ein paar allgemeine Faktoren aufzählen, die häufig zu schlechten Entscheidungen führen, welche auf lange Sicht tatsächlich Einfluss darauf haben können, wie wir uns fühlen, sodass du nach besten Kräften versuchen kannst, sie zu vermeiden:

- **Wir warten auf den richtigen Zeitpunkt.** Das bedeutet einfach nur, dass wir es nie anpacken und vermutlich jede sich bietende Gelegenheit verpassen werden.

- **Wir leben unser Leben für die anderen.** Wir tun dies und das für die anderen, ziehen uns für die anderen an und sind, wer wir in den Augen aller anderen sein sollten, obwohl wir im Herzen wissen, dass es sich nicht richtig anfühlt. Den Leuten immer alles zu Gefallen zu tun, ist der todsichere Weg in die Traurigkeit.

- **Wir stecken den Kopf in den Sand.** Wir tun so, als würden die Dinge nicht passieren, während sie sehr wohl passieren.

- **Wir haben Angst, es zu versuchen, für den Fall, dass wir dann scheitern.** Wir müssen scheitern, um gut in etwas zu werden – Ende der Geschichte, Klage abgewiesen. Indem wir etwas erst gar nicht versuchen, werden wir viele unglaubliche Abenteuer versäumen und automatisch scheitern.

- **Wir denken nur sehr kurzfristig** und geben auf, bevor wir einer Sache überhaupt eine Chance gegeben haben. Ich weiß, wir hätten gern sofort ein Sixpack, nachdem wir mittags Quinoasalat gegessen und 20 Minuten Cardiotraining gemacht haben – aber alles braucht seine Zeit, und wir werden die Resultate, die wir uns wünschen, nicht immer zeitnah sehen.

- **Wir geben uns mit dem Minimum zufrieden.** Dabei könnte es sich darum handeln, wie wir anderen mit uns umzugehen erlauben, mit welcher Einstellung wir an unsere Arbeit herangehen, an uns selbst oder unsere Standards. Wenn wir immer nur das absolute Minimum geben, dann werden wir nie sehen, wie fabelhaft wir und unser Leben sein könnten.

Jetzt, da wir darüber gesprochen haben, was wir vermeiden sollten, schauen wir uns ein paar Tipps an, die uns dabei helfen können, positive Entscheidungen zu fällen.

Es gibt so viele Wahlmöglichkeiten – was kann ich tun?

1 **Sei dir deines großen Ganzen bewusst.** Immer, wenn du kleine oder große Entscheidungen triffst, besinne dich auf die Werte, die dir am wichtigsten sind, und denk darüber nach, ob die Entscheidung, die du gerade fällst, dich diesen Werten näherbringt oder dich von ihnen entfernt (mehr Infos darüber, wie du dir über deine Werte klar wirst, siehe unter «Wie sieht dein ideales Leben aus?» ab S. 89).

2 **Fakten und Gefühle.** Bevor du eine Entscheidung triffst, sammle alle Sachinformationen, die du bekommen kannst, geh anschließend in dich und spüre nach, wie du dich mit den einzelnen Optionen fühlst. Gefühle sind nicht irrelevant, sondern sehr wichtig, und solange du sie und die nüchternen Tatsachen gleich gewichtest, bist du auf einem guten Weg.

3 **Begreife, dass es okay ist, nicht immer alles richtig zu machen,** und sei nett zu dir selbst, wenn eine Entscheidung dich auf einen Holzweg führt. Es ist genauso wichtig, sich bewusst zu machen, dass wir manchmal ein paar großartige Entscheidungen treffen können, aber der Plan mag trotzdem nicht so aufgehen, wie wir uns das wünschen. Manchmal liegt es einfach nicht in unseren Händen.

« *Gute Entscheidungen werden auf der Grundlage von Fakten und Gefühlen getroffen.* »

#48

LERNE DICH
SELBST KENNEN

Wer bist du?

Heute. Wer bist du in diesem Moment?

Das mag eine lustige Frage sein, aber dein Ich kennenzulernen, so wie es genau jetzt ist, ist der einzige Weg, wie du lernen kannst, dich selbst glücklich zu machen.

Ich zucke immer ein bisschen zusammen, wenn Leute darüber reden, dass sie «sich selbst finden» wollen. Das klingt ziemlich esoterisch oder hippiemäßig, und die Mehrheit der Menschen weiß nicht einmal, was das bedeutet. Mich eingeschlossen. Ich vertrete die Meinung, dass wir an verschiedenen Punkten in unserem Leben verschiedene Ausgaben unserer selbst sind. Jemand hat das mal damit umschrieben, dass wir auf unterschiedlichen «Leveln» unterwegs sind – fast wie in einem Computerspiel –, und während wir älter werden, erklimmen wir Level um Level. Mir gefällt diese Umschreibung sehr, denn sie räumt mit der wahnhaften Rhetorik auf, derzufolge die Jugend das beste Lebensalter sei.

Während wir uns Ebene um Ebene im Leben «hocharbeiten», sammeln wir Weisheit, Erfahrung, gelernte Lektionen und Verständnis (oder zumindest hoffen wir, dass wir das tun). Auf jeder neuen Stufe brauchen wir andere Dinge, weil wir uns verändern und uns immer wieder von neuen Dingen begeistern lassen. Ich könnte mir vorstellen, dass du, wenn du dein Ich von vor zehn Jahren mit deinem heutigen Ich vergleichst, Veränderungen in vielen Lebensbereichen feststellst – womöglich sogar gewaltige. Deine 25-jährige Ausgabe hat vielleicht mehr beschäftigt, was du zum Ausgehen anziehen solltest, während dein 35-jähriges Ich mehr Gewicht darauf legte, in welche Schulen deine Kinder gehen sollten und ob du einen Kredit fürs Haus bekommen würdest. Also denken wir über dich nach, so wie du in diesem Augenblick bist.

Was brauchst du? Was begeistert dich? Was macht dir Angst? Was würdest du am liebsten tun und hast es noch nicht getan? Bist du mutiger als früher oder vielleicht doch ein bisschen furchtsamer?

Es mag für einige von euch tatsächlich das erste Mal sein, dass ihr ernsthaft daran denkt, euch selbst besser kennenzulernen. Wenn ihr ein weniger tiefer grabt, entdeckt ihr vielleicht, dass ihr nicht nur nicht wirklich wisst, wer ihr seid, sondern ihr findet womöglich auch heraus, dass eure Verhaltensweisen und eure Reaktionen auf das Leben auf Meinungen gründen, die ihr von anderen Menschen übernommen habt.

Ich treffe oft Klienten, die von Jugend an immer in Beziehungen gelebt und keine Ahnung von ihren persönlichen Vorlieben und Abneigungen haben. Für einige ist es ein mühseliger Prozess, sie zu erkennen, und zunächst finden sie es sehr schwer, nicht nach den «richtigen» Antworten zu suchen.

In Wahrheit sind die «richtigen» Antworten die, mit denen du dich gut fühlst – dabei kann dir niemand helfen. Du bekommst kein Gutkärtchen dafür, dass du dich selbst kennenlernst, du fängst einfach nur an, Entscheidungen auf der Basis deines eigenen inneren Kompasses zu fällen, der dich in ein glücklicheres Leben führt. Ich betrachte solche persönlichen Erkenntnisse als Anhaltspunkte, kleine Informationsschnipsel, die uns helfen können, bessere Entscheidungen zu treffen, unsere Trigger in den Griff zu bekommen und unser Leben so zu gestalten, dass es jedem Aspekt unserer Person Rechnung trägt.

Bist du introvertiert oder exrovertiert? Wenn Letzteres zutrifft, und du weißt, dass der Umgang mit Menschen eine Energiespritze für dich ist, kannst du dafür sorgen, immer genug Menschen zu treffen. Wenn das Gegenteil der Fall ist, weißt du vielleicht, dass du deine Batterien wieder aufladen musst, wenn du eine Zeit lang mit vielen Menschen zusammen warst. Zum Beispiel, indem du dich mit einem Buch zurückziehst oder joggen gehst.

Wie kannst du dein Leben so einrichten, dass es zu dem passt, was dich begeistert? Bist du ein Mensch, der die Natur liebt oder sich in einer betriebsamen, hektischen Stadt pudelwohl fühlt? Bist du ein Abenteurer und elektrisiert von der Vorstellung, dich aus einem Flugzeug zu stürzen, oder eher jemand, der es vorzieht, an einem See zu sitzen und Gedichte von Keats zu lesen?

Es gibt hier keine richtige oder falsche Antwort, es geht nur darum, darüber nachzudenken und dann entsprechend zu handeln. Je mehr Aspekte deiner Persönlichkeit du akzeptierst, desto mehr Gelegenheiten wirst du finden, dein Leben aufregend zu gestalten.

Ich will herausfinden, wer ich bin – wie stelle ich das an?

1 **Beschreib dich selbst in drei Worten.** Schreib deine größten Stärken und Schwächen auf. Was macht dir Angst? Was begeistert dich? Was treibt dir die Tränen in die Augen? Wann bist du am glücklichsten? Wenn du mit den Fingern schnippen und woanders sein könntest, wo wäre das? Was ist deine liebste Erinnerung? Du findest viele derartige Listen mit Selbsterforschungsfragen online. Es ist eine schöne Übung, die Spaß macht und ein Denkanstoß sein kann, um dich selbst kennenzulernen. Brüte nicht zu lange darüber, schau einfach, was du aufschreibst. Es ist für niemand anderen außer dich gedacht.

2 **Löffelliste.** Leg eine Liste von all den Dingen an, die du gern noch tun würdest; je länger sie ist, desto besser. Ich habe neulich von einem Hotel namens Giraffe Manor in Kenia erfahren und es sofort in meine Liste aufgenommen. Es macht Spaß, diese Übung zusammen mit deinen Liebsten zu machen, um herauszufinden, ob es Überschneidungen gibt, die man gemeinsam «abhaken» kann. Es muss auch nicht alles superabenteuerlich sein – einfach nur etwas Neues, das du noch nicht getan hast, aber sehr gern tun würdest.

3 **Die Fünf-W-Methode.** Dieses Konzept wurde in den 1900er-Jahren von Toyoda Sakichi entwickelt und ist in unserem Zusammenhang eine großartige Methode, ein Ziel oder einen Sinn für sich zu finden und die Selbsterforschung weiter voranzutreiben. Du könntest also denken: «Ich will irgendwohin ziehen, wo es heiß ist und Sandstrände gibt.» Dann fragst du dich: «Warum will ich irgendwohin, wo es heiß ist und Sandstrände gibt?» Antworte: «Ich glaube, es würde mich zur Ruhe kommen lassen und wäre ein schöner Ort, an dem meine Kinder aufwachsen könnten.» Nächstes Warum: «Warum glaubst du, dass es dich zur Ruhe kommen lassen würde und ein schöner Ort wäre, an dem deine Kinder aufwachsen könnten?» Antwort: «Weil meine Kinder und ich dort viel draußen sein und mehr Zeit miteinander verbringen können.» Letztes Warum: «Warum ist es dir wichtig, mehr Zeit mit deinen Kindern verbringen zu können?» Antwort: «Um eine starke, glückliche und entspannte Beziehung zu ihnen aufzubauen.» Und so weiter ... So erfährst du plötzlich mehr darüber, was dir wirklich wichtig ist. Mit dieser Technik kannst du jeden Bereich deines Lebens oder deiner Herausforderungen erforschen.

4 **Beobachte andere und dich selbst.** Praktiziere Leutegucken. Sieh dir an, wie Menschen interagieren, wie sie sich gebärden und was sie zum Lächeln bringt. Denk darüber nach, was sie besonders macht und ob sie dir darin ähnlich oder ganz anders als du sind. Du solltest dich bei dieser Übung nicht selbst bewerten, es geht nur darum, dir selbst bewusster zu werden, neue Dinge an dir zu entdecken und dir gewahr zu werden, inwiefern du dich von den Menschen um dich herum abhebst.

5 **Erde dich.** Nimm dir im Tagesablauf immer wieder Zeit, um dich in diesem Moment zu erden und dir diese Fragen zu stellen:
- Was fühle ich gerade?
- Was brauche ich in diesem Augenblick?

Welche Antworten auch immer kommen wollen, lass jedes Urteil los und würdige die Person, die du bist, und das, was du brauchst. Wenn du regelmäßig übst, dich selbst wahrzunehmen, kann dir das helfen, dein bester Freund zu werden, und die wahrhaftigste Ausgabe deiner selbst zutage treten lassen.

« *Du bist in jedem Kapitel deines Lebens ein anderes Du.* »

#49

EIN SCHLECHTES GEWISSEN

Wegen wie vieler Dinge hattest du in den letzten Wochen ein schlechtes Gewissen?

Denk an alles zurück, was du getan hast, und frag dich, wie oft du dich wegen irgendetwas schlecht gefühlt hast. Hast du dir Essen bestellt, obwohl dein Kühlschrank voll war? Hast du an einem Tag eine ganze Staffel von einer Serie gesehen, begleitet von einem spritzigen Getränk und einer Pizza? Hast du den Sport ausgelassen, um dich länger durch die sozialen Medien scrollen zu können?

Wir haben *oft* ein schlechtes Gewissen.

Ob wir nun eine Woche lang in der Familien-WhatsApp-Gruppe nicht mitgelesen haben oder unsere Kinder Ewigkeiten auf ihren iPads haben spielen lassen, ein schlechtes Gewissen ist schwer zu vermeiden.

Es erfüllt sehr wohl einen Zweck, indem es als Kompass fungiert, der uns zeigt, wo wir ein bisschen vom Kurs abgewichen sind. Aber es ist nicht mehr hilfreich, wenn es daueraktiviert ist. Ein schlechtes «Muttergewissen» zum Beispiel sucht jede Mama heim, die ich kenne, mich inbegriffen, und offen gestanden geht es nie weg.

Ich habe eigentlich im Großen und Ganzen ein intaktes Selbstwertgefühl und versuche permanent, meine Selbstentfaltung weiterzutreiben, doch das schlechte Muttergewissen ist meine Achillesferse. Ich weiß, dass ich mir ziemlich Mühe gebe, eine gute Mutter zu sein, ich liebe meine Töchter zutiefst, ich warte mit lustigen Aktivitäten auf, die wir unternehmen können, und trotzdem fühle ich mich total mies, wenn meine Tochter fragt: «Warum backst du nicht Kuchen wie andere Mamas?»

Wir wurden nicht schuldig geboren: Die Schuldgefühle bilden sich erst mit der Zeit aus. Winzige Momente, in denen wir uns minderwertig oder nicht gut genug fühlen, bleiben uns im Gedächtnis und beeinflussen, wie wir in künftigen Situationen reagieren.

Wenn ich beispielsweise an meinen gestrigen Tag denke, waren dies meine «Sünden»:

- Ich habe meinen Wecker ignoriert und bin ein bisschen später aufgestanden, als ich sollte.
- Ich habe einen Schokoladenpfannkuchen zum Frühstück gegessen.
- Ich habe Yoga sausen lassen.
- Ich habe einen Anruf meiner Mutter nicht angenommen, weil ich mich auf die Arbeit konzentrieren wollte.
- Ich habe meinen Text nicht zu Ende geschrieben.
- Ich habe die Wäsche, die seit zwei Tagen auf dem Wäscheständer hängt, nicht zusammengelegt und weggeräumt.

Ich meine, schau dir nur diese Liste an ... Sperr mich ein und wirf den Schlüssel weg! Vom Verstand her weiß ich, dass es sehr gute Gründe für dieses «Sündentagebuch» gab (und «Ich wollte es so» als Begründung geht übrigens ebenfalls in Ordnung). Aber so vielen von uns gelingt es nicht, die fortwährenden Gewissensbisse abzuschütteln, denen zufolge wir uns mehr bemühen sollten.

Das liegt daran, dass Schuldgefühle und Selbstanklagen dafür, dass wir hier oder da nicht genug «Leistung bringen», oft viel erträglicher sind, als die weniger wünschenswerten Gefühle der Hilflosigkeit oder Traurigkeit auszusitzen. Deshalb beschließen wir, uns selbst für eine Unzahl von Dingen Vorwürfe zu machen, für die wir gar nichts können, weil Schuldgefühle und Vorwürfe uns wenigstens das Gefühl geben, wir hätten die Kontrolle.

Viele unserer Schuldgefühle resultieren aus Vorstellungen, die wir uns als Kinder angeeignet haben, und aus unserem angeborenen Bedürfnis, gemocht zu werden. «Wenn ich mich soundso verhalte, bin ich ein braves Mädchen» bleibt uns als Handlungsmaxime lange erhalten. Außerdem ist da noch der soziale und gesellschaftliche Druck, uns auf bestimmte Art und Weise verhalten zu müssen, und wenn wir das Gefühl haben, dass wir dem nicht entsprechen, stehen die Gewissensbisse Schlange. Vielleicht haben wir keinen Meilenstein erreicht, den wir für unseren Geschmack hätten erreichen sollen, haben nicht das versprochene Soll erfüllt, oder vielleicht fühlen wir uns sogar schuldig, nicht so zu sein, wie jemand anders uns haben will. Man füge noch die Tatsache hinzu, dass wir den ganzen Tag über unsere Smartphones auf das Leben anderer Leute glotzen dürfen und dabei zusehen, wie anscheinend alle anderen das große Los ziehen (während wir das Gefühl haben, dass wir einfach nicht ins Schwarze treffen). All das ist eine ziemlich wirksame Mischung.

Mit der Zeit beginnen diese heimtückischen Schuldgefühle, unser Selbstwertgefühl zu unterwandern, und kratzen an unserem Selbstvertrauen. Wenn wir ihnen ihren Lauf lassen, könnte es vielleicht sogar so weit kommen, dass sie tief wurzelnde Depressionen, Ängste und Unruhezustände auslösen.

Letztlich sind Schuldgefühle mit Leiden gleichzusetzen, und während wir uns auf die Reise machen, um Ausschau nach mehr Glück in unserem Leben zu halten, müssen wir anfangen zu sehen, wo wir unnötiges Leiden vermeiden können.

Mich belasten Schuldgefühle – was soll ich tun?

1 **Fördere die Wurzel der Schuldgefühle zutage.** Fühlst du dich schuldig, weil du deinen Teller nicht leer isst, obwohl man dir doch als Kind beigebracht hat, dass Menschen auf der Welt verhungern, während du deinen Hähnchenschenkel liegen lässt? Zu erkennen, woher die Schuldgefühle kommen, kann interessant sein und helfen, ihren Klammergriff zu lockern.

2 **Frag dich, ob du tatsächlich etwas falsch gemacht hast.** Wenn das zutrifft, entschuldige dich, korrigiere den Fehler und mach weiter. Ein schlechtes Gewissen meldet sich manchmal aus gutem Grund, deshalb kann eine kleine Überprüfung zeigen, ob es nötig ist, Maßnahmen zu ergreifen. Hast du vergessen, das Dokument zu verschicken, wie du es versprochen hattest? Hast du die Verabredung ohne echten Grund in letzter Minute abgesagt? Deinen Partner angebrüllt, weil du so erschöpft warst? Vielleicht ist es an der Zeit, deinen Stolz herunterzuschlucken und zu sagen, dass es dir leidtut. Das bedeutet nicht, dass du ein schlechter Mensch bist, sondern eben nur ein Mensch.

3 **Gib dem Gefühl einen Namen.** Wenn du spürst, dass Schuldgefühle und Unruhe in dir vor sich hin köcheln, stelle fest, um welche Gefühle es genau geht, und benenne sie. Sag dir: «Ich habe ein schlechtes Gewissen», oder noch genauer: «Ich habe ein schlechtes Gewissen, weil ich heute nicht genug Zeit für meine Kinder hatte.» Der Akt zu benennen, was gerade vor sich geht, bringt es ans Tageslicht und macht uns klar, dass die Schuldgefühle Unsinn sind. Du kannst dann (nachdem du zuerst überprüft hast, dass du tatsächlich nichts getan hast, was das schlechte Gewissen rechtfertigt) hinzufügen: «Ich habe nichts falsch gemacht, ich bin ein Mensch und lasse dieses Schuldgefühl los.»

4 **Hab Mitgefühl mit dir selbst.** Niemand von uns macht immer alles richtig, und was bedeutet dieser Ausdruck denn überhaupt? Wie würdest du eine Freundin behandeln, wenn sie dir ihre täglichen «Sünden» vorlesen würde? Ich könnte mir denken, dass du über ihr angebliches Fehlverhalten fast lachen würdest, deshalb möchte ich, dass du mit dieser Brille auch auf deine eigene Liste siehst. Du hast heute zwei Eis gegessen? Morgen ernährst du dich dafür gesünder. Du gibst dein Bestes, und dein chaotisches Bestes ist perfekt.

> **《 Du gibst dein Bestes,**
> **und dein chaotisches Bestes**
> **ist perfekt. 》**

#50

MEDITATION FÜR EINSTEIGER

Wenn du «Meditation» googelst, findest du Bilder von Menschen im Lotussitz, hinter denen malerisch die Sonne untergeht. Fotos von herrlichen Stränden und Grade der Entspannung, die weit entfernt vom Alltagsleben scheinen.

Mir ist klar, wie unerreichbar all das aussehen mag, deshalb will ich Meditation hier entmystifizieren. Ich möchte dir verstehen helfen, dass Meditation wunderbar ist – sie ist normalerweise nur nicht so, wie sie auf Pinterest aussieht.

Zu Meditation gibt es viele Definitionen, je nachdem, mit wem du darüber sprichst. Letzten Endes ist sie eine Praxis, mit deren Hilfe man den eigenen Geist entschleunigt, die Konzentration nach innen lenkt und mehr Bewusstsein für das Selbst entwickelt. (Ich weiß, das klingt immer noch vage, aber in diesem Kapitel gebe ich dir viele Beispiele aus der Praxis.)

Eine Studie konnte zeigen, dass der größte Effekt bei Meditierenden, deren Gehirn im MRT gescannt wurde, in einer Abnahme der Betawellen bestand. Diese Betawellen weisen darauf hin, dass das Gehirn dabei ist, Informationen zu verarbeiten; wer regelmäßig meditierte, befand sich in einem tieferen Zustand der Ruhe. Es passieren täglich so viele Dinge in unserem Leben, dass alles, was uns eine Auszeit beschert, gut ist.

Tatsächlich hat die Forschung gezeigt, dass Meditation tonnenweise gesundheitliche Vorteile hat. Sie

- reduziert Angstzustände,
- schult das Gedächtnis,
- fördert die Konzentration,
- erhöht Mitgefühl und Empathie,
- steigert die Kreativität,
- reduziert Stress.

Als ich mit dem Meditieren begann, gründete meine Technik auf reiner Mutmaßung und einer Vorstellung davon, wie Meditieren meines Erachtens aussehen sollte, beruhigende Musik und tiefes Atmen inklusive. Es war definitiv eine Art Meditation, aber ich hatte damals noch keine Ahnung, dass es bestimmte Techniken oder verschiedene Meditationstypen gibt. Mich musste erst ein Mann, dem ich Schauspielunterricht gab, fragen, welche Art Meditation ich praktizierte, um mir die Augen zu öffnen, denn ich stammelte: «Äh, die Schließ-die-Augen-und-atme-tief-Methode.» Ich ging nach Hause, um mir genauer anzuschauen, was andere Leute beim Meditieren taten, und das habe ich gefunden:

Spirituelle Meditation ist das, wonach es klingt. Meditation kommt aus dem Fernen Osten, wo Buddhismus, Hinduismus und Taoismus die Hauptreligionen sind. Spirituelle Meditation übersetzt diese religiösen Glaubenssätze in die Praxis – dazu gehören auch das Singen von Mantras oder das Sprechen über religiöse Texte.

Bewegungsmeditation bezieht den Körper durch Bewegung in die Meditation ein und soll unsere Achtsamkeit dafür schärfen, wie wir ihn «benutzen». Spazieren gehen, Yoga oder Kampfkünste wie Tai-Chi wären hier zu nennen.

Bei der **Visualisierungsmeditation** stellst du dir Bilder vor, auf die du dich konzentrieren möchtest, oder etwas, bei dem du dich gut fühlst. Denk etwa an schöne Gärten oder Spaziergänge am Meer.

Mantrameditation muss nicht per se religiös sein. Auch in der weltlichen Ausgabe dieser Meditation werden Mantras oder Affirmationen skandiert (siehe «Affirmationen» ab S. 130).

Bei der **liebevollen Meditation** richten wir unsere Aufmerksamkeit auf eine andere Person und senden ihr Liebe, während wir ruhig atmen und uns auf das Mitfühlen konzentrieren. Die betreffende Person muss nicht wissen, dass du das tust; ich greife meistens auf diese Meditationsform zurück, wenn ich jemanden unsympathisch finde, damit ich mich in der Gegenwart dieses Menschen zugewandter zeigen kann.

Den **Bodyscan** mache ich vermutlich am liebsten mit meiner Online-Community und in meinen Workshops. Es geht darum, unsere Aufmerksamkeit vom Scheitel bis zur Sohle auf die einzelnen Körperpartien zu richten und sie zu entspannen. Heutzutage ist so viel Angestrengtheit in unserem Körper, dass es erfreulich entspannend wirkt, uns selbst wieder bewusst zu spüren, indem wir uns einen Moment Zeit lassen, die Verkrampfung wahrzunehmen und zu verändern.

Die **Atembewusstseinsmeditation** gehört ebenfalls zu meinen Lieblingstechniken, denn unser Atem ist ganz unmittelbar mit unserer Gemütsverfassung verknüpft. Versuch es selbst. Hol ein paarmal kurz und flach Luft, hoch oben in deiner Brust. Binnen weniger Sekunden wirst du bemerken, dass du dich etwas angespannter fühlst als vorher. Das ist die Macht des Atems. Um dem entgegenzuwirken, können wir in der Meditation den Atem wieder in unser Bewusstsein holen, indem wir achtsam atmen, und zwar bis hinunter in unser

Zwerchfell. Während du das tust, achte auf den beruhigenden Effekt dieser tiefen Bauchatmung.

Dann gibt es noch **Zen** und die **transzendentale Meditation**. Sie sind nicht identisch, aber bei beiden handelt es sich um intensive Formen der Meditation. Wahrscheinlich denken die Leute im Allgemeinen daran, wenn Promis von ihrer «Meditationspraxis» sprechen. Und weil ich dich nicht abschrecken will, lasse ich dich selbst googeln, was es damit auf sich hat.

Nun hast du erst einmal eine ganze Menge Information zu verkraften (vielleicht möchtest du ja gleich über den Stress meditieren, den es bedeutet, dich mit den verschiedenen Meditationsformen vertraut zu machen?).

Nun ein Wort der Warnung: Wenn du mit dem Meditieren beginnst, wird dein Geist die Aufmerksamkeitsspanne eines Kindes haben, das gerade eine Menge Zucker und Zusatzstoffe mit E-Nummern verputzt hat. Alles, was du heute noch zu erledigen hast, ebenso wie die Erinnerungen, die du verdrängen wolltest, werden in dir hochkommen, und du wirst wahrscheinlich denken: «Was zur Hölle ist das denn, wo bleibt meine friedliche Glückseligkeit?» Meditation ist eine Sache der *Übung*. Zuerst wird es vermutlich recht anstrengend sein, deine Gedanken sanft zurück auf deinen Atem, deinen Herzschlag oder einen bestimmten Gegenstand zu lenken, aber mit der Zeit wird es dir gelingen.

Vor Jahren nahm ich an einer Yogasession teil, in deren Verlauf eine Frau berichtete, für sie sei Meditation eine Herausforderung, weil ihr Geist so sehr mit anderen Dingen beschäftigt sei. Der Lehrer gab zur Antwort: «Wenn du in einer zehnminütigen Meditation 30 Sekunden abschalten kannst, sind das 30 Sekunden, die du vorher nicht hattest.»

Meditation muss in unseren Alltag passen, daher praktiziere

ich oft, was ich «urbane Meditation» nenne: Dieser Begriff fasst meine Erkenntnis zusammen, dass meine Meditationspraxis sich gegen den Lärm und die hellen Lichter der Großstadt behaupten muss und selten in völliger Stille oder ohne Ablenkung ablaufen wird. Erst gestern habe ich meditiert, während meine genervte Tochter unter meinem Stuhl herumkroch und mit dem Fuß geräuschvoll gegen den Heizkörper trat. Ich habe es als Übung der Geduld und des Mitgefühls betrachtet, und glaub mir, ich musste all meine jahrelange Praxis aufbieten, um meine Aufmerksamkeit in eine positive Richtung zu lenken.

Okay, bombardiere mich mit Meditationsideen

1 **Probier aus, was für dich passt.** Ich habe dir ja schon einige Meditationstechniken aufgezählt – also spiel ein bisschen herum, experimentiere und schau, was dich am meisten anspricht. Auch ich verändere ständig meine Praxis, denn mein einziges Ziel ist, meinem Gehirn diesen Moment des Abschaltens zu gönnen – selbst wenn es wirklich nur ein einziger Moment am Tag ist.

2 **Versuch es mal mit geführter Meditation.** Das ist eine einfache Möglichkeit für Anfänger, einfach weil diese Meditation durch eine Stimme angeleitet wird. Es gibt haufenweise YouTube-Videos und kostenlose Onlinemeditationen in dieser Richtung (und hier kommt eine, die ich für dich aufgenommen habe: iamhollymatthews.com/freemeditationforyou/). Bitte vergewissere dich aber vorab, ob dir der Klang der jeweiligen Stimme gefällt – sonst geht es dir vielleicht so wie mir letzte Woche, und du ertappst dich dabei, dass du dich eher auf Aussprachefehler oder falsche Grammatik konzentrierst als aufs Ruhigwerden.

3 **Reserviere dir Zeit.** Trag eine feste Uhrzeit in deinen Terminkalender ein, damit du fünf, zehn oder sogar 15 Minuten meditieren kannst. Wenn du das regelmäßig tust, wird das gewaltige Auswirkungen auf dein Glücksempfinden haben.

4 **Mach dir keine Gedanken, wenn du am Anfang weinen musst.** Das ist normal, da du mit all deinen Gedanken dasitzt, sodass auch sehr emotionale Erinnerungen, Sorgen oder Ängste hochkommen können. Sei freundlich zu dir, wenn das passiert, und wisse, dass du damit nicht allein bist.

« *Meditation ist etwas Wunderbares, sie sieht normalerweise nur überhaupt nicht so aus wie auf Pinterest.* »

#**51**

LASS LOS

Du liegst im Bett und hast Mühe, wieder einzuschlafen. Vielleicht hörst du draußen einen Hund bellen oder die Uhr ticken, die gegen eine leisere auszutauschen du dir eigentlich vorgenommen hattest. Du versuchst verzweifelt, wieder einzuschlafen, aber anstatt dass dir dein Gehirn zu Hilfe kommt, indem es dir beruhigende Erinnerungen von deinen Lieblingsmomenten präsentiert, findest du dich plötzlich in eine Reihe peinlicher, bedauernswerter und trauriger Phasen deines Lebens katapultiert.

Du lässt dir längst vergangene Auseinandersetzungen durch den Kopf gehen und Sätze, die du damals besser hättest anders sagen können, oder verzehrst dich nach etwas, über das du null Kontrolle hast. Unser Gehirn liebt es, uns in unsere schlimmsten oder herausforderndsten Momente zurückzuversetzen – im Wesentlichen deshalb, weil wir alles daransetzen wollen, sie nicht zu wiederholen. Sie wieder und wieder durchzukauen, gibt uns das Gefühl, irgendwie doch ein bisschen Kontrolle auszuüben.

Jemandem zu sagen, er solle «loslassen», ist vergebene Liebesmüh. Eher singt er die Titelmelodie von *Frozen*, als auf dich zu hören. Wir können immer nur dann wirklich loslassen, wenn wir beschließen, uns der Realität zu stellen und unsere Reaktion auf etwas zu verändern. Wir müssen selbst dafür bereit sein.

Eine meiner Klientinnen fragte mich einmal, wie in aller Welt sie etwas loslassen sollte, das ihr passiert war. Elsa meinte, sie wisse nicht, wie das gehe, und dass sie dann keine «Entschuldigung» mehr für ihren Mangel an Selbstvertrauen hätte, selbst wenn es ihr gelänge loszulassen und weiterzumachen. Ihre Ängste und einschränkenden Glaubenssätze rührten von den Erfahrungen und Traumata her, die sie durchgemacht hatte, und an ihnen festzuhalten, half ihr, der Welt zu erklären, warum sie war, wie sie war. Ich antwortete, ihre Erfahrungen seien ein Grund dafür, dass sie so sei, wie sie sei, aber sie dürften niemals zur Ausrede dafür werden, dass sie nicht tat, was sie tun wollte. Ich wies sie auch sanft darauf hin, dass nur sie entscheiden könne, in welchen größeren Kontext sie ihren Schmerz stellen wolle. An einem bestimmten Punkt müssen wir wählen, ob wir uns an den Schmerz klammern und in einem Gefängnis aus Ausreden sitzen oder wie Elsa ausbrechen und loslassen wollen.

Wir können nicht kontrollieren, was geschehen ist, und es verursacht nur Schmerz, wenn wir daran festhalten. Der Buddhismus sagt, dass «Anhänglichkeit» die Wurzel allen Leidens sei. Nichts ist von Dauer, und wenn wir an etwas «hängen» (an materiellem Besitz, Beziehungen oder Gefühlen), ist Schmerz unausweichlich. Das bedeutet, es wird uns in unserem stets unbeständigen Leben dienlich sein, wenn wir uns in der Kunst des Loslassens üben.

Wer du jetzt gerade bist, ist das Ergebnis aller Erfahrungen, die du in der Vergangenheit gemacht hast: der Rückschläge, Trennungen, Traumata, Trauer und Verluste, wie auch der lustigen und schönen Momente voller Freude und Liebe. Wenn du also im Bett liegst und dein Gehirn dich zwingen will, die schmerzhaften Erinnerungen erneut zu durchleben, denk daran, dass die Person, die du jetzt bist, dank und nicht trotz all dieser Momente hier ist. Wenn du Schmerz erlebt oder Fehler gemacht hast oder etwas bereust, bedeutet das nicht, dass du gebrochen bist – es heißt nur, dass du ein Mensch bist.

An dieser Stelle lehne ich mich mal ein bisschen aus dem Fenster (warum auch nicht?). Wie wäre es, wenn wir überhaupt aufhören würden, all unsere schlechten Erfahrungen als «das Schreckliche, das uns passiert ist», einzuordnen? Vielleicht sollten wir uns – wie schon in «Verändere deine Bullshit-Story» ab S. 161 angesprochen – nicht im Selbstmitleid als Opfer wälzen, das uns in unserem Schmerz gefangen hält, sondern Verantwortung für unseren Part in der Geschichte übernehmen oder zumindest für unseren Umgang mit den Dingen, der uns daran gehindert hat weiterzukommen. Es geht hier nicht darum, uns selbst zu geißeln, sondern bloß zu erkennen, dass wir unser eigenes Verhalten in der Vergangenheit und das anderer Leute nicht mehr definieren lassen dürfen, wer wir hier und heute sind.

Was ist es, das du nicht loslassen willst? Welches sind die Geschichten, die du in Endlosschleife wiederkäust und von denen du dich nicht wegbewegen willst? Welche dieser alten Geschichten gestalten noch immer deine Zukunft, und zwar auf eine Art, die nicht förderlich für dich ist?

Ich bin sicher, du hast eben an etwas ganz Bestimmtes gedacht. Bleib einen Augenblick dabei und lass uns währenddessen an einen wichtigen Faktor denken: Deine Gefühle haben ihre Berechtigung. Deine unbearbeiteten und möglicherweise schmerzlichen Gefühle dürfen da sein. Beginne damit, dir selbst die Erlaubnis zum Fühlen zu geben. Gestatte dir zu sagen: «Weißt du was? Das, was mir da passiert ist, war schrecklich, und ich bin wütend deswegen. Ich bin so traurig, dass es geschehen ist.» Gib diesen Gedanken Raum, und dann, sobald du wirklich den Eindruck hast, dass du sie zur Kenntnis genommen hast, geh weiter, dorthin, wo Raum für Loslassen und Entwicklung ist.

Wenn es dir schwerfällt, stell dir diese Fragen: Warum will ich nicht loslassen? Was fürchte ich zu verlieren, wenn ich es loslasse? Könnte es ein Gefühl der Identität sein? Werde ich noch wissen, wer ich bin, wenn dieses Etwas nicht mehr über mir hängt wie ein Damoklesschwert? Vielleicht schmachtest du zornig deinem Ex nach, der dich betrogen hat, denn wenn du es nicht tätest, müsstest du dich dem stellen, was du wirklich fühlst, und das ist Einsamkeit. Oder du hältst die Nachwehen des Traumas aus und beginnst, wieder Selbstvertrauen zu fassen, wie meine Klientin, die zur Kenntnis nahm, was sie durchgemacht hat, um es dann loslassen zu können.

Kurz gesagt: Wir können die Vergangenheit würdigen und anerkennen, was damals vorgefallen ist, aber auch die Kraft finden weiterzumachen (mit all den gelernten Lektionen für die nächste Gelegenheit im Gepäck, bei der wir sie dann brauchen).

Ich bin bereit, meine Elsa auszupacken und Dinge loszulassen

1 **Mach es wichtig.** Was ist dein Grund fürs Loslassen? Was würdest du versäumen, wenn du nicht loslassen würdest? Was ist der Nutzen, wenn du loslässt? Wenn du zum Beispiel die Tatsache nicht loslässt, dass du in der Schule gemobbt wurdest, erlaubst du den Leuten vielleicht weiterhin, dich schlecht zu behandeln, hast Minderwertigkeitskomplexe, schließt keine neuen Freundschaften und steckst in der Falle fest, Opfer von etwas zu sein, das inzwischen nicht mehr geschieht. Das zu erkennen, kann dir sehen helfen, wie wichtig es ist, die fragliche Zeit deines Lebens in der Vergangenheit zu belassen und deinen Klammergriff darum zu lösen.

2 **Hab Mitgefühl mit dir selbst.** Während du dir deine Vergangenheit anschaust, erkennst du vielleicht deine eigenen Fehler. Es ist sehr wahrscheinlich, dass du da und dort falsch abgebogen bist und ein paar schlechte Entscheidungen getroffen hast. Sei nicht so streng mit dir – wer würde es nicht hin und wieder vermasseln? Sei nett zu dir, während du weitergehst.

3 Lass Neues an dich heran. Hör auf, in die Vergangenheit zu starren, und konzentriere dich auf das Neue, das du gern in dein Leben lassen möchtest. «Neue Besen kehren gut» lautet ein Sprichwort. Manchmal ist die bewusste Entscheidung, Altes loszulassen und anderes hereinzulassen, ein wichtiger Startpunkt für uns. Die Altlasten der Vergangenheit loszuwerden, eröffnet eine ganze Welt neuer Möglichkeiten.

4 Halte die Nachwehen mutig aus. Sobald du beschlossen hast, dir die Erlaubnis zu geben, loszulassen und weiterzugehen, wirst du sehen, dass es dich drängt, deine aktuelle Realität zu fühlen und zu erkennen. Das mag ein bisschen hart sein, aber bleib dabei.

《**Wir können nicht kontrollieren, was war, und uns daran zu klammern, verursacht nur Schmerz.**》

#52

WIE MAN DURCHHALTEN LERNT

Im Jahr 2004 arbeitete ich nachts in einer örtlichen Bankfiliale. Tagsüber schob ich Schichten in einem Museumscafé mit einer rothaarigen Amerikanerin namens Casey als Kollegin, die mir beibrachte, wie man einen fantastischen Cappuccino zubereitet und Brownies klaut, ohne erwischt zu werden.

Damals war ich bereits im Fernsehen gewesen und hatte eine Single veröffentlicht, und doch war ich wieder an dem Punkt, an dem ich mich ins Zeug legen musste, um Geld zu verdienen, und nebenbei versuchte, ein paar Castings aufzureißen.

In der Bank war es mein Job herauszufinden, warum Briefe an Kunden zurückgekommen waren. Also rief ich die Leute an und fragte: «Hey, sind Sie umgezogen?» oder so was in der Art. Da ich abends arbeitete, war nie jemand außer mir im Büro, deshalb rief ich tatsächlich nur sehr selten Kunden an – oder wenn ich es tat, ließ ich es nur einmal klingeln und machte dann das Häkchen hinter ihren Namen, das besagte, dass ich niemanden erreicht hatte.

Der Grund, weshalb ich das tat – mal abgesehen davon, dass mich der Job tödlich langweilte –, war, dass ich in dieser Zeit meine Bewerbungsunterlagen als Schauspielerin ausdrucken konnte. Ich verschickte Hunderte Briefe ins ganze Land, und so konnte ich mir einige Treffen mit Castingchefs sichern und ein paar Engagements ergattern. Es war Knochenarbeit, aber ich blieb hartnäckig.

Die Schauspielwelt ist voller Leute, die scharf auf ein und denselben Job sind. Die Rollen sind dünn gesät, und auch nur einen Fuß in die Tür zu kriegen, erfordert schon einen guten Agenten und Beharrlichkeit. Ich glaube, dass die Unterhaltungsindustrie mit all ihren Höhen und Tiefen mein Bootcamp in Sachen Widerstandskraft war.

Aber was war es, das mich durch all die Absagen und endlosen Rückrufe trug, die nirgendwohin führten?

Was war es, das mich weitermachen ließ?

Ein Ziel.

Als ich zum ersten Mal mit Selbstentwicklung in Berührung kam, hörte ich die Leute über «Ziele» reden, und ich bin mir gar nicht sicher, ob ich damals schon zu schätzen wusste, wie viel Glück ich hatte, dass ich meine so früh erkannt hatte. Ich war etwa sieben oder acht Jahre alt gewesen, als ich Schauspielerin zu werden beschloss, und von diesem Tag an ließ ich nichts mehr zwischen mich und meinen Berufswunsch kommen. Er war das Feuer in meinem Bauch und mein fortwährender, unermüdlicher Antrieb. Er war meine Motivation, zwei Jobs gleichzeitig zu haben, und er half mir, Widerstandskraft aufzubauen.

Manche Leute wissen nicht, was ihr Ziel ist – doch das zu verstehen, ist der Schlüssel, wenn es darum geht, durch harte Zeiten zu kommen und fokussiert zu bleiben.

Weißt du, was dein Ziel ist? Hast du je darüber nachgedacht? Mach dir keine Gedanken, wenn du jetzt mit leerem Blick auf diese Sätze starrst und keine Ahnung hast – fangen wir einfach an, einigen Ideen nachzugehen.

Dein Ziel muss gar nichts Weltbewegendes sein. Auf Instagram werden jede Menge großspurige Ziele propagiert, etwa «Ich will einer Million Frauen helfen, sechsstellig zu verdienen» oder «Ich will eine Schule in einem Armenviertel in Peru aufbauen». Aber es ist okay, wenn du dir «nur» wünschst, ein sicheres und liebevolles Zuhause für dich und deine Familie zu schaffen. Ein etwas kleiner gefasstes (aber genauso berechtigtes und wichtiges) Ziel könnte sein, dass du mehr Kunst und Kreativität in die Welt bringen möchtest. Vielleicht bist du ein Spaßvogel, und alles, was du dir vom Leben erhoffst, ist, zurückblicken zu können und zu wissen, dass du die Leute zum Lächeln gebracht hast. All das sind keine missionarischen Statements, wie wir sie vielleicht in den sozialen Medien finden, aber sie sind genauso wichtig für dich, und am Ende geht es doch nur darum.

Resilienz wird als die Kompetenz definiert, sich von Misserfolgen nicht unterkriegen zu lassen und sich rasch davon zu erholen. Eine Motivation oder ein Ziel für sich zu finden, macht es viel leichter, resilient zu sein. Viele Umschreibungen von Resilienz sprechen von «Härte», aber ich finde nicht, dass Resilienz notwendigerweise etwas damit zu tun haben muss, dass man «hart» ist. Du kannst resilient sein, während dir die Tränen herunterlaufen, und du kannst resilient sein und dich manchmal nicht gut fühlen. Resilienz bedeutet nicht, deine Gefühle zu betäuben oder dich nie aus der Fassung bringen zu lassen, sondern nie stehen zu bleiben. Zum Glück wird Weitermachen zum logischen nächsten Schritt, wenn du dein Ziel einmal gefunden hast.

Jeder kann resilient sein. Ich weiß das, weil ich sehe, dass dir schon einiges in deinem Leben zugestoßen sein muss, und trotzdem sitzt du hier, liest dieses Buch und wirst mit den Knüppeln fertig, die das Leben dir zwischen die Beine geworfen hat (gut gemacht übrigens!). Wenn wir also alle Resilienz besitzen oder sie aufbauen können – wie geht das?

Ich will die Dinge nehmen, wie sie kommen – wie fange ich damit an?

1 **Formuliere eine «Leitlinie»** oder eine Liste mit all den Gründen, weshalb du es durchziehen willst. Du könntest sie liebevoll gestalten, wenn du ein kreativer Kopf bist, oder simpel einen Punkt nach dem anderen auflisten. Ich empfehle die nochmalige Lektüre, wenn du drauf und dran bist aufzugeben, um dir dein Ziel und den Grund ins Gedächtnis zu rufen, warum die Welt darauf wartet, dass du weitermachst und es noch mal versuchst.

2 **Erkenne deine Resilienz.** Ich glaube, dass uns Widerstandskraft daraus zuwächst, dass wir auf herausfordernde Zeiten in der Vergangenheit schauen. Denk darüber nach, was dich in diesen Momenten zum Weitermachen gebracht hat – gab es bei allen Erfahrungen Gemeinsamkeiten? Dabei kannst du Anhaltspunkte und Bewältigungsstrategien feststellen. Vielleicht findest du auch heraus, dass du dein Ziel damals schon im Kopf hattest (du hattest nur noch keinen Namen dafür).

3 **Erkenne deinen Feind.** Dies sind die größten Feinde der Resilienz:

- Perfektionismus: wenn du in dem Bedürfnis feststeckst, Teile deines Lebens perfekt zu machen
- Schwarzmalerei: wenn du jeden Zwischenfall überdramatisierst
- Bequemlichkeit: wenn du es dir in deiner Komfortzone zu gemütlich machst und keinen Finger mehr rührst
- Opfermentalität/Selbstmitleid: wenn du denkst, dass die ganze Welt gegen dich ist

Wir alle verfallen zuweilen in diese Muster, daher steht uns kein Urteil darüber zu – aber es ist wichtig zu merken, wann es wieder so weit ist, und zu wissen, welche Auswirkungen dieses Verhalten auf deine Resilienz hat. Wenn du zum Beispiel in deiner Komfortzone feststeckst, lässt du Wachstum oder Misserfolgen keinen Raum – obwohl du aus beiden lernen kannst, wie man wieder aufsteht. Wenn du bemerkst, dass du in eines dieser Muster verfällst, ist der erste Schritt, es zur Kenntnis zu nehmen. Anschließend beginnst du, das entsprechende Verhalten infrage zu stellen und anders auf das, was passiert, zu reagieren.

4 Versuch und Misserfolg. Viel Neues auszuprobieren, kann deine Resilienz aufbauen helfen. Versuch es mal mit Hula-Hooping, schreib ein Buch, fang mit dem Snowboarden an oder starte einen Shop auf Etsy. Tu Dinge, die dich ein bisschen fordern. Überwinde dich, es anzupacken, und schau, welche Abenteuer auf dich warten. Jedes Scheitern ist nur ein weiterer Schritt zum nächsten Sieg und außerdem ein sicheres Zeichen dafür, dass du Widerstandskraft entwickelst (du gewinnst also auf Umwegen doch!).

5 Verliere nie die Hoffnung. Man könnte Hoffnung als Wunschdenken oder Schwäche abtun, aber tatsächlich ist sie eine wesentliche Voraussetzung dafür, uns selbst am Laufen zu halten: in Gestalt der Hoffnung, dass es besser werden wird, in Gestalt der Hoffnung, dass etwas Gutes auf uns wartet, und in Gestalt der Hoffnung, dass du dein Ziel erreichen wirst. Ein Ziel ist das Floß, das dich über Wasser hält, bis du zur nächsten rettenden Insel gelangst.

> **《 *Ein Ziel ist das Floß, das dich über Wasser hält, bis du zur nächsten rettenden Insel gelangst.* 》**

#53

HÖR AUF, DICH DAFÜR ZU ENTSCHULDIGEN, DASS DU BIST, WIE DU BIST

Ich bin unordentlich, chaotisch, impulsiv und stur. In der Vergangenheit hätte ich alles dafür gegeben, mir das nicht eingestehen zu müssen. All diese Etiketten werden bewertet und implizieren Verhaltensweisen, die nicht vorteilhaft sind. Es wäre leicht, mir selbst zu sagen, dass ich nicht gut genug bin, und in einer dunklen Wolke der Scham zu verschwinden.

Ich habe inzwischen gelernt, meine Schattenseiten anzunehmen, auch wenn sie mir von Zeit zu Zeit durchaus auf die Nerven gehen. Zum Beispiel neige ich dazu, mich zu rasch und eifrig in Dinge zu stürzen, was gelegentlich kein gutes Ende nimmt. Neulich habe ich einen Wandsticker im Schlafzimmer meiner Tochter angebracht – ich hatte es jedoch so eilig damit, dass ich zu hastig beim Aufkleben war und der Sticker Falten geschlagen hat. Ich musste also einen neuen kaufen. Ich war wie ein Kind an Weihnachten. Ich zog nicht einmal Schuhe und Mantel aus, als ich die Schachtel aufriss und den Sticker an die Wand knallte. Das, Freunde, ist Impulsivität vom Feinsten.

Der Vorteil dieser Impulsivität ist jedoch, dass ich mich nicht scheue, die Dinge in Angriff zu nehmen. Wenn ich eine Idee habe, geht sie sehr oft noch am selben Nachmittag in die Welt hinaus, und ich kümmere mich erst später darum, die Einzelheiten auszuarbeiten. Mein erster Workshop begann mit dem Geistesblitz «Wäre es nicht wunderbar, Menschen in Präsenz zusammenzurufen, um über Selbstentfaltung zu reden?», und bevor ich Zeit hatte, alles zu bedenken, waren die Veranstaltung angekündigt und die ersten Anmeldungen eingegangen.

Was lernen wir also daraus? Offensichtlich, dass viele unserer scheinbar negativen Züge sich in bestimmten Situationen positiv auswirken können. Du bist unordentlich? Vielleicht bist du auch kreativ. Du bist stur? Vielleicht heißt das, dass du hart arbeitest und immer weitermachst, bis du das bekommst, was du willst. Du bist schüchtern? Vielleicht kannst du auch gut zuhören und bist empfänglicher für die Gefühle anderer Menschen.

Wir alle sind sehr verschiedene Individuen, ein vollkommen inhomogener Haufen Persönlichkeiten. Für uns alle gibt es Platz auf dieser Welt, und trotzdem haben manche ein echtes Problem, weil sie sich ständig für sich selbst entschuldigen. Ich höre Klienten sagen, sie seien «zu viel» für andere, und es wirkt, als würden sie sich schon allein für die eigene Existenz entschuldigen. Eine Klientin füllte meinen Coachingfragebogen aus, und in dem zweiseitigen Dokument zählte ich zehn «Sorrys». Es war ebenfalls durchsetzt von rechtfertigenden Formulierungen, etwa «Macht das Sinn?» oder «Ich weiß nicht wirklich, wovon ich spreche». Das mag extrem klingen, ist aber sehr weit verbreitet.

In vielen Kulturen wird das Wort «Sorry» inflationär gebraucht. «Sorry, dass ich nicht auf deine Nachricht geantwortet habe», «Sorry, dass ich deinen Anruf nicht annehmen konnte», «Sorry, darf ich dich mal was fragen?» – wir beginnen Sätze so automatisch mit dieser Floskel, dass viele von uns es nicht einmal mehr bemerken. Tatsächlich würde ich dich bitten, dir in der nächsten Woche selbst zuzuhören, um herauszufinden, wie oft du es selbst tust (du kannst mir auf meinem Instagram-

Account @iamhollymatthews eine Nachricht schreiben, um mir das Ergebnis mitzuteilen).

Jetzt denkst du vielleicht: «Aber es ist doch höflich, sich zu entschuldigen, und ich will nicht unhöflich klingen!» Du wirst nicht unhöflich klingen! Im Moment klingst du schwach und ein bisschen unaufrichtig (und ich entschuldige mich jetzt nicht dafür). Tut es dir wirklich leid? Der inflationäre Gebrauch dieses Wortes minimiert seine Wirkung, wenn du dich einmal wirklich entschuldigen willst. Außerdem untergräbt es langsam dein Selbstvertrauen. Jedes Mal, wenn du dich unnötigerweise entschuldigst, sagst du deinem Gehirn, dass deine Meinungen und Handlungen nicht gut genug sind (und das stimmt einfach nicht).

Okay, sehen wir uns also an, wofür dich nicht mehr entschuldigen solltest:

- **Wenn du eine Frage vorbringst.** «Sorry, bekomme ich den Kaffee noch, den ich bestellt habe?» oder «Sorry, ich weiß, dass Sie beschäftigt sind, aber kann ich mir das hier wegnehmen?». Du darfst fragen und musst dich für nichts entschuldigen.
- **Wenn du dir eine Auszeit nimmst.** Du machst eine Pause, sorgst für dich und setzt dich an erste Stelle. Dafür musst du dich nicht rechtfertigen. Eine schwer beschäftigte Mutter von vier Kindern hat mir neulich erst erzählt, wie schuldbewusst sie war, als ihr Ehemann sie beim Fernsehen «erwischte» (nachdem sie die Kids zur Schule gefahren und das ganze Haus in Ordnung gebracht hatte). Ich erinnerte sie daran, dass das nichts war, weswegen sie Gewissensbisse haben sollte. Dir eine kleine Pause zu gönnen, ist unerlässlich, damit du als ausgeruhtes menschliches Wesen funktionieren kannst.
- **Wenn du begeistert bist.** Lass mich über Menschen sprechen und darüber, warum wir tun, was wir tun, und ich werde drei Tage durchreden. Wenn du für dein Thema brennst und das

Gefühl hast, dass du plötzlich sehr gesprächig wirst, entschuldige dich nicht dafür – meistens ist das sogar sehr liebenswert.

- **Wenn du für dich selbst einstehst.** Wenn man dir Unrecht getan hat, oder jemand übervorteilt dich anderweitig oder stellt dich in einem Licht dar, das nicht schmeichelhaft ist, darfst du sehr wohl für dich einstehen (siehe unter «Sag jemandem, dass er sich verziehen soll» ab S. 120, wie das geht). Eine Teilnehmerin einer meiner Workshops erzählte mir einmal, dass sich eine Gruppe von Frauen bei der Arbeit über ihre Art zu sprechen lustig machte. Ich war sehr wütend darüber und besprach mit ihr Möglichkeiten, wie sie selbstbewusst für sich einstehen konnte, ohne zuzulassen, dass die spitzen Bemerkungen sie dazu brachten, sich zu entschuldigen.
- **Wenn du eine Meinung hast.** Ich will dich laut und stolz hören. Wenn ich nicht deiner Meinung bin, werde ich es schon merken. Deine Meinung zählt.
- **Wenn du Beziehungen beendest,** die nicht gut für dich sind. Dein Leben, deine Entscheidung.
- **Wenn du heftige Gefühle hast.** Entschuldige dich nicht dafür, dass du weinst, dass du wütend bist, dass du glücklich bist – du darfst dich so fühlen, wie du dich fühlst.
- **Wenn du Entscheidungen für dein Leben fällst,** von denen die Menschen um dich herum nicht begeistert sind oder die sie nicht verstehen. Sicher, du solltest dir hin und wieder anhören, was die richtigen Leute denken, und dir professionellen Rat suchen, wo es angebracht ist – aber wenn du eine Entscheidung getroffen hast, musst du dich nicht dafür entschuldigen.

Es muss dir nicht leidtun, dass du bist, wie du bist, wie auch immer das aussieht. Du bist eine wunderbare Mischung aus Eigenarten und Verschrobenheiten, also freunde dich mit ihnen allen

#**54**

BELOHNE DICH

Es gibt Tage, an denen ich merke, dass ich schon seit Stunden ununterbrochen arbeite oder mich nicht ein einziges Mal hingesetzt habe. Ich habe mich um meine Kids gekümmert (habe Mittagessen gemacht und ihnen die 3000 Snacks gegeben, die sie stündlich zu brauchen scheinen) und alle Anfragen in meinem Postfach beantwortet. Ohne es zu merken, habe ich meine eigenen Bedürfnisse (ein wohltuendes Getränk, eine Mittagspause, eine Sekunde zum Verschnaufen!) ans untere Ende der Liste geschoben. In diesen Augenblicken fällt es mir leicht, die «Habachtstellung» einzunehmen und zu vergessen, dass ich auch wichtig bin.

Ich weiß, dass ich damit nicht allein dastehe.

Ich weiß, dass auch du vielleicht aufgehört hast, auf dich aufzupassen oder deinen Bedürfnissen Priorität einzuräumen. Wann hast du dir zum letzten Mal etwas gegönnt, etwa 15 Minuten mit deinem Lieblingsbuch?

Mich zu belohnen, war immer schon eine Herausforderung für mich. Doch nichts zeigt das so augenfällig in meiner persönlichen Geschichte wie meine Einstellung zu finanziellen Belohnungen, von der ich dir jetzt erzähle.

Ich komme aus einer Familie, die nicht viel Geld hat, und als Kind bekam ich Gespräche darüber mit, was knapp bei uns war und was fehlte. Das machte mir Sorgen, und ich begann zu glauben, dass es gierig oder unmäßig wäre, wenn ich etwas hätte, das ich nicht dringend brauchte. Wenn ich mich selbst finanziell belohnte, wurden Schuldgefühle immer frei Haus mitgeliefert. Deshalb habe ich es lange Zeit nur selten getan.

Da ich die meiste Zeit meines Lebens Schauspielerin war, die nur dann etwas verdiente, wenn sie für eine Rolle engagiert wurde, fristete ich mein Dasein immer nach dem Prinzip «Sekt oder Selters». Selbst wenn Geld reinkam, war man gut beraten, es zu sparen. Die Vorstellung, es für etwas anderes zu verwenden, als in Dinge, die wieder in meine Arbeit einfließen würden, fühlte sich wie reine Verschwendung an.

Ich habe lange gebraucht, zu erkennen, ein Problem damit zu haben, mich finanziell zu belohnen. Während ich an meiner eigenen Selbstentfaltung arbeitete, stellte ich fest, dass ich eine gewisse Notwendigkeit darin sah, Geld zu sparen, hart zu arbeiten und mir nie eine Belohnung zu gönnen – und dass dem ein Haufen einschränkender Glaubenssätze über meinen Selbstwert zugrunde lag, der von den Erfahrungen aus meiner Kindheit stammten.

Ich begann, unter den Augen der Nachbarn als Kind Geld zu verdienen, und ich lebte in einer Gegend, in der man nicht viel besaß – daher war es keine Überraschung, dass mir das einige Probleme bescherte. Mir ging auf, dass ich unterbewusst den Glaubenssatz entwickelt hatte: «Wenn ich Geld verdiene, fühlen sich andere Leute nicht gut damit.» Obwohl das keine allgemeingültige Tatsache ist, schwirrte dieser Glaubenssatz in meinem Unterbewusstsein herum, sodass ich mein Verhalten anpasste, was mir bis ins Erwachsenenalter erhalten blieb.

Dieses Beispiel hat mit Finanzen zu tun, aber natürlich geht es bei der Selbstbelohnung um viel mehr als nur darum, Geld auszugeben. Um dir selbst etwas Gutes zu tun, könntest du dir dein Lieblingsgericht kochen oder dir extra viel Zeit fürs Schminken nehmen. Dein «Leckerli» könnte ein freier Tag ohne

Schuldgefühle oder ein Mittagsschläfchen sein. All diese Erfahrungen lehren dein Unterbewusstsein, dass du wichtig und es wert bist, respektiert zu werden.

Aber warum haben dann so viele von uns Mühe, sich selbst zu belohnen?

Ich glaube nicht, dass es auch nur einen Menschen da draußen gibt, der nicht seine eigene Geschichte damit hat, sich selbst zu belohnen. Vielleicht liegt das an der Überzeugung, schöne Dinge oder Erlebnisse nicht zu verdienen oder sich damit unwohl zu fühlen, oder vielleicht ist es dir peinlich, wenn du mal das Tempo drosselst und dich entspannst, obwohl es doch immer etwas zu tun gibt. Versuch zu verstehen, woher diese Gefühle kommen könnten, und erinnere dich selbst daran, dass du es sehr wohl verdient hast, dir etwas zu gönnen.

Du magst auch deshalb damit zu kämpfen haben, dich selbst zu belohnen, weil andere Menschen auf der Welt weniger Zeit oder Mittel haben als du – das fühlt sich vielleicht ungerecht an. Lass mich eines klarstellen: Wenn du es dir versagst, einen Tag lang im Pyjama herumzulaufen und dir etwas Schönes zu backen, wird das keinen Einfluss auf die Menschen haben, die in Armut leben – es gibt keine Verbindung zwischen beidem. Gönn dir den Pyjamatag und mach ehrenamtliche Arbeit; back dir einen Kuchen und spende den Tafeln. Das sind voneinander getrennte Dinge.

Es ist nicht egoistisch, dich hin und wieder zu belohnen. Es ist nicht egoistisch, dir eine Auszeit zu wünschen oder gelegentlich hübsche Dinge haben zu wollen. Indem du dir diese Privilegien nie zugestehst, suggerierst du dir selbst, an zweiter Stelle zu stehen und es nicht verdient zu haben, diese kleinen Freuden zu genießen. Und das stimmt einfach nicht.

Wenn ich weiß, dass ich wirklich hart an etwas gearbeitet habe – zum Beispiel an diesem Buch –, belohne ich mich in irgendeiner Form. Das könnte schlicht so aussehen, dass ich in meinen bequemen Klamotten herumgammle und mir indisches Essen liefern lasse, oder ich belohne mich mit einem schönen, langen Bad bei Kerzenschein und kümmere mich um meine Haare. Es gab Zeiten, in denen ich mich bei diesen Dingen schlecht gefühlt hätte, und ich garantiere dir, dass ich damit nicht allein bin. Ich betrachte es jetzt als eine Art Respekt vor mir selbst und als Liebesbeweis mir gegenüber. Ein kleines Schulterklopfen.

Anderen zu geben und sich um die Menschen, die einem am nächsten stehen, zu kümmern, ist wunderbar, und ich bin mir ziemlich sicher, dass die meisten von euch, die ihr das jetzt lest, damit kein Problem haben. Aber denk daran – freundlich zu anderen zu sein, schließt nicht aus, dass du auch freundlich zu dir selbst bist. Ich möchte dich dazu ermuntern, dann und wann nicht so streng mit dir zu sein, dir Beifall zu klatschen und auch dich selbst zu belohnen – es wird dich glücklicher machen.

Ich kann mich nicht daran erinnern, wann ich mich zum letzten Mal selbst belohnt habe – wie fange ich an?

1 **Finde heraus, welche Belohnungen dir gefallen könnten.** Sammle Ideen in einer Liste. Du könntest vielleicht auch einen Selbstbelohnungskalender aufhängen, in dem du Möglichkeiten festhältst, wie du dir täglich, wöchentlich, monatlich Belohnungen gönnen kannst, und sie so zum festen Bestandteil deines Lebens machen. Wenn du etwas Inspiration gebrauchen kannst: Ich habe meine Instagram-Follower gefragt, wie sie sich selbst belohnen, und einige ihrer Vorschläge habe ich auf meiner Website veröffentlicht (viele sind wirklich genial!): www.iamhollymatthews.com/treatyoself.

2 **Hol das Tafelsilber raus.** Verwöhne dich, wie du deine glanzvollsten Gäste verwöhnen würdest. Bring das gute Besteck und das feine Porzellan auf den Tisch und freu dich selbst daran. Wir alle haben Dinge, die wir nur zu «besonderen Gelegenheiten» benutzen oder anderen Leuten zuteilwerden lassen, aber manchmal ist so eine besondere Gelegenheit einfach nur, dass du den Ofen geputzt hast, was dich zwei Stunden Schrubben gekostet hat. (Und 40 Minuten Schuldgefühle, weil du ihn so eklig hast werden lassen. Ich muss hinzufügen, dass ich gerade meinen Ofen geputzt habe und mich fühle, als hätte ich eine Tapferkeitsmedaille verdient.)

3 **Denk daran: Dich selbst zu belohnen, bedeutet nicht, dass du dich nicht um Menschen scherst, die weniger haben.** Du kannst weiterhin anderen helfen und auch sie belohnen, aber hör auf, dich so weit unten auf die Liste zu setzen, dass du dich ganz vergisst.

4 **Danke-Bank.** Manchmal kosten unsere Belohnungen doch Geld. Wie wäre es also, wenn du für diese ganz speziellen Belohnungen deine eigene «Danke-Bank» gründest? Das ist ein kleiner Behälter mit Geld, den du beiseitestellst, um dir eine Belohnung zu finanzieren – vielleicht wöchentlich oder nur gelegentlich. Es könnte das altmodische Sparschwein sein, und wie auch immer es aussieht, es ist dein «Spaßtopf». Du darfst dieses Geld für die besonderen Gelegenheiten verwenden, die großen Erfolge oder auch einfach nur, weil du durch den Monat gekommen bist und das Haus am Laufen gehalten hast.

« *Dich selbst zu belohnen, zeugt von Respekt und Liebe zu dir selbst.* »

#55

DAS ZAUBERWORT LAUTET «VERGEBUNG»

Am 14. Dezember 2012 erhielt Scarlett Lewis die erschütternde Nachricht, dass ihr geliebter Sohn, der sechsjährige Jesse, ermordet worden war. Jesse verlor mit 25 weiteren Menschen in der furchtbarsten Schulschießerei der US-amerikanischen Geschichte an der Sandy Hook Elementary School sein Leben.

Anfangs sprach Scarlett davon, dass ihr Zorn «all ihre Energie aufzehrte» und der Schmerz sie verschlang. Nach einer Weile beschloss sie jedoch, nur weitermachen zu können, wenn sie Vergebung für die Menschen findet, die für das abscheuliche Ereignis verantwortlich waren. Scarlett entschied sich gegen Zorn und Groll und lud die Menschen in ihrem Umfeld ein, ihr auf diesem Weg zu folgen. Sie traf die Entscheidung, dem Todesschützen und seiner Mutter, die ihm unabsichtlich Zugang zu den Waffen verschafft hatte, öffentlich zu verzeihen.

Als ich ihre Geschichte zum ersten Mal las, tat ich, was wahrscheinlich viele andere taten. Ich dachte: Was zum Geier? Wie in aller Welt konnte sie das tun? Ich weiß noch, dass ich dachte, ich würde an ihrer Stelle meine Rache haben wollen und müsste gegen den menschlichen Instinkt ankämpfen, Aggression mit Aggression zu vergelten.

Scarlett Lewis hatte diese Gedanken ebenfalls, und doch beschloss sie, die Geschichte zu verändern. Sie erkannte, dass aus Hass und Schuldzuweisungen nichts Gutes erwächst. Wie Mahatma Gandhi es so zutreffend ausgedrückt hat: «Auge um Auge – und die ganze Welt wird blind sein.»

Aber Vergeben ist hart, nicht wahr? Auf diesem Level wirkt es *unglaublich* schwer, aber selbst im Alltag macht es uns manchmal große Probleme. Ob nun dein Partner im Eifer des Gefechts etwas Gemeines sagt oder die Freundin dich wieder einmal enttäuscht hat – es ist schwer loszulassen.

Und warum überhaupt? Wozu ist Vergebung gut? Lass mich dir sagen, dass es nicht um die andere Person geht. Tatsächlich musst du ihr nicht einmal zwingend mitteilen, dass du ihr verziehen hast. Wenn du beschließt, nicht zu vergeben, steckst du in der Vergangenheit fest. Du bleibst in der Geschichte gefangen, und der schwelende Groll verzehrt dich. Wenn du jemandem verzeihst, heißt das, den Schmerz und Hass nicht mehr mit dir herumzuschleppen.

Du kannst auch vergeben, wenn die Person gar nicht mehr in deinem Leben ist. Vergebung muss nicht grenzenlos sein, und sie bedeutet auch nicht, dass du die Lektionen vergisst, die du gelernt hast. Vergebung bedeutet einfach, der Person oder Situation keine «Sendezeit» mehr zuzugestehen. Es bedeutet weiterzugehen.

Und wir müssen nicht nur anderen Menschen verzeihen. Wir müssen auch uns verzeihen, und das kann oft noch schwerer sein. Wir haben irrsinnig hohe Erwartungen an uns selbst, und wenn wir etwas verpatzen, sind wir oft viel härter gegen uns selbst, als jemand anders es sein würde.

Letztes Jahr sollte meine Tochter Brooke zum «Star der Woche» gekürt werden. Es war ein riesiges Lob für sie, und ich war unglaublich stolz. Ich habe das Glück, mir mein Leben so eingerichtet zu haben, dass ich so eine Feierstunde wahrnehmen kann, und sie stand für 14:30 Uhr in meinem Kalender.

Um 14:45 Uhr war ich gerade dabei, einen Podcast anzuhören, während ich die Wäsche zusammenlegte, als eine Welle des Erschreckens über mir zusammenbrach. Ich war viel zu spät dran. Ich schnappte mir die Schlüssel, stammelte immer wieder «Nein, nein, nein» und rannte zum Auto. Ich raste durchs Schultor und in die Aula, nur um Brookes wütendes, enttäuschtes Gesicht zu sehen, das mir das Herz brach. Ich hatte ihren großen Augenblick verpasst.

Ich verbiss mir die Tränen (irgendwie) und versuchte, mich zu entschuldigen, doch sie stieß mich weg und zeigte mir die kalte Schulter. Wenn du ein Kind hast, das aus welchem Grund auch immer den anderen Elternteil verloren hat, dann ist der Druck, bei allem dabei zu sein, enorm, und was mich wirklich zerriss, war die Tatsache, dass es keinen guten Grund für mein Fehlen gab.

Ich war so streng mit mir. Zuerst wollte ich mir nicht verzeihen und fixierte mich darauf, darüber zu brüten, dass mein Verhalten Brooke wahrscheinlich für den Rest ihres Lebens traumatisieren und ihr Probleme bereiten würde. Ich wusste allerdings, dass diese Denkweise nicht hilfreich war, deshalb schleppte ich sie und ihre Schwester stattdessen zu TGI Fridays und überschüttete Brooke mit Kuchen und Luftballons. Ich entschuldigte mich, zeigte ihr, wie traurig ich war, und erging mich in Lobeshymnen über meinen Stolz auf sie (ich übertrieb es so sehr, dass Brooke meinte, wir sollten das wieder machen, weil sie noch mehr Luftballons haben wollte).

Verzeih dir die Fehler, die du machst. Du bist ein Mensch, und niemand kann Fehler immer verhindern. Mitgefühl mit dir selbst zu haben, kann dir ebenfalls die Unvollkommenheiten erkennen helfen, die uns alle ausmacht, und es dir leichter machen, auch anderen gegenüber nachsichtiger zu werden.

Ich will verzeihen – wie fange ich an?

1 **Schau dir die Dinge aus der Warte eines anderen Menschen an.** Die Person zum Beispiel, die bei dir eingebrochen ist, könnte mit einer Sucht zu kämpfen haben oder niemanden haben, der sie unterstützt. Oder der Ehepartner, der dich betrügt, fühlt sich zutiefst einsam und sucht anderswo Zuneigung. Eine gute Übung ist, drei Briefe zu schreiben über das, was passiert ist. Der erste ist dein Brief (leicht, wahrscheinlich voller Heftigkeit und Zorn); der zweite ist der Brief aus der Perspektive des Menschen, der dir Unrecht getan hat (viel schwerer, du musst dir seinen Schuh anziehen und seine Motivation verstehen sowie den Zusammenhang, in dem seine Tat steht), und der dritte Brief endlich ist der einer dritten Person (die unparteiisch ist, beide Seiten im Blick hat und ihre Interpretation der Dinge darlegt).

2 **Begreife den Unterschied zwischen dem, was jemand tut, und dem, der er ist.** Trenne beides voneinander. Was jemand tut, ist nicht, wer er ist. Während ich das gerade schreibe, platzt meine größere Tochter ins Zimmer und wirft mir in einem Wutanfall ein Geschirrtuch an den Kopf, weil ich ihr aufgetragen habe, ihre Hausaufgaben zu machen. Heißt das, dass sie ein fieses, mit Geschirrtüchern um sich werfendes Teufelskind ist? Nein. Es heißt, dass sie heute Mühe hat, ihre Gefühle im Zaum zu halten, und etwas getan hat, für das sie sich sicher innerhalb der nächsten Stunde entschuldigen wird.

3 **Mach dir selbst das Geschenk, loszulassen** und ein besseres Leben zu leben. Bekräftige deine Vergebung laut, dir selbst, der betreffenden Person oder einem Freund gegenüber. Vergebung ist der Mut, den Zorn loszulassen. Du wirst zur Belohnung Freude und eine Leichtigkeit ernten, die dich an einen positiveren Ort in deinem Leben bringen werden.

4 **Schreib dir selbst einen Brief.** In diesem Brief führst du aus, wofür du dir selbst verzeihen willst. Zeige Verständnis für dich und erweise dir Mitgefühl.

>> *Vergebung ist der Schlüssel, mit dem du deine Geschichte verändern kannst.* >>

#56

DEIN HEIM IST DER REINSTE SAUSTALL

Schau bloß nicht unter meine Treppen!

Mach die Tür zu meinem Schuppen nicht auf und wirf auch keinen Blick unter mein Sofa. Warum? Weil du dort das Chaos vorfinden wirst, aus dem mein Leben oft besteht, in Schachteln gestopft und weggeräumt. Klingelt da was bei dir? Keine Sorge, wenn die Antwort Ja lautet.

Mein Gehirn hüpft von einem Gedanken zum nächsten wie ein besoffenes Känguru, und ich hinterlasse oft ein Trümmerfeld: Schubladen und Schränke, die offen stehen, die abgelegten Kleider auf dem Bett verstreut und hingekritzelte Notizen auf den Tischen.

Wenn es mich nicht kümmern würde, wie ich aussehe oder mich fühle, wäre mir diese Verwüstung egal, aber es kümmert mich doch, und sehr schnell fängt der Saustall an, mich runterzuziehen. Ich überschütte mich zudem mit allen möglichen Werturteilen darüber, dass es mir nicht leichtfällt, mein Haus in Schuss zu halten.

Das Durcheinander, das wir in unserem Haushalt sehen, trägt oft zu dem Durcheinander bei, das in unserem Kopf vorherrscht, und daher leuchtet es ein, dass Unordnung uns überfordert, stresst und ängstlich macht. Die Unordnung verursacht Stress, weil sie uns ablenkt, mit Schuldgefühlen und Scham erfüllt (ich weiß, dass ich nicht die Einzige bin, die peinlich berührt aufräumt, bevor Gäste kommen) und uns daran erinnert, dass die Arbeit nie zu Ende ist. All das leert unsere mentalen Batterien. Mehr noch, es ist auch verdammt ärgerlich, wenn du nicht findest, wonach du suchst, weil es von Anfang an keinen festen Platz hatte.

Um meinen Verlotterungstendenzen entgegenzuwirken, bin ich kürzlich zu Mrs Hinch auf Instagram übergelaufen. Wer diesen Namen nicht kennt: Mrs Hinch ist eine Bloggerin, die durch ihre Putztutorials und ihr erstaunlich gepflegtes Heim bekannt geworden ist. Sie hat Bücher über Putz-Hacks geschrieben und sich eine fabelhafte Community aus (zumeist) Frauen aufgebaut, die wunderschöne, blitzblanke Häuser haben. Ich ertappte mich, wie ich durch den Hashtag #Hincharmy scrollte und dachte: «Wo sind all ihre Sachen?» und «Wo sollen ihre Kinder bloß Ball spielen?». Es ist ein toller Ansatz, aber ich musste mir ehrlich eingestehen, dass er für mich einfach nicht funktionieren würde.

Die Realität liegt für die meisten von uns irgendwo in der Mitte zwischen den Häusern der «Hinch Army» und von «Schlamper-Susi», doch den Nutzen des Entrümpelns sollte man nicht unterschätzen. Gerümpel sind oft Dinge, die wir nicht mehr brauchen, an denen wir aber trotzdem noch festhalten. Die alten Kleider, in die wir wieder «hineinzuwachsen» uns versprechen, die Andenken an verflossene Beziehungen oder einstige Jobs oder Gegenstände, die wir «definitiv» auf eBay verkaufen werden (geht das nur mir so?). Wenn wir dieses Zeug loswerden, lassen wir auch den emotionalen Ballast los, der damit verknüpft ist, sodass wir weitermachen können.

Ich bin kurz nach dem Tod meines Mannes umgezogen. Wir hatten das immer schon vorgehabt und noch gemeinsam ein neues Haus gekauft. Es musste renoviert werden, deshalb wurden viele meiner Sachen erst einmal eingelagert, besonders die

Küchenutensilien. Bis die Küche fertig war, hatte ich nur das Nötigste in Gebrauch und spülte es eben öfter.

Als die Küche fertig war und ich meine zwei großen Küchenumzugskisten wiederhatte, öffnete ich sie in leichter Verzweiflung. Ich war so lange ohne all das ausgekommen, dass mir eines klar wurde: Das meiste davon brauchte ich gar nicht. Ich beschloss, gnadenlos zu sein und mir selbst ein paar knallharte Fragen zu stellen: Brauche ich das hier? Werde ich das je verwenden? Die Beantwortung wurde durch die Tatsache erschwert, dass mein Mann Ross bei uns zu Hause der Küchenchef und sehr eigen in Bezug auf die Qualität der Küchengerätschaften gewesen war. Dinge loszuwerden, die er verwendet hätte (ich aber nicht), fühlte sich wie Verrat an ihm an und war aufwühlender, als ich gedacht hatte. Doch am Ende war es eine Erleichterung, dass nur ein halber Karton in meinen Haushalt einzog und der Rest über Secondhandläden eine zweite Heimat fand.

Es ist Zeit, in deinem Haushalt aufzuräumen und Platz in deinem Kopf zu schaffen

1 **Ein Schritt nach dem anderen.** Wenn es ans Entrümpeln geht, versuch nicht, jeden Raum und jedes Geheimversteck auf einmal in Angriff zu nehmen. Entscheide dich für einen Ort und eine Zeit und arbeite alles nach und nach ab. Bei jedem Gegenstand stellst du dir die Frage: «Verwende, brauche, liebe oder will ich das?» Sei wirklich ehrlich zu dir.

2 **Dreh die Mucke auf.** Gestalte das Aufräumen und Entrümpeln so, dass es Spaß macht und zügig vonstattengeht. Ich hasse Aufräumen, aber ich weiß, dass das Resultat mir ein grandioses Gefühl gibt. Das ist mein Lösungsvorschlag: Begrenze das Aufräumen auf zehn Minuten oder mach eine Einheit Speedputzen daraus, zu der die Musik plärrt und du ein paar Dance Moves als Zugabe einlegst. So kannst du vielleicht auch andere zum Mitmachen bewegen. (Das ist der einzige Weg, wie ich meine Kids dazu bringe, ihrem Chaos zu Leibe zu rücken.)

3 **Mach eine Checkliste.** Oh, ich weiß, das ist streberhaft, aber ich führe allabendlich eine Checkliste, die mir hilft, meine Hausarbeit, die häuslichen Pflichten und was es sonst noch zu organisieren gilt in den Griff zu bekommen. Ich will mich nicht aufspielen und behaupten, dass ich meine Checkliste immer abarbeite, aber dank ihr behalte ich definitiv den Überblick.

4 **Denk daran, wie es sich anfühlt, wenn alles an seinem Platz ist.** Du kannst die Oberflächen wieder sehen, und du weißt, dass du gelassen und entspannt wärst, wenn jetzt unangekündigt Besuch aufkreuzen sollte (was lächerlich ist und nie passieren sollte!). Dieses beruhigende Gefühl in Bezug auf dein aufgeräumtes Zuhause wird dir helfen abzuschalten und den schönen Ort zu genießen, den du dir zum Leben geschaffen hast.

> ❝*Das Durcheinander, das wir in unserem Haushalt sehen, trägt oft zu dem Durcheinander bei, das in unserem Kopf vorherrscht.*❞

#57

DAS SCHLIMMSTE
IST SCHON PASSIERT

Ein paarmal in unserem Leben wird etwas wirklich Tragisches oder Traumatisches passieren – dann wird dir das Leben einen Magenschwinger versetzen und dich buchstäblich umhauen.

Bei mir war das im Februar 2014, als ich mit meinem Mann Ross und seiner Mutter Dionne in einer Klinik saß. Ross war mit schrecklichen Kopfschmerzen und Übelkeit eingeliefert worden. Wir hatten den ganzen Tag in der Klinik zugebracht, während er eingehend untersucht und durchgecheckt wurde. Wir hatten nicht das Gefühl gehabt, es könnte etwas Dringendes sein, und ich glaubte schon, dass man uns gleich mit einer Packung Paracetamol und dem Rat, im Nachgang beim Hausarzt vorstellig zu werden, nach Hause schicken würde.

Es war spät am Abend, wir waren müde und wollten nach Hause zu unseren Töchtern Brooke und Texas, als zwei Ärzte zu uns traten.

«Es tut mir leid, Mr. Blair, aber wir haben einen eigroßen Tumor in Ihrem Gehirn gefunden. Wir werden tun, was wir können – Chemotherapie, Bestrahlung, Operation –, und falls es nichts mehr gibt, was wir machen können, werden wir dafür sorgen, dass es Ihnen gut geht.»

Ich spürte, wie die Nachricht über mich hereinbrach und mir die Luft aus den Lungen gesaugt wurde. Ich war wie benebelt, während mein Verstand versuchte, das Gesagte zu verarbeiten. Dann, als die Wirklichkeit mich einholte, streckte ich die Hand nach dem Bett aus, um mich abzustützen.

«Krebs.»

«Hirntumor.»

«Operation am Gehirn.»

Worte, die auch die Stärksten unter uns in Angst und Schrecken versetzen würden, waren plötzlich Teil unserer Realität.

Von diesem Augenblick an veränderte sich mein Leben. 2017 starb Ross schließlich an diesem schrecklichen Tumor, und die Welt meiner Familie wurde aus den Angeln gehoben.

Es ist immer noch surreal, dass Ross nicht hier ist, und Trauer ist natürlich ein Prozess, mit dem ich jeden Tag lebe. Aber schon zu Anfang meiner Reise begriff ich, dass wir die Wahl haben, wenn wir vor großen Hindernissen im Leben stehen: Wir können daran zerbrechen, oder wir können daran wachsen.

Keiner von uns ist immun gegen tragische Ereignisse, auch nicht Menschen, von denen du glaubst, dass sie durchs Leben schweben. Und die Wahrheit ist, dass du Momente der Freude nicht wirklich zu schätzen weißt, bis du den Schmerz kennst – aber wie ärgerlich und verkorkst ist das bitte schön?

Nehmen wir zum Beispiel die Geburt eines Kindes – etwas, das viele von uns erleben. Als ich zum ersten Mal schwanger war, versuchte ich – wie viele werdende Mütter – mir auszumalen, wie die Geburt verlaufen könnte. Dank meines Halbwissens über das Gebären, das ich aus diversen Klinikdramen im Fernsehen bezog, unterlag ich dem Eindruck, dass ich permanente, höchste Qualen erleiden würde.

Doch die Wirklichkeit des Gebärens äußert sich bei den meisten in Schmerzphasen. Wir haben eine schmerzhafte Kontraktion, gefolgt von einer Verschnaufpause. Eine weitere Wehe und dann einen Augenblick, in dem wir wieder zu Atem kommen können. Unser Leben funktioniert nach demselben Schema.

Uns passiert etwas Heftiges – vielleicht eine Kündigung oder eine Trennung –, und dann haben wir Zeit, uns davon zu erholen. Dann kommt eine weitere Herausforderung (oder Wehe) – vielleicht der Tod eines nahestehenden Menschen oder ein Konkurs – und anschließend eine weitere Phase der Ruhe.

Um ein glückliches und erfüllendes Leben führen zu können, müssen wir erkennen, wann wir uns in einer Flaute oder Verschnaufpause befinden. Manchmal sind diese Phasen kurz, sodass wir wachsam sein und sie zügig identifizieren müssen, um sicherzustellen, dass wir diese «Zwischenzeiten» vollpacken mit Leben, Liebe, guten Erfahrungen und Wertschätzung.

Ross' Tod war eine höllische Wehe, um die ich nicht gebeten hatte, genauso wenig, wie du um die harten Zeiten gebeten hast, die du erlebst. Während du das hier liest, möchtest du vielleicht verzweifelt stoppen, was auch immer gerade passiert, aber ich kann mir gut vorstellen, dass es außerhalb deiner Kontrolle liegt – deshalb bitte ich dich, damit aufzuhören und einen Moment innezuhalten.

Hol tief Luft, weine eine Runde, spüre deinen Schock, deine Angst, und dann mach dich bereit, tiefer zu graben als je zuvor in deinem ganzen Leben. Ich möchte, dass du zu tun beschließt, was immer nötig ist, um dich durch die nächste schwierige Phase in deinem Leben zu tragen, und dass du dich entscheidest, zwischen den Kontraktionen glücklich zu sein, egal, was davor passiert ist. Ob es eine Scheidung war, ein Streit mit deiner besten Freundin oder die Tatsache, dass die Kinder gerade aus dem Nest ausgeflogen sind – was auch immer es ist, halte nach der Freude zwischen den schmerzhaften Phasen Ausschau.

Das wird nicht immer leicht sein, aber sich dafür zu entscheiden, ist schon der erste Schritt.

Ich glaube daran, dass man das Leben bei den Hörnern nehmen sollte und dass – wenn es knüppeldick kommt – ein Gefühl der Klarheit durch all den unwichtigen Mist durchkommt und dich aussieben lässt, was dir wirklich wichtig ist. Diese Zeiten können prägende, klar abgezirkelte Momente sein, die dir den Impuls geben, mutig zu sein oder kühne Taten in deinem Leben zu vollbringen, wenn du es ihnen gestattest.

Du hast dir nicht ausgesucht, was passiert ist, aber gegen das Unausweichliche anzukämpfen, wird den Schmerz nur verlängern. Denk daran, dass die Wehen nicht bis in alle Ewigkeit anhalten werden und wir immer entscheiden dürfen, wie wir uns diesen Augenblicken gegenüber verhalten. Also kremple die Ärmel hoch und mach dich bereit, dich bis zur nächsten Phase durchzubringen. Eine neue Ausgabe deiner selbst wird aus dieser nächsten Phase deines Lebens hervorgehen – und du entscheidest, wie sie aussieht.

Was du jetzt tun solltest

1 **Connecte dich.** Du bist nicht allein, mein Freund. Der schreckliche Mist verbindet uns alle miteinander, und wenn du jemandem eine helfende Hand reichst, wird er dir seine eigenen Ängste und Verluste verraten, und du wirst sehen, dass wir uns alle gar nicht so sehr voneinander unterscheiden.

2 **Denk an die Kontraktionstheorie** und daran, dass nichts bleibt, wie es ist. Mach dir klar, dass dir das Furchtbare eines Tages weniger Schmerzen bereiten wird (auch wenn das jetzt wie ein völlig nutzloses Körnchen Wahrheit klingt).

3 **Nimm dir vor, einen Schritt nach dem anderen zu machen** und freundlich zu dir zu sein. Himmel, du musstest (vermutlich) noch nie zuvor mit so etwas fertigwerden, natürlich bist du total verwirrt und verloren – es wäre schräg, wenn es anders wäre. Weit nach vorn zu schauen, wenn du mitten im

Sturm stehst, wird nicht helfen, deshalb solltest du einfach mitten durch das, was als «Nächstes» ansteht, hindurchgehen, bis du merkst, dass du schon ein gutes Stück vorangekommen bist.

4 **Bitte um Hilfe und nimm sie an.** Ich weiß, dass das schwer sein kann – ich finde es immer noch schwer. Aber denk daran, dass die Leute helfen wollen und manchmal nur nicht wirklich wissen, wie. Gib ihnen etwas zu tun (das könnte eine gute Chance sein, ein paar kostenlose Essen abzugreifen und deine Wäsche gemacht zu bekommen – alles hilft, Leute!). Siehe dazu auch «Bitte um Hilfe» ab S. 157.

5 **Konzentriere dich auf das, was du kontrollieren *kannst*, und nicht auf das, was du *nicht* kontrollieren kannst.** Was kannst du heute tun, das du vollkommen in der Hand hast? Dich anziehen? Spazieren gehen? Dich mit einer Freundin treffen? Kannst du dich heute selbst pampern, in Jogginghose deine Lieblingsserie gucken und dabei einen Haufen Eiscreme essen (an manchen Tagen braucht man genau das)? Wenn ich mich auf den Versuch konzentriert hätte zu verhindern, dass mein Mann an Krebs stirbt, dann hätte das nichts bewirkt, außer dass es noch schmerzhafter geworden wäre loszulassen. Investiere deine Energie in etwas, das du kontrollieren kannst.

6 **Erinnere dich selbst daran, dass du stark und tüchtig bist.** Das trifft selbst dann zu, wenn du vor Angst vor der Entscheidung schlotterst, wie deine nächsten Schritte aussehen werden, wenn dir die Tränen nur so herunterlaufen und du dich seit einer Woche nicht gewaschen hast. In dir findest du alles, was du brauchst, um durch diese Phase deines Lebens zu kommen. Ich glaube an dich!

«Das Leben kann mich nicht brechen, denn ich weiß, wie stark ich bin.»

#58

MUSIK IN MEINEN OHREN

«Du musst den Helden in dir suchen, bis du den Schlüssel zu deinem Leben findest», sang Heather Small aus meinem Ghettoblaster. Es war 1994, und mein zehnjähriges Ich lauschte aufmerksam, saugte die Botschaft in Heathers samtweicher Stimme auf, spulte die Kassette zurück und spielte das Lied erneut ab.

Musik war immer ein wichtiger Teil meines Lebens. Mit Punkeltern aufzuwachsen, die Musik liebten, hatte natürlich einen großen Einfluss auf mich. Bei uns zu Hause lief immer Musik, und ich sang stundenlang, um zu üben und mich selbst aufzunehmen. Ich gründete sogar eine Band mit meiner Schwester Beki und den Nachbarskindern, und wir veranstalteten fortwährend «Shows» für jeden, der zuschauen wollte (oder zum Zuschauen gezwungen wurde).

In jedem Abschnitt meines Lebens gab es einen Song, der für diese Zeit stand, und ich bezweifle nicht, dass auch du deinen eigenen Soundtrack hast. Einige dieser Lieder werden gefühlvoll und traurig sein und andere erhebend und dich in Zeiten voller Freude und Aufregung zurückversetzen. Für meinen Beruf als Schauspielerin war das äußerst hilfreich: Ich konnte meinen inneren Songpool anzapfen, um in mir die Gefühle zu wecken, die ich für eine bestimmte Szene brauchte, und deshalb hatte ich eine ganze Playlist trauriger Songs, die mich in Tränen ausbrechen ließen, wann immer es erforderlich war.

Musik und Gefühl gehen also Hand in Hand, so viel ist klar. Auch die Wissenschaft belegt das. 2019 hat eine Studie herausgefunden, dass Angst und Stress dank Musiktherapie bei intensivpflichtigen Patienten dauerhaft abnahmen. Ich meine: Sicher hast du deine eigenen Anekdoten als «Beweis» dafür, dass das Hören beruhigender Musik deine Stimmungslage oder potenzielle Angstzustände beeinflusst – aber es ist immer auch schön zu erfahren, dass die Wissenschaft stützt, was wir selbst schon instinktiv wissen.

Musik scheint auch unser Leistungs-, Durchhalte- und Erinnerungsvermögen zu verbessern. Außerdem konnte gezeigt werden, dass Musiktherapie bei der Behandlung von Depressionen half. Alles in allem schafft es Musik ganz hervorragend, unsere Stimmungslage zu beeinflussen.

Und sie hilft uns beim Lernen. Während ich hier sitze und dieses Kapitel schreibe, brüllt meine jüngere Tochter Texas ihr Einmaleins zur Musik heraus. Musik, so konnte gezeigt werden, unterstützt uns dabei, grundlegende Fakten zu behalten und unsere Erinnerungsfähigkeit zu trainieren, und ich habe das am eigenen Leib erfahren. Bevor Texas diese Methode des Einmaleinslernens für sich entdeckte, hatte sie Mühe, es sich einzuprägen, doch sobald Spaß und Musik mit von der Partie waren, gelang es. Tony Robbins, ein Persönlichkeitstrainer, spricht häufig davon, in den «Spitzenzustand» zu kommen. Dieser Zustand ist dadurch charakterisiert, dass du total «ausgeschlafen» und auf der Höhe deines Leistungsniveaus bist. Wenn du Tony Robbins jemals in Aktion gesehen hast, weißt du, dass er oft zehn Stunden täglich auf der Bühne steht, und trotzdem ist seine Energie unglaublich. Er erreicht dieses Level, indem er sich selbst vor solchen Events «anfeuert» und in seinen Spitzenzustand bringt. Er tut das, wie er selbst sagt, mithilfe von Musik, weil er glaubt, dass Musik nicht nur die eigene Stimmung beeinflussen kann, sondern auch die Art, wie man mit anderen interagiert.

Denk an die Macht der Musik, dich beim Sport zu motivieren. Eminems «Lose Yourself» zu hören, während ich beim Joggen mein jämmerliches Ich durchs Viertel schleppe, ist das Einzige, was mich genug ablenkt, um weiterzulaufen – und ich wette, dass du deinen eigenen Powersong für ähnliche Gelegenheiten hast. Wenn ein Boxer in den Ring steigt, lässt er sich von seinem Song in die richtige Geistesverfassung versetzen, um zu gewinnen. Das ist kein Zufall, Musik hat tatsächlich diese Macht über uns, und ich möchte, dass du sie anzapfst, um mit ihrer Hilfe deine Stimmung und dein Leben zum Besseren zu verändern.

Dreh die Musik auf und geh an die Arbeit

1 **Powerplaylist.** Leg eine Playlist an, die dich motiviert, und such dir einen Song aus, mit dem du «in den Ring steigst» – meiner ist «Warriors» von Imagine Dragon. (Wenn du Inspiration brauchst, sieh dir die «The Happy Me Project»-Spotify-Playlist an.) Starte mit dieser Playlist in den Tag, lass dich davon motivieren, wenn du etwas Wichtiges zu tun hast oder du ganz stark sein musst. Ich würde total gern hören, welche Powersongs du für dich ausgewählt hast – schreib mir auf Instagram (@iamhollymatthews) oder auf Twitter (@hollymatthews), und vielleicht setze ich auch deine Songs auf meine Playlist.

2 **Solokaraoke.** Hier geht es nicht darum, der beste Sänger zu sein oder für jemand anderen zu singen (es sei denn, das wäre dein Wunsch). Hier geht es darum, Spaß zu haben und dich mit dir selbst und der Musik zu verbinden. Such auf YouTube nach deinen Lieblingsmusikern, schreib «Karaoke» hinter den Namen, und du wirst haufenweise Playlists von Songs finden, die du mitsingen kannst. Ich liebe das und kann mich im Augenblick verlieren. Manchmal tauche ich wieder daraus auf, und Stunden sind vergangen, weil ich eine ganze Playlist Mariah Carey «abgearbeitet» habe und in Christina Aguileras Album *Stripped* schwelge. Lass dich gehen und hab Spaß dabei!

3 **Geh in einen Chor.** Warte mal! Das muss natürlich kein Kirchenchor sein, es gibt inzwischen auch sehr viele weltliche Chöre, die sich über jede neue Stimme freuen. Auf der Website https://chorlandkarte.deutscher-chorverband.de/ findest du Chöre in deiner Umgebung. Das Singen in der Gemeinschaft fördert den Zusammenhalt und das Zugehörigkeitsgefühl, und Spaß macht es auch noch. Zumindest wirst du etwas zu erzählen haben.

4 **Kleine Fluchten.** Musik kann dich sofort in eine andere Welt katapultieren. Setz die Kopfhörer auf, schließ die Augen und sauge die Melodien auf, die dich beruhigen. Leg dir eine extra Playlist für solche «kleinen Fluchten» an, die dir hilft, dich zu entspannen. Meine Töchter haben eine «Gute-Nacht-Playlist», und sobald die Musik angeht, beginnen mir die Augen zuzufallen.

« Musik schafft es ganz hervorragend, unsere Stimmungslage zu beeinflussen. »

#59

GUTE-NACHT-RITUALE

Ein Gute-Nacht-Ritual und ein guter Schlaf sind der Schlüssel für einen produktiven Tag. Wenn ich mir abends die Kleider für den nächsten Tag herausgelegt und die notwendigen Vorbereitungen getroffen habe, komme ich leichter runter und finde in den Schlaf, um morgens voller Energie und gut präpariert aufzuwachen.

Für manche von euch mag Einschlafen so einfach sein wie das abendliche Lichtausschalten, aber viele von uns müssen regelrecht in den Schlaf gelockt werden. Wie auch immer, es ist wirklich die Mühe wert, Rituale zu schaffen, die dir dabei helfen.

Ich bin von Natur aus eine Nachteule. Manche meiner besten Ideen kommen mir spätnachts. Das heißt, dass ich – wenn ich nicht aufpasse – durchaus auch mal damit anfange, eine Strategie für meine jüngste Businessidee zu entwickeln, wenn es Mitternacht schlägt und ich schon tief und fest schlafen sollte.

Um dem entgegenzuwirken, muss ich Wege finden, um mich herunterzuregeln und am Abend den Tag langsam ausklingen zu lassen, anstatt einfach nur das Licht auszuknipsen und die Augen zuzumachen.

Genau wie für Morgenrituale gibt es auch einige bewährte Tipps und Hinweise, wie ein gutes Zu-Bett-geh-Ritual aussehen könnte. Und genau wie in «Morgenrituale» ab S. 99 werde ich nicht verkünden, dass ich das Patentrezept für den ultimativen

Schlummertrunk besitze. Ich kann dir aber immerhin ein paar Ideen an die Hand geben, aus denen du dir ein Programm zusammenbasteln kannst, das für dich und deine Umstände funktioniert.

Eine kleine Anmerkung für frischgebackene Eltern oder Eltern von kleinen Kindern: Das, worüber wir in diesem Kapitel sprechen, mag euch wie ein unerreichbares Ideal erscheinen, während ihr euch die Haare rauft und ruft: «Warum kann dieses Kind nicht einfach schlafen!» Das ist nur zu verständlich. Ich bitte euch nur, dieses Kapitel zu lesen, damit ihr ein Verständnis dafür entwickelt, wie wirksam eure Gute-Nacht-Routine ist. Außerdem möchte ich euch ermuntern, euch die Perlen herauszusuchen, die euch vielleicht helfen. Seid dabei immer nett zu euch selbst. Ich weiß, dass es manchmal einfach unmöglich ist, euer Programm abzuspulen, während da ein paar unberechenbare Menschlein sind, die ihr mit einkalkulieren müsst.

Schauen wir uns ein paar Ideen für dein Gute-Nacht-Ritual an. Du kannst mein dreistufiges VIN-Modell heranziehen, um deine eigene Routine auszuarbeiten:

- **Vorbereiten:** «Was kann ich für morgen noch vorbereiten?»
- **Innehalten:** «Wie bringe ich meinen Kopf dazu abzuschalten?»
- **Nachdenken:** «Wie war der vergangene Tag, und wie sollte der morgige Tag idealerweise aussehen?»

Beginnen wir mit der **Vorbereitung**. Dazu gehört, dass du die Kleidung für morgen, vielleicht auch die Sportklamotten zusammensuchst, den Frühstückstisch deckst und alles andere herauslegst, was deine Kinder morgen brauchen könnten. Nimm deinem Ich von morgen so viele Entscheidungen und Stressfaktoren wie möglich ab und erleichtere deinem «Schlafenszeit-Ich» so das Ausruhen.

Zur Vorbereitung für morgen könnten auch Papier und Stift, Whiteboard, Kalender oder To-do-Listen gehören. Oft rührt unsere Unfähigkeit abzuschalten daher, dass uns zu viele Dinge im Kopf herumgehen. Indem wir den nächsten Tag vorplanen, gestatten wir unserem Gehirn, darauf zu vertrauen, dass wir auf dem richtigen Kurs sind und wissen, was wir tun. Mehr dazu findest du unter «Sei langweiliger» ab S. 181.

Jetzt wird es Zeit zum **Innehalten.** Welche Regeln helfen dir dabei, dich auszuklinken? Ich würde mich an dieser Stelle am liebsten aufs hohe Ross der «positiven Einstellung» setzen und darüber dozieren, dass meine Abende eine telefon- und social-media-freie Zone sind, aber das wäre Blödsinn. Mein Handy liegt neben mir, ich chatte mit Freunden und bewillige mir auch Surfzeit.

Ich weiß allerdings sehr gut, dass zu viel davon zu spät am Abend mir das Herunterkommen erschweren wird, daher habe ich ein paar Regeln für mich aufgestellt. Zum Beispiel sind Social Media und Arbeit nach 22 Uhr tabu, ich habe mir sogar einen Alarm in meinem Handy dafür eingerichtet. Andere Leute empfehlen vielleicht auch, dass im Schlafzimmer nicht gearbeitet werden darf und dort auch keine elektronischen Geräte untergebracht werden. Koffein sollte nach dem Abendessen sowieso nicht mehr konsumiert werden.

Unterstützt dein Schlafzimmer das Innehalten? Als mein Mann Ross noch bei mir war, mussten wir oft lachen, weil ich unser Schlafzimmer wie ein Heiligtum oder ein Boudoir einrichten wollte, aber gut, ich stehe dazu. Wenn dein Zimmer nicht aufgeräumt ist oder zu viel Ablenkung enthält, wird es dich dazu verleiten, über das Durcheinander oder die abblätternde Wandfarbe nachzudenken, die du erneuern wolltest, es aber noch nicht getan hast. Es muss nicht notwendigerweise eine Komplettrenovierung dieses Raums fällig werden, aber leg dich zumindest mal ins Bett, stell fest, was auf negative Art und Weise deine Aufmerksamkeit bindet, und korrigiere es. Denk darüber nach, was das Letzte sein wird, das du siehst, bevor du das Licht ausschaltest, und das Erste, wenn du morgens aufwachst.

Benutze deine Sinne fürs Innehalten. Kannst du einen wunderbaren «Schlafgehduft» kreieren (manche Leute benutzen Lavendel, aber du kannst auch deinen eigenen Lieblingsduft wählen) oder eine besonders weiche, kuschelige Bettdecke anschaffen (spezielle Gewichtsdecken sind auch toll, wenn du zusätzliche Unterstützung brauchst)? Oder vielleicht möchtest du es mit einer Gute-Nacht-Playlist mit zenartiger Musik versuchen?

Der letzte Schritt ist deine Zeit zum **Nachdenken**. Überleg dir Möglichkeiten, wie du den Tag positiv ausklingen lassen kannst. Kein Tag wird perfekt sein, aber es ist schön, einen Tag mit einem Höhepunkt zu beenden, wie klein er auch sein mag. Deshalb frage ich meine Kinder jeden Abend, wenn ich sie ins Bett stecke: «Welche drei Sachen haben euch heute am besten gefallen?» Wenn es ein harter Tag war, mag die Antwort darauf schwieriger zu finden sein, aber umso wichtiger ist sie. Ich mache genau dasselbe auch für mich und frage mich oft «Was habe ich heute gewonnen?» oder «Was habe ich heute gelernt?». Vielleicht möchtest du mit einer Freundin darüber sprechen oder allein für dich darüber nachdenken oder es in ein Tagebuch schreiben, sodass du es am Ende des Jahres noch einmal lesen kannst.

Jetzt ist auch Zeit für Zukunftsvisionen. Wenn du die Augen schließt, könntest du dir eine Zeit in der Zukunft vorstellen, in der du etwas tust, das du dir wirklich wünschst – vielleicht in einem neuen Job, den du gerne hättest, oder dank eines neuen Lifestyles. Geh in dieser Vision spazieren. Schau durch deine Augen, fühle, was du fühlen wirst, höre, was du hören wirst, und spiele mit dieser künftigen Geschichte deines Lebens, während du langsam wegdämmerst. Mit der Zeit wird dies dein Unterbewusstsein dahingehend programmieren, dass diese Version deines Lebens tatsächlich möglich ist.

Das mag nach tendenziell schwerer Kost klingen, aber diese Zeit in dich selbst zu investieren, wird sich gewaltig auszahlen und dich dem Erfolg von morgen einen Schritt näherbringen.

Zeit, das Licht zu dimmen und deine Gute-Nacht-Routine zu finden

1 **Erfinde ein Ritual.** Denk über das nach, was wir besprochen haben, und entscheide, welche Elemente du deiner eigenen Abendroutine hinzufügen möchtest. Denk an den Dreischritt Vorbereiten (für den Tag, der morgen vor dir liegt), Innehalten (keine Arbeit, kein Chatten und Surfen mehr), Nachdenken (über die Erfolge dieses Tages, über das, was schön daran war und was du gelernt hast).

2 **Gestalte deine Umgebung schlaffreundlich.** Vielleicht ist es an der Zeit, die Dinge in deinem Zimmer neu zu arrangieren, um Ablenkungen zu beseitigen und eine ruhige Schlafatmosphäre zu schaffen. Ich hasse es zwar aufzuräumen, aber Unordnung stört mich sehr, und neulich habe ich eine neue Methode kennengelernt, die «17 Sachen» heißt. Das bedeutet, 17 Gegenstände aufzuheben und wegzuräumen (ich mache das unmittelbar vor dem Schlafengehen). Und 17 deshalb, weil es weniger als 20 sind, sie aber trotzdem einen großen Einfluss darauf haben, wie der Raum danach aussieht.

3 **Finde heraus, was dich triggert.** Was hält dich wach? Werde dir dieser Dinge bewusst und finde Wege, ihre Wirkung zu reduzieren, indem du früher damit aufhörst oder sie ganz unterlässt. Wenn du weißt, dass du eine Krimiserie Folge um Folge schauen wirst, sobald du damit anfängst, ist die Zeit kurz vor dem Schlafengehen vielleicht nicht die richtige dafür. Wenn du weißt, dass einem Blick aufs Handy zwei Stunden Surfen folgen werden, solltest du dein Telefon womöglich in einem anderen Raum aufladen und es dort die Nacht über liegen lassen.

《 *Der Schlüssel zu einem guten Tag ist die Vorbereitung am Abend zuvor.* 》

#**60**

WAS, WENN DIR ALLES
GENOMMEN WÜRDE?

Stell dir diese Szene vor: Du sitzt zu Hause, es ist dunkel, und draußen gießt es in Strömen. Der Wäschekorb ist voll, das schmutzige Geschirr wartet anklagend im Spülbecken, und du kannst hören, dass sich die Kinder im Nebenraum um ein Computerspiel streiten. In diesem Moment ist es leicht, dich niedergeschlagen und frustriert über das Leben zu fühlen, das du führst, eine kleine Selbstmitleidsparty zu schmeißen, einer Freundin zu schreiben und ihr etwas vorzujammern (Elend liebt Gesellschaft, nicht wahr?).

All das ist total normal, ich bin da ganz bei dir, und gelegentlich geht das in Ordnung. Wenn aber aus der Selbstmitleidsparty eine endlose Selbstmitleidsparade wird und du plötzlich jede Perspektive verlierst, werden wir das wieder einrenken müssen.

Ich mag es nicht, wenn man aus der Traurigkeit einen regelrechten Wettbewerb darum macht, wem es nun schlechter geht. Ich mag es nicht, weil es sinnlos ist. Schmerz ist Schmerz. Wie wir etwas erleben, ist individuell, und die Tatsache, dass Menschen in Indien verhungern, hebt die Tatsache nicht auf, dass du trauerst, weil dein Hund Noodle letzte Woche gestorben ist.

Gleichwohl müssen wir uns manchmal einen Moment Zeit nehmen, um unsere Perspektive zurechtzurücken und unser Leben wieder schätzen zu lernen. Jetzt ist dieser Moment.

Ich möchte dich einen Schritt zurücktreten lassen, um dir die Chance zu geben, Inventur zu machen. Benutze deine Fantasie und führe deinen Geist in deiner derzeitigen Wirklichkeit spazieren. Warte! Ich weiß, dass dein Gehirn schnurstracks Kurs auf alles genommen hat, was gerade ziemlich bescheiden in deinem Leben läuft – deshalb lass es uns liebevoll zurück vor die große Leinwand lenken und jeden Bereich deines Lebens ausleuchten.

Das gilt auch für die Menschen, die du liebst. Denk jetzt einen Augenblick an alle Leute, die dir nahestehen – an die wunderbaren Erinnerungen, die ihr teilt, das gemeinsame Lachen und jene Zeit, in der sie das getan haben, was du nie einer anderen Menschenseele zu erzählen versprochen hast. Erlaube deinem Geist, mühelos zu jenen Erinnerungen zurückzuschweifen: zu den Urlauben, die ihr gemeinsam verbracht habt, den Nächten, in denen ihr um die Häuser gezogen seid, und die zahllosen Essen. Besinne dich auf die vielen ersten Male, die ihr zusammen hattet: den Augenblick, in dem ihr einander begegnet seid, die Erfahrungen, an denen ihr eure Freude hattet. Tauche ganz in diese schönen Erinnerungen ein.

Und jetzt kehrst du in die Gegenwart zurück und denkst an das, was du hast. Stell dir dein Zuhause vor. Welches Zimmer ist dir das liebste, oder wo hängst du am meisten ab? Vielleicht hast du viel Zeit damit verbracht, ein bestimmtes Zimmer zu gestalten, oder es hängt ein Bild von etwas oder jemandem an der Wand, das oder den du liebst. Hast du einen Sessel, auf dem dein Name steht? Mein Opa David hatte immer einen, der ihm «gehörte», und eine Schublade voller Süßigkeiten (wenn man Glück hatte, wurde einem was davon angeboten). Schwelge im Geiste in all den kleinen Schlupfwinkeln und Ecken deiner vier Wände, die du liebst und die du dir eingerichtet hast.

Und jetzt denkst du an deinen Arbeitsplatz oder an dein Unternehmen. Was gefällt dir daran am besten? Ratschst du gern mit Debs in der Arbeit über ihre albernen Entgleisungen am Wochenende und ihren neuesten Lover? Genießt du den Kick, etwas Neues lernen zu dürfen, und die Aufregung, Teil eines Teams zu sein?

Hast du Kinder oder Haustiere, die Freude in dein Leben bringen? Versetze dich in einige der schönsten Momente mit ihnen zurück und koste die Erinnerungen aus, die du daran hast.

Schau nun auf das größere Ganze, auf das Land, in dem du lebst, oder auf dein Viertel, und was es dir bietet. Selbst an den reizlosesten Orten gibt es Freude, Geist und Herz. Wie sieht's mit deinen liebenswerten Nachbarn aus oder dem Postboten, der allen mit seinem fröhlichen Gepfeife ein Lächeln entlockt?

Lass all das auf dich wirken und nimm diese täglichen Wunder als solche wahr.

Lächelst du schon? Ich tue es, während ich das hier schreibe und mein eigenes Leben betrachte (tatsächlich hat meine Tochter mich eben gefragt, warum ich meinen Laptop angrinse).

Und jetzt stell dir vor, was wäre, wenn du morgen früh aufwachst, und all das ist fort. Keine Familie, keine Freunde, kein Zuhause, kein Essen im Kühlschrank, mit deiner Gesundheit steht es nicht zum Besten, und die Welt ist trostlos. Was wäre, wenn die Welt verdorren, der Postbote seinen Frohsinn verlieren und dein gemütlicher Sessel kaputtgehen würde?

Würdest du dann schätzen können, was du früher hattest? Würde es dich nach dem Zuhause verlangen, in dem sich die Wäsche stapelt, und die zankende Familie, deren Mätzchen dich trotzdem zum Lachen bringen? Würdest du dich nach der Sicherheit der Gemeinschaft sehnen, die du so gut kennst, und des Körpers, mit dessen Hilfe du das Leben in seiner Fülle ausschöpfen kannst?

Es ist so leicht zu jammern und zu klagen und sich auf den Frust des Alltagslebens zu konzentrieren (siehe dazu auch «Schluss mit dem Gejammer!» ab S. 30). Aber das macht uns auf lange Sicht nur Kummer. Lass dies dein Weckruf sein. Das ist dein Moment, um die Freuden aufzusaugen, die es überall um uns herum gibt.

Ich verstehe die Idee, aber sie ist so schwer umzusetzen, wie bleibe ich auf Kurs?

1 **Übung macht den Meister.** Wenn du in einer Endlosschleife des Lamentierens und der Undankbarkeit feststeckst und bisher generell eine gedankenlose Knallcharge warst, denk daran, dass es um Übung geht und darum, dein Gehirn auf Freude über etwas, das da ist, zu polen – und nicht auf den Mangel an etwas, das nicht da ist.

2 **Bedanke dich häufiger** beim Postboten, bei der netten Kellnerin im Café, deinen Eltern und Geschwistern. Danke deinen Kindern und deinem Partner, der dich unterstützt. Mache das Bedanken zum Teil deines Lebens.

3 **Von der Ernüchterung zur Hochstimmung.** Spüre den Frust und den Zorn, die damit verbunden sind, dass du die Schnauze voll hast, nimm die Weißglut wahr, die in dir brodelt, und freunde dich damit an, dieses An- und Abschwellen zu beobachten. Wir können diesen Gefühlen nicht entkommen, aber wir können lernen, sie besser auszuhalten und hinter uns zu lassen. Wenn sie sich wieder zeigen, schau sie dir fünf Minuten an und geh in dich, was da gerade los ist. Frag dich, warum du dich fühlst, wie du dich fühlst, und wie du die Situation anders betrachten könntest. Es könnte hilfreich sein, dabei aufzustehen und dich zu bewegen, dir kaltes Wasser ins Gesicht zu spritzen oder auf und ab zu hüpfen, um ganz buchstäblich deinen Standpunkt zu verändern. Lass dir gesagt sein, dass diese Emotionen nicht für immer bleiben, und wähle stattdessen Wertschätzung und Dankbarkeit.

> **«Nimm die wichtigen Dinge und Menschen in deinem Leben wahr, hüte sie wie einen Schatz und sauge jeden Moment auf.»**

BRIEF AN DICH

Juhu, du hast es bis zum Ende meines Buchs geschafft – oder vielleicht hast du es immer mal wieder weggelegt und wieder zur Hand genommen, oder du bist direkt ans Ende gesprungen. Wie auch immer du auf diese Seite gelangt bist, jetzt bist du hier.

Ich weiß nicht, ob du dieses Buch gekauft hast, weil du schon eine ganze Weile auf dem Weg der Selbstentfaltung bist und dies nur ein weiteres Puzzleteilchen ist, oder ob dies dein allererstes Buch zu diesem Thema ist (wie aufregend, ich schätze mich super glücklich, wenn das der Fall sein sollte). Vielleicht bist du ein Mitglied meiner Familie oder meines Freundeskreises, und ich habe dich gezwungen, hinauszugehen und es zu kaufen. Wie auch immer du hierhergekommen bist, ich bin froh darüber.

Ich wollte dieses Buch schon sehr lange schreiben und hatte ehrlich gesagt keine Ahnung, wie ich es anpacken sollte. Wie bei so ziemlich allem, was ich je getan habe, bin ich mit der Idee ins kalte Wasser gesprungen und habe mich allmählich freigeschwommen. Von Anfang an wusste ich sehr wohl, wie es sich anfühlen und dass es für dich, meinen Leser und meine Leserin, leicht verdaulich sein sollte.

Jetzt, da du Teil meiner Community oder Gang bist (oder bei welchem Wort du eben nicht zusammenzuckst – ich hätte beinahe «Clique» geschrieben, aber mir wurde sofort klar, dass ich das echt nicht bringen kann), kannst du alle anderen Ressourcen nutzen, die ich in meinen sozialen Kanälen veröffentliche, zum Großteil kostenlos.

Du sollst wissen, dass dies erst der Anfang ist. Persönliches Wachstum und die Erkenntnis, wer du in jeder Phase deines Lebens bist, sind fortwährende Prozesse. Obwohl ich alles, was ich dir in diesem Buch empfohlen habe, selbst anwende, bleibe ich eine unordentliche, unvollkommene Schülerin dabei, mich selbst glücklich zu machen.

Ich hoffe, dass, wenn du nur eines aus diesem Buch mitnimmst, es dies ist: Es gibt immer wieder Gelegenheit, deine Bullshit-Story, die dich ausbremst, zu verändern. Wir können immer wieder neu starten und beschließen, einen neuen Kurs einzuschlagen und eine andere Ausgabe unserer selbst zu werden.

Es wird Tage geben, die hart sind, und Tage, an denen du in alte Verhaltensmuster verfällst, die du für immer überwunden glaubtest. Lassen wir das Urteil und die Scham darüber in der Tonne, wo sie hingehören, und besinnen wir uns auf den Menschen, der wir im Kern sind.

Bei der Lektüre dieses Buches hast du womöglich erkannt, dass es Bereiche gibt, in denen du professionelle Hilfe brauchst, und ich möchte dich dazu ermuntern, sie dir zu suchen. Es gibt nie nur einen Weg zu unserem persönlichen Glück, und wir sind so verschiedene Individuen, dass jeder von uns als Hilfe auf dem Weg höchstwahrscheinlich eine ganz eigene Mischung aus Zutaten benötigt. Oft brauchen wir an unterschiedlichen Punkten im Leben auch unterschiedliche Dinge.

Nimm es, wie es kommt, probiere Verschiedenes aus, sei mutig und behalte im Hinterkopf, dass du – obwohl Wissen Macht ist – nicht immer Lösungen finden musst, um dich zu «reparieren», denn du bist nicht kaputt, du bist nur ein Mensch.

Jetzt würde ich dich gern kennenlernen. Ich möchte dabei sein, wie dir ein ganzer Kronleuchter aufgeht, ich möchte deine YouTube-Videos über die Lektionen, die du aus diesem Buch gelernt hast, sehen und deine Blogs lesen, in denen du über deine

Reise schreibst. Tagge mich in den sozialen Medien und teile Fotos von dir mit diesem Buch rauf und runter. Ich liebe es, die Menschen zu sehen, die zu erreichen mir gelungen ist, und ich werde versuchen, auf deine Nachrichten zu antworten. Gemeinsam sind wir immer stärker.

Ich glaube fest daran, dass gerade eine Bewegung, vielleicht sogar eine Revolution im Bereich der Selbstentfaltung stattfindet. Das mag ein bisschen hochtrabend klingen, aber ich meine damit, dass wir alle es satthaben, nicht beigebracht bekommen zu haben, wie wir unseren eigenen Kopf steuern können. Wir haben die niederschmetternden, chaotischen und frustrierenden Erfahrungen satt, die wir immer wieder machen, und so suchen mehr und mehr Menschen Wege, sich selbst zu helfen. Jetzt ist der Augenblick gekommen zu sagen: «Genug! Ich will häufiger glücklich sein, als es nicht zu sein, und es ist an mir, dafür zu sorgen.» Vertrau mir, das kannst du auch. Ich tue es, meine Klienten tun es, jetzt bist du an der Reihe.

Das Leben ist nichts anderes als eine Reihe von Entscheidungen. Nehme ich diesen Weg oder den anderen? Unser Leben gestaltet sich selten so, wie wir es dachten, nicht wahr? Aber hey, es ist kurz, und wir müssen es so leben, dass es uns glücklich macht. Meine besten Entscheidungen haben es mir abverlangt, Mut zu beweisen und auf meinem eigenen Kurs zu bleiben, und ich bereue keine davon (selbst die nicht, die zu fällen anfangs sehr hart war!).

Also, wo auch immer du in deinem Leben stehst, mach in erster Linie dich selbst glücklich. Versuch natürlich, andere dabei nicht zu verletzen, aber denk auch daran, dass du dein Leben nicht ausschließlich für andere leben kannst.

Strebe nach Glück, Liebe und Freude und reite die Wellen der Durststrecken im Leben. Fang jetzt an, steh auf, schüttle alles ab und tu heute etwas, das dich dem nächsten Glücksmoment wenigstens ein winziges Stück näherbringt.

Klicke auf meine Website www.iamhollymatthews.com, um die Lektüre zu vertiefen, und komm und sag Hallo in den sozialen Medien. Wenn du etwas postest, denk bitte daran, den Hashtag #TheHappyMeProject zu verwenden, weil ich deine Reise gern mitverfolgen und dich dabei anfeuern möchte.

Ich glaube an dich, und wenn du gerade nicht an dich selbst glauben kannst, leih dir von mir meinen Glauben an dich, bis du ihn selbst wiederfindest (was du tun wirst).

Holly x

DANKSAGUNG

Mama, Clare, Papa, Brian und meine unglaubliche Schwester Beki: Ich wäre nirgendwohin gekommen ohne euch, Leute. Ich liebe euch mit Haut und Haaren.

Meine erweiterte und total erstaunliche Familie – die Wilkinsons, Osbournes, Blairs und Goughs: Ihr seid die Besten. Ein besonderer Gruß an Dionne, Rob, Matty, Ashley und Xanthe dafür, dass sie die Mädels betreut haben, während ich an diesem Buch schrieb, und an Tante Denise für all ihre Unterstützung und Liebe.

Danke an Junie Poonie, Mantra Jewellery und meinen unglaublichen Fotografenfreund Kayleigh Pope (weil er immer die besten Fotos von mir macht und mich auf meinen ungeplanten kleinen Fluchten begleitet).

An meine wunderbaren Freunde, die sich damit abfinden, dass ich nie zurückschreibe und alle WhatsApp-Gruppen ghoste.

Danke an das Team von Awesomesauce Marketing, weil es mich auf die richtige Spur gebracht und mir geholfen hat, aus meinem Chaos schlau zu werden. An Jen von Fuzzy Flamingo, mit deren Hilfe ich mein erstes Exposé erstellt habe, was dazu führte, dass mein Buch auf die Welt kommen konnte. An BBC CWR dafür, dass sie mich jede Woche zu den Zuhörern und Zuhörerinnen sprechen lassen, und an Channel Mum für ihren Wahnsinnssupport in ganz schwierigen Zeiten. An Sapna, eine Superheldin, die mein Leben leichter gemacht hat, meine wunderbaren Klienten und Klientinnen und die The-Happy-Me-Project-Community – ich schätze euch alle so sehr.

Ein riesiges Dankeschön an meine grandiose Lektorin Holly für ihren tollen Namen und dafür, dass sie aus alldem einen großartigen und unterstützenden Prozess gemacht hat, während sie trotzdem immer ehrlich zu mir war. An Bloomsbury und alle aus dem Team, die dieses Buch haben Wirklichkeit werden lassen – ihr seid ein Haufen lebender Legenden!

Und schließlich und endlich an Brooke und Texas dafür, dass sie die widerstandsfähigsten Mädels auf der ganzen Welt sind und mir (manchmal) den Frieden und die Ruhe zugestanden haben, um dieses Buch schreiben zu können.

ADRESSEN

Denk immer daran: Du bist nicht allein. Es gibt Menschen, die denselben Weg wie du gegangen sind, und die verschiedensten Solidargemeinschaften stehen in den Startlöchern, um dich auf deiner Reise zu unterstützen.

Ich glaube, dass es fast immer mehr als einen Weg gibt, um glücklich zu werden und Hilfe zu bekommen – schau dir bitte die folgende Liste ausgewählter wunderbarer Organisationen an, die wichtige Arbeit leisten und vielleicht auch nützlich für dich sein könnten.

Suizidprävention

Deutsche Gesellschaft für Suizidprävention (DGS) – Hilfsangebote:
https://www.suizidprophylaxe.de/hilfsangebote/adressen/

Der Bundesverband der Angehörigen psychisch Kranker e. V. – Übersicht über psychiatrische Hilfen:
https://www.psychiatrie.de/beratung.html

Telefonseelsorge: Tel. 0800 / 111 0 111 oder 0800 / 111 0 222 (kostenfrei). Online: https://www.telefonseelsorge.de/ (Chatberatung und E-Mail-Beratung)

Bundesweite Beratungseinrichtungen für Kinder und Jugendliche (überwiegend Deutscher Kinderschutzbund): Tel. 0800 / 111 0 333

E-Mail-Beratung für Jugendliche der Caritas (U25):
https://www.u25-deutschland.de/

Deutsche Depressionshilfe: Info-Telefon Depression:
0800 / 334 45 33

Deutsche Depressionshilfe – Wo finde ich Hilfe?:
https://www.deutsche-depressionshilfe.de/depression-
infos-und-hilfe/wo-finde-ich-hilfe

Deutsche Depressionshilfe – Was Angehörige und Freunde
tun können:
https://www.deutsche-depressionshilfe.de/depression-infos-
und-hilfe/rat-fuer-angehoerige

Psychische Gesundheit

https://www.stiftung-gesundheitswissen.de/gesundes-leben/
psyche-wohlbefinden/hilfe-bei-psychischen-problemen-diese-
stellen-koennen-sie-sich

Trauernde Kinder und Jugendliche

Johanniter – Lacrima: https://www.johanniter.de/spenden-
stiften/projekte/spenden-fuer-kinder-und-jugendliche-mit-den-
johannitern-zukunft-schaffen/lacrima-trauerbegleitung-fuer-
kinder-und-jugendliche/

Witwen und Witwer

https://www.verwitwet.de

The Happy Me Project: Mitgliedschaft

Wenn du deine Reise mit mir fortsetzen möchtest, wartet eine Mitgliedschaft auf dich, um dir einen sicheren Hort zur Entfaltung zu geben.

www.iamhollymatthews.com/happymeprojectmembership

Folgende Webseiten können – neben deiner Krankenkasse – bei der Suche nach einem Therapeuten helfen (Auswahl):

https://www.therapie.de/therapeutensuche
(Pro Psychotherapie e. V.)

https://www.psychotherapeutensuche.de
(Psychotherapeutensuche)

https://www.dptv.de/psychotherapie/psychotherapeutensuche
(Deutsche PsychotherapeutenVereinigung)